T0147070

Entwicklungspolitik heute

Oskar Kurer

Entwicklungs-politik heute

Lassen sich Wohlstand und Wachstum planen?

 Springer

Oskar Kurer
Institut für Wirtschaftswissenschaften
Universität Erlangen-Nürnberg
Erlangen, Deutschland

ISBN 978-3-658-12398-7   ISBN 978-3-658-12399-4   (eBook)
DOI 10.1007/978-3-658-12399-4

Die Deutsche Nationalbibliothek verzeichnet diese Publikation in der Deutschen Nationalbibliografie; detaillierte bibliografische Daten sind im Internet über http:// dnb.d-nb.de abrufbar.

Lektorat: Margit Schlomski

Gedruckt auf säurefreiem und chlorfrei gebleichtem Papier

Springer ist Teil von Springer Nature
Die eingetragene Gesellschaft ist Springer Fachmedien Wiesbaden GmbH
Die Anschrift der Gesellschaft ist: Abraham-Lincoln-Str. 46, 65189 Wiesbaden, Germany

Vorwort

Das Thema dieses Buches ist „Entwicklung", wie der Begriff bei Entwicklungsstudien oder Entwicklungshilfe verwendet wird. Doch was bedeutet Entwicklung, oder gar „menschliche Entwicklung"? Zumindest nach der verbreitetsten, aber keineswegs unumstrittenen Auffassung soll durch Entwicklung die Wohlfahrt der Menschen verbessert werden. Dies ruft wiederum nach einer Bestimmung von Wohlfahrt. Eine solche Deutung entzieht sich jedoch eines objektiven oder allgemein anerkannten Maßstabs. Weil ein solcher Standard fehlt, ist die Debatte über die Ziele der Entwicklungspolitik ein nicht weg zu denkender Teil von Entwicklungsstudien. Dieses Buch soll denn auch die Diskussion um wirtschaftliche und soziale Entwicklung in diesen normativen Kontext stellen.

Kaum umstritten ist das entwicklungspolitische Ziel der Armutsbekämpfung: Einem erheblichen Teil der

Weltbevölkerung den Weg aus der Armut zu ermöglichen, ist eine der großen Herausforderungen unserer Zeit. Entwicklungsstudien suchen zu erklären, wie dieser Weg sich bei den reichen Industrieländern und den erfolgreichen Entwicklungsländern gestaltet hat, welche Hindernisse den bisher arm gebliebenen Ländern auf dem Weg dorthin entgegenstehen und wie sie überwunden werden können. In dieser Tradition steht auch diese Darstellung.

Armutsbekämpfung setzt eine steigende Produktivität der Beschäftigten voraus. Sie ermöglicht es, dass Arbeitnehmer mehr Güter und Dienstleistungen produzieren und der Lebensstandard steigt. Zugleich werden mehr Steuereinnahmen geschaffen, mit denen öffentliche Aufgaben finanziert werden können. Erreicht wird dies, indem moderne Technologien und Know-how sich mit neuen Organisationsformen verbinden. Dieser Prozess der kontinuierlichen Steigerung der Produktivität durch die Beschäftigung eines immer größeren Teils der Bevölkerung in modernen Industrie- und Dienstleistungsbetrieben ist das Kernelement der Industrialisierung.

Die Industrialisierung begann vor 200 Jahren in England und hat die Lebenswelt in Europa und Nordamerika in jeder Generation umgestaltet. Sie verbreitete sich in unterschiedlichem Maße weltweit, in den letzten Jahrzehnten vor allem in Asien. Sie ist auch jetzt keineswegs abgeschlossen, denn man versteht heute unter Industrialisierung nicht mehr nur die Mechanisierung des neunzehnten und frühen zwanzigsten Jahrhunderts, sondern auch die Produktion von Dienstleistungen unserer „Wissensgesellschaft".

Oft herrscht die Vorstellung, dass eine Industrialisierung nach „westlichem" Vorbild in eine Sackgasse führe, zumal eine „kapitalistische", also eine, die hauptsächlich von privaten Unternehmen ausgeht. Dies führt zu Fragen nach dem Ende des Wachstums durch Ressourcenknappheit oder durch Umweltprobleme. Auch gibt es durchaus andere Möglichkeiten als Industrialisierung um den Lebensstandard zu heben, beispielsweise bäuerliche landwirtschaftliche Entwicklung. Allerdings stellt sich dann die Frage, ob dadurch die von der internationalen Gemeinschaft angestrebten Entwicklungsziele zu erreichen sind.

Welche Auswirkungen hatte der Industrialisierungsprozess im Zeitalter der Globalisierung? Industrie- und Entwicklungsländer haben sehr unterschiedliche Erfahrungen gemacht. In den Industrieländern ging die Globalisierung einher mit der Schließung vieler Industriebetriebe, dem Verlust von Arbeitsplätzen und mit stagnierenden Einkommen für Teile der Bevölkerung. In den meisten Entwicklungsländern dagegen expandierte die Wirtschaft und die Indikatoren der „menschlichen Entwicklung" zeigten durchwegs nach oben. Einige Länder haben in dieser Zeit den Sprung zur Industrialisierung geschafft, und bei vielen anderen geht es heute weniger um die Bekämpfung extremer Armut als die Überwindung des *middle income traps,* des Gefangenseins auf mittlerem Einkommen. Diese Verbesserung der sozialen Lage in den meisten Entwicklungsländern wird in der Öffentlichkeit oft ebenso verkannt wie die Entwicklung der Ungleichheit der Lebensbedingungen zwischen den alten Industrie- und den Entwicklungsländern, die nicht gestiegen, sondern gesunken ist.

Auffallend sind die Unterschiede der Entwicklung zwischen den Ländern der Dritten Welt, beispielsweise den asiatischen Tigerstaaten und Subsahara Afrika. Die Ursachen dieser Unterschiede liegen, so soll hier gezeigt werden, in einem komplexen Zusammenspiel des internationalen Umfelds und von lokalen geografischen, kulturellen, gesellschaftlichen, wirtschaftlichen, politischen und institutionellen Faktoren.

Allerdings gibt es einzelne Einflussfaktoren, welche eine herausragende Rolle gespielt haben. So ist schlechte Regierungsführung die am weitesten verbreitete Erklärung für die Armut Subsahara Afrikas. Daraus ergibt sich eine Reihe von Fragenkomplexen: Wie beeinflusst *Bad Governance* wirtschaftliche und soziale Entwicklung? Wie hat sich die Qualität von Governance in den meisten davon betroffenen Ländern verändert? Und schließlich wirft die Governance Thematik die Frage auf, warum sich schlechte Regierungen oft so lange halten können.

Entwicklungspolitik ging und geht heute noch oft davon aus, dass eine Regierung dem Gemeinwohl verpflichtet ist und es allein entsprechender Beratung bedürfe, um sie zu *Good Governance* hinzuführen. Die dafür aufgewendeten Milliardenausgaben an Entwicklungshilfe machen deutlich, dass dies oft nicht der Fall ist. Das Buch sucht eine Antwort für dieses Beharrungsvermögen von Misswirtschaft und Korruption in erster Linie in den politischen Strukturen der betroffenen Länder.

Heute werden sowohl die Notwendigkeit als auch die Erfolge von Entwicklungshilfe vielfach hinterfragt. Es wird versucht zu zeigen, warum sie in manchen Bereichen relativ erfolgreich war und anderen Bereichen weitgehend gescheitert ist. Dabei spielen Governance Probleme wiederum eine wesentliche Rolle. Erfolgreiche Entwicklungshilfe setzt ein gewisses Maß an guter Regierungsführung voraus: an effektiver Verwaltung, Rechtssicherheit und funktionsfähiger Infrastruktur.

Die Darstellung hebt hervor, dass der Lauf der Entwicklung ist in hohem Maße kontingent oder zufällig ist. Die meisten Rezepte für wirtschaftliches Wachstum sind seit Jahrzehnten bekannt. Ob sie angewandt werden, hängt jedoch vom zufälligen Zusammentreffen von politischen und gesellschaftlichen Umständen ab. Ob in einem Land persönliche Sicherheit und gut regulierte Eigentumsrechte über lange Zeit gewährleistet sind, ist zufällig und nicht vorhersehbar.

Das Buch will die Diskussion um Entwicklung aus einer längerfristigen Perspektive darstellen. Dazu haben sich Sozialwissenschaftler seit Adam Smith Gedanken gemacht. Deshalb überrascht es auch nicht, dass die meisten substanziellen Erkenntnisse vor Jahrzehnten oder gar vor Jahrhunderten formuliert wurden. Das Buch richtet sich deshalb auch gegen die Tendenz des Fachgebiets, sich mangels fundierter neuer Erkenntnisse jedes Jahrzehnt terminologisch neu zu erfinden. Ähnliches gilt für die Praxis. So kündigt die Weltbank in regelmäßigen Abständen neue Ansätze zur Entwicklungspolitik an, und abhängig von den gerade herrschenden Befindlichkeiten im politischen Betrieb der Geberländer ändert sich kontinuierlich die Ausrichtung von Entwicklungshilfe.

Das Buch ist das Resultat einer jahrzehntelangen Auseinandersetzung mit Entwicklungsstudien in Lehre und Forschung. Es reflektiert in vieler Hinsicht persönliche

Erfahrungen, angefangen von der Beschäftigung mit der Industriellen Revolution und vom Entwicklungsgedanken in der klassischen Ökonomie bis hin zu Erfahrungen als Lehrender an Universitäten pazifischer Inselstaaten. Vor allem spiegelt die Darstellung die Erkenntnis wieder, dass bei einer sinnvollen Betrachtung der Thematik über die konventionellen Grenzen der Entwicklungsökonomie hinausgegangen werden muss und zentrale Einsichten aus anderen Sozialwissenschaften eingebracht werden müssen.

Gedankt sei hier allen, die einen Beitrag zur Entstehung dieses Buchs geleistet haben. Meine Kollegen Antony Peter Mueller von der University of Sergipe und Gert Schmidt von der Universität Erlangen-Nürnberg haben das Manuskript gelesen und kommentiert. Meine Frau hat mit viel Geduld die Entwürfe sprachlich und inhaltlich verbessert. Frau Schlomski vom Springer Verlag hat erheblich zur Belebung und Lesbarkeit des Texts beigetragen. Dank gilt auch Frau Brich für die freundliche Beratung und Unterstützung. Die verbleibenden Fehler sind meine eigenen.

Erlangen   Oskar Kurer
Deutschland

Inhaltsverzeichnis

1

Einleitung: Der Wohlstand der Nationen

Brauchen wir Wirtschaftswachstum? Wachstum kann nur
dann ein soziales Ziel sein, wenn es zur Wohlfahrtssteigerung beiträgt. Und hier beginnen die Schwierigkeiten. Was
trägt zur Wohlfahrt bei? Wie misst man Wohlfahrt? Ist
die Maßgabe ausschließlich menschliche Wohlfahrt oder
sollte man vielmehr auch die Wohlfahrt anderer Lebewesen
berücksichtigen? Solche grundlegenden Fragen gehören zur
Betrachtung von Entwicklung. Auch wenn es auf manche
dieser Fragen keine endgültige Antwort gibt, eines ist klar:
es geht um langfristige Ziele, um Wohlfahrt über Generationen betrachtet. Die Wachstumsrate des Einkommens der
nächsten Jahre ist für uns hier nicht von Interesse.

Wenig umstritten ist das gesellschaftliche Ziel, Armut
zu verringern und die Wohlfahrt der Milliarden von
Armen auf das Niveau der Reichen oder zumindest der

© Springer Fachmedien Wiesbaden GmbH 2017
O. Kurer, *Entwicklungspolitik heute*,
DOI 10.1007/978-3-658-12399-4_1

reicheren Bevölkerungsgruppen zu heben. In diesem Zusammenhang stellt sich die Frage, wie die Globalisierung der letzten vierzig Jahre zu beurteilen ist. Zwar hat sich die Lage der Armen in den letzten Jahrzehnten wesentlich verbessert, die weltweiten Einkommensunterschiede haben sich jedoch kaum verändert. Auch sind die Erfahrungen recht unterschiedlich – für den deutschen Betrachter geht Globalisierung einher mit stagnierenden Einkommen und größerer wirtschaftlicher Unsicherheit, für die meisten Bewohner der Entwicklungsländer mit steigenden Einkommen, längerer Lebensdauer und besserer Gesundheitsvorsorge. Globalisierung ist nicht gleich Globalisierung.

Wo die Gründe für die lang anhaltenden Einkommensunterschiede zwischen Ländern und Weltregionen liegen und wie diese Ungleichheiten verringert werden können, sind die Kernthemen der Entwicklungsökonomie. Die Antworten darauf sind widersprüchlich und kontrovers. Es beginnt damit, dass manche daran zweifeln, dass es überhaupt möglich ist, den Wohlstand der Entwicklungsländer auf das Niveau der Industrieländer zu heben ohne den Planeten zu zerstören. Der Erhalt der Umwelt würde demnach erfordern, dass die Steigerung des Wohlstands der Dritten Welt mit einem sinkenden Lebensstandard des Nordens einhergehen sollte. Andere sind der Ansicht, dass eine Wohlstandssteigerung mit adäquatem Einsatz von Technologie durchaus realisierbar sei. Eine weitere Sicht der Dinge besagt, dass die Wirtschaftspolitik, die von den internationalen Finanzinstitutionen wie Weltbank und Internationalem Währungsfonds propagiert wurde, die Entwicklung der Dritten Welt behindert statt befördert habe. Internationaler Handel beispielsweise führe zu Abhängigkeit und Verarmung.

Manche Ökonomen sahen das Scheitern der Anglei-chung der weltweiten Einkommen darin, dass arme Länder nicht in der Lage seien, zu sparen und zu inves-tieren. Entwicklungshilfe müsse deshalb Abhilfe schaffen. Dagegen halten andere, dass eine solche Unterstützung ärmeren Ländern eher schade als nütze. Eine weitere ver-breitete Ansicht verbindet wirtschaftlichen Erfolg mit kulturellen Eigenheiten: dem Status des Unternehmers, Familienstrukturen und Religion. Wieder andere glauben, dass viele Länder wesentlich durch Geografie und Klima behindert würden. Für eine große Gruppe von Sozialwis-senschaftlern hingegen liegen die Gründe für die langsame Entwicklung vieler Regionen in Korruption und Misswirt-schaft, im politischen Geschehen des Landes. Gute Regie-rungsführung oder *Good Governance* waren denn auch das große Thema der Entwicklungsdiskussion der letzten zwei Jahrzehnte.

Dieses Buch soll dem Leser ermöglichen, sich in dieser Diskussion um die Gründe der weltweiten Einkommens-unterschiede zurechtzufinden. Dabei ist die Schwierig-keit nicht das Fachwissen, das vorausgesetzt werden muss. Sozialwissenschaftliche Theorien, die zum Verständnis unserer Lebenswelt beitragen, sind fast durchweg von Fachjargon veredelte Alltagserfahrungen oder *Common Sense*, weil sie allgemein verstanden und akzeptiert wer-den. Das Thema ist jedoch extrem weitläufig; jedes Jahr erscheinen dazu tausende von Büchern und hunderte von Fachzeitschriften befassen sich damit. Niemand dann die-ses Gebiet in seiner Breite überschauen. Dabei liegt die

Faszination der Frage nach den Ursachen des Wohlstands der Nationen gerade in ihrer alle Bereiche des menschlichen Daseins berührenden Breite. Die Folge ist jedoch, dass die Schneise, die hier geschlagen wird, notwendigerweise stark von den persönlichen Bewertungen und Erfahrungen geprägt ist.

Begonnen wird im zweiten Kapitel mit der Frage, ob Wachstum überhaupt wünschenswert ist. Wachstum der Produktion ist dann ein soziales Ziel, wenn es wohlfahrtsfördernd ist. Während man sich darüber streiten kann, ob noch mehr materieller Konsum in Deutschland die Wohlfahrt erhöht, wird das Ziel der Einkommenssteigerung bei armen Ländern kaum infrage gestellt. Sie bleibt in weiten Teilen der Welt ein wichtiges Entwicklungsziel nicht nur als Grundlage von materiellem Wohlstand, sondern auch von mehr Freizeit, Selbstverwirklichung und Teilhabe an Kultur und sozialem Leben.

Es folgt eine Darstellung der langfristigen weltweiten Einkommensentwicklung. Daraus wird ersichtlich, dass der durchschnittliche Lebensstandard während vieler Jahrtausende extrem niedrig war und erst vor zwei Jahrhunderten begonnen hat, markant anzusteigen, zuerst in Westeuropa und Nordamerika und dann in allen Regionen der Welt. Weil dieser Anstieg nicht zu einem sinkenden Einkommen anderswo geführt hat, liegt der Schluss nahe, dass das Wachstum der Industrieländer nicht auf die Kosten der heutigen Entwicklungsländer ging. Das Kapitel endet mit einer Darstellung der Entwicklung der materiellen und sozialen Standards der letzten Jahrzehnte, der Zeit nach dem Beginn der Globalisierung. Die Globalisierungsphase war für die Dritte Welt fast durchwegs erfolgreich;

die Indikatoren, mit denen Wohlfahrt gemessen werden, haben sich in den letzten fünfzig Jahren signifikant verbessert. Die Erfahrung der Industrieländer wie Deutschland, die von der Globalisierung arg gebeutelt wurden, ist nicht mit derjenigen der Dritten Welt vergleichbar.

Nach der Betrachtung der Vergangenheit wendet sich das dritte Kapitel der Zukunft zu, den vielen Varianten der These von der Endlichkeit des Wachstums durch den Mangel an natürlichen Ressourcen oder Klimaschäden. Thesen über Ressourcenknappheit fanden seit zweihundert Jahren immer wieder weite Verbreitung und stellten sich regelmäßig als falsch heraus. Diese Fehlprognosen schließen jedoch nicht aus, dass Untergangsszenarien sich in Zukunft bewahrheiten werden. Wenn man jedoch die Gründe für die Fehlprognosen kennt, verlieren Katastrophenszenarien an Überzeugungskraft und optimistischere Szenarien werden plausibler.

Warum wurden einige Länder reich und die andern blieben arm? Warum wurde die Erwartung enttäuscht, dass sich die Industrielle Revolution rasch verbreiten und materiellen Wohlstand in die Welt tragen würde? Die Erwartung war nicht unvernünftig, dass niedrige Löhne und hohe Profite die Industrialisierung in armen Ländern rapide vorantreiben würden. Das vierte Kapitel sucht nach Gründen, warum die Entwicklung nicht nach diesen Vorstellungen verlaufen ist.

Ein möglicher Grund dafür sind nachteilige Umweltbedingungen, angefangen von ungünstigen Klimaverhältnissen, einer unvorteilhaften geografischen Lage oder einem Mangel an natürlichen Ressourcen. Oft wurden wirtschaftliche Faktoren für mangelndes Wachstum verantwortlich gemacht, fehlende Mittel zur Finanzierung von Investitionen oder die Integration in den internationalen Handel. Gesellschaftliche und kulturelle Hemmnisse können auftreten, beispielsweise wenn soziale Konflikte als Folge religiöser oder ethnischer Vielfalt soziales Vertrauen beschädigen oder die Legitimation eines dynamischen Wirtschaftssystems untergraben. Nicht zuletzt ist es in vielen Ländern nicht gelungen, institutionelle Rahmenbedingungen als Grundlage für ein Wirtschaftssystems zu schaffen, das kontinuierlich Innovationen und Investitionen generiert und damit Produktivitätsgewinne und verbesserte Lebensbedingungen erzielt. Institutionen oder die viel zitierte *Good Governance* sind wiederum verknüpft mit politischen Faktoren. Wo Politiker Macht und Status durch Patronage-Politik und Klientelwirtschaft zu erhalten und zu mehren suchen, sinken die Chancen der Entwicklung erheblich. Tatsächlich ist es nicht oft der Fall, dass eine herrschende politische Klasse sich ihre politische Zukunft zu sichern sucht, indem sie konsequent die wirtschaftliche und soziale Entwicklung fördert. Der Erfolg oder Misserfolg eines Landes hängt somit vom Zusammenspiel solch wirtschaftlicher, gesellschaftlicher, politischer und kultureller Einflüssen ab, was in diesem Kapitel am Beispiel Englands exemplarisch verdeutlicht wird.

Das fünfte Kapitel gibt eine Übersicht über wirtschaftspolitische Maßnahmen, die in den letzten Jahrzehnten die Diskussion geprägt haben. Angefangen wird beim Washington Konsens, der einen geradezu ikonenhaften Status als Ausbund von Neoliberalismus und Marktfundamentalismus erlangt hat. Vor allem Privatisierungen und Finanzmarktliberalisierungen haben heftige Reaktionen ausgelöst.

Es zeigt sich, dass der Konsens in seinen Grundzügen auch heute noch weitgehend zur Orthodoxie gehört.

Um wirtschaftspolitische Fragen geht es auch im nächsten Teil des Kapitels, die optimale Integration in den Welthandel, um Handels- und Industriepolitik und Auslandsinvestitionen. In den letzten Jahrzehnten hat die alte Auseinandersetzung über Freihandel und Protektionismus neue Gestalt angenommen. Es empfiehlt kaum mehr jemand, dass Entwicklungsländer sich vom Weltmarkt fern halten und nach Autarkie streben sollen. Protektionismus ist jedoch mit dem Konzept vom Entwicklungsstaat wieder aufgelebt: Die Regierung soll private Investitionen und Innovationen nach dem Muster Japans und der ostasiatischen Tiger-Staaten lenken und fördern.

Das Scheitern vieler wirtschaftlicher Reformen macht einmal mehr klar, dass eine erfolgreiche Marktwirtschaft einen „starken" Staat voraussetzt, der die Rahmenbedingungen für eine funktionierende Marktwirtschaft schafft. Aus dieser Erkenntnis ergab sich eine Neuorientierung der Entwicklungspolitik hin zu *Good Governance* und *capacity building,* dem dritten Thema des Kapitels. Es wird sich zeigen, dass es nicht gelungen ist, in den Problemregionen die politischen Widerstände gegen eine verbesserte Regierungsführung zu überwinden.

Wie erfolgreich war Entwicklungshilfe? Befürworter sehen in ihr eine Notwendigkeit, um Entwicklung voranzutreiben, ihre Gegner sind der Ansicht, dass sie einer Verbesserung der Lebensbedingungen im Wege steht. Unzweifelhaft hat Entwicklungshilfe wesentlich zu den sozialen Fortschritten beigetragen. Zu Produktivität und Einkommen sind deren Beiträge allerdings gering.

Kapitel sechs zeigt, dass dies zum großen Teil eine Folge dessen ist, dass es nicht gelungen ist, die Governance in den ärmsten Ländern der Welt zu verbessern.

Das Buch schließt mit einer zentralen Botschaft. Die Grundlage jeder Entwicklung ist ein Prozess der Industrialisierung, von Produktivitätssteigerungen angetrieben durch Investitionen, Innovationen und Wettbewerb. Dieser Prozess setzt eine Regierung voraus, welche diesen Industrialisierungsprozess fördert. Das zentrale Entwicklungsproblem in vielen der ärmsten Länder der Welt ist die Abwesenheit einer solchen Regierung. Daran hat auch Entwicklungshilfe nichts ändern können. Abhilfe schaffen kann nur kultureller, gesellschaftlicher und politischer Wandel, der von den Entwicklungsländern selbst ausgeht.

Bevor wir uns diesen Themen zuwenden, betrachten wir schlaglichtartig einige zentrale Aspekte des Entwicklungsprozesses, die uns später im Laufe der Ausführungen ausführlich beschäftigen werden. Erst wird übersichtsartig eine einfache Kausalkette zur Erklärung von Wirtschaftswachstum eingeführt, die als Gerüst für die späteren Ausführungen dient. Vertieft wird dieses Gerüst am Beispiel der Ersten Industriellen Revolution, derjenigen Großbritanniens, des vielleicht am besten erforschten Entwicklungsprozesses überhaupt. Daran können die verschiedenen Erklärungsansätze von Wachstum illustriert werden, und der Leser wird in die Komplexität der Vorgänge eingeführt. Dabei ergibt sich die die Faustregel, dass einfache Erklärungen komplexer sozialer Phänomene nicht ernst zu nehmen sind.

Die Einleitung endet mit einem schwierigen, aber wichtigen Thema von Ungewissheit und Kontingenz.

Es geht um die Grenze dessen, was wir wissen können. Es zeigt sich, dass Voraussagen komplexer sozialer Vorgänge grundsätzlich nicht möglich sind; jede Prognose des Einkommens Chinas in 5, 10 oder 15 Jahren ist rein zufällig richtig. Dasselbe gilt auch für die Prognose über die Auswirkungen einschneidender Politikmaßnahmen; sie alle sind in unterschiedlichem Maß mit Ungewissheit behaftet, und ihr Erfolg hängt wesentlich von nicht voraussehbaren sozialen Geschehnissen ab. Ihre Auswirkungen sind kontingent. Zufall ist es auch, dass Wahlen oder Staatsstreiche Regierungen an die Macht bringen, die systematisch über lange Zeit wachstumsfördernde Politik betreiben. Nicht Wirtschaftspolitik, G-7-Beschlüsse und Millenniumsziele, sondern Zufälligkeiten sind die wichtigste gestalterische Kraft der Zukunft.

Während Sozialwissenschaft nicht in der Lage ist, zu prognostizieren, so können immerhin Faktoren herausgearbeitet werden, die Entwicklung fördern oder behindern. Das ist denn auch das Kernthema dieses Buchs: Gründe für die Ungleichheit der Nationen auszumachen, sie beispielhaft zu illustrieren und daraus Politikmaßnahmen zur Förderung von Entwicklung abzuleiten.

1.1 Die Ursachen des Wohlstands der Nationen

Was bestimmt den durchschnittlichen Lebensstandard oder das Pro-Kopf-Einkommen eines Landes? Das wird erst einmal davon abhängen, wie viel in diesem Lande produziert wird, Produktion und Einkommen sind zwei

Seiten einer Medaille – die Gesamtheit der Produktion entspricht etwa dem, was als Einkommen zur Verfügung steht. Wenn wir nun einen Schritt weiter gehen, dann hängen Lebensstandard und Produktion von den Mitteln ab, die den Beschäftigten bei der Produktion zur Verfügung stehen, den Produktionsmitteln. Zu diesen gehören die Menge und Qualität von Bauten, Anlagen und Maschinen, von Sachkapital. Zu den Produktionsmitteln im weiteren Sinn zählen auch die beruflichen Fähigkeiten der Beschäftigten selbst. Diese Fähigkeiten werden oft als Humankapital bezeichnet. Der Begriff geht darauf zurück, dass sie erworben sind und dabei Zeit und Geld investiert wurde.[1] Somit hängt der durchschnittliche Lebensstandard davon ab, was die Beschäftigten produzieren, und dies wiederum im Wesentlichen von deren Humankapital und der Menge und Qualität des Sachkapitals, über das die Arbeitnehmer verfügen.

Wirtschaftsentwicklung bedeutet nun, dass mehr produziert werden kann, weil sich die vorhandenen beruflichen Fähigkeiten verbessert haben und die Menge und Qualität der eingesetzten technischen Hilfsmittel steigt. Das bedeutet nun nicht, dass mehr produziert werden muss – es kann beispielsweise durchaus sein, dass die größeren Produktivkräfte dazu verwendet werden, bei gleichem Konsum die Freizeit zu erhöhen oder die Umwelt zu schützen. Wirtschaftsentwicklung ist somit gleichbedeutend mit höherer Produktivität, nicht mit mehr Konsum.

Wachstum durch Investitionen und Innovationen
Traditionellerweise gingen Ökonomen davon aus, dass Wachstum vor allem durch Investitionen, also den Aufbau

von Sachkapital angetrieben wurde; mehr Bauten, Anlagen und Maschinen wurden als wichtigste Ursache steigenden Wohlstands identifiziert. Mittlerweile ist man sich aber einig, dass nicht primär *mehr* sondern *bessere* Hilfsmittel in Verbindung mit gestiegenen Fertigkeiten Produktivität und Wohlstand erhöht haben.[2] Damit tritt der Prozess der Innovation als Wachstumsmotor in den Vordergrund,[3] die Schaffung produktiverer technischer Hilfsmittel verbunden mit neuen Kenntnissen und Fähigkeiten der Mitarbeiter. Wenn wir also den wachsenden Wohlstand erklären wollen, müssen wir den Mechanismus verstehen, der Investitionen und vor allem Innovationen generiert. Dieses Innovationssystem begann mit der Industriellen Revolution und hat in jeder Generation bis heute das Arbeitsleben und die Gesellschaft als Ganzes stets von neuem radikal verändert. Die Industrielle Revolution ist keineswegs abgeschlossen, wir erleben ihre Auswirkung stets aufs Neue, und für manche ist sie gleichbedeutend mit Globalisierung.

Innovation bedeutet fast immer, dass andere Produktionsmittel und Verbrauchsgüter verdrängt werden. Innovation ist also eng mit Zerstörung verbunden. Mechanisierte Webstühle verdrängten den Handwebstuhl, das Automobil die Pferdefuhrwerke, Digitaltechnologie Analogtechnologie, Handel im Internet verdrängt den traditionellen Einzelhandel. Joseph Schumpeter hat deshalb den Begriff der „kreativen Zerstörung" geprägt. Weil Innovationen Verlierer schaffen, die sich dagegen zur Wehr setzen und sich politisch mobilisieren lassen, werden sie immer umstritten sein, obwohl darauf unser Wohlstand beruht. Mit der Verlagerung der Beschäftigung auf produktivere

Sektoren wird die Arbeitslosigkeit wieder abgebaut, und mit der gestiegenen Arbeitsproduktivität erhöhen sich gleichzeitig auch die Einkommen der Beschäftigten. Es ist eine der Paradoxien der wirtschaftlichen Entwicklung, dass der Wohlstand oft durch vorübergehende Arbeitslosigkeit erkauft wird. Deren Ausmaß hängt wiederum davon ab, wie rasch dieser Anpassungsprozess erfolgt.

Wie kommt es nun, dass Unternehmer, Manager, Arbeitnehmer kontinuierlich motiviert waren und sind, diesen Prozess von Investition und Innovation in Gang zu bringen und in Gang zu halten? Warum war der Prozess in gewissen Regionen der Welt für eine lange Zeit nur sehr schwach oder gar nicht ausgebildet? Warum hat er im England des 18. Jahrhundert begonnen und sich auf den europäischen Kontinent, Nordamerika und schließlich Ostasien ausgebreitet? Warum hat er in Lateinamerika nur bedingt und in Afrika kaum Fuß gefasst?

Wirtschaftliches Verhalten wird von materiellen und immateriellen Anreizen und intrinsischer Motivation bestimmt. So befördern Anreize und Motivation auch Investitionen und Innovationen. Sie sind von Land zu Land, von Gesellschaft zu Gesellschaft verschieden und letztlich für den unterschiedlichen Entwicklungsstand einzelner Länder verantwortlich.

Motivation und Unternehmertum
Das lässt sich mit dem Konzept des Unternehmers illustrieren, das wiederum auf Joseph Schumpeter zurückgeht und hier in leicht abgewandelter Form zur Anwendung kommt. Dabei handelt es sich nicht um den Unternehmer im üblichen Sinn, den Besitzer eines Unternehmens, sondern den

Organisator von produktivitätssteigernden Innovationen. Ein Unternehmer ist, wer die Produktivkräfte steigert, der es also möglich macht, mit gegebenen Ressourcen mehr zu produzieren oder verbesserte Produkte auf den Markt zu bringen. Die Qualität des Unternehmertums bemisst sich also nicht nach der Höhe der Gewinne. Wer durch Insiderinformationen, dubiose Wertpapiergeschäfte oder simplen Betrug Gewinne erwirtschaftet, ist kein Unternehmer in diesem Sinn. Ebenso wenig sind solche Geschäftsleute Unternehmer, die ihre Gewinne Verbindungen zur Politik verdanken und durch Lizenzen oder zu überhöhten Preisen abgewickelte Regierungsaufträge reich werden. Auch ist unternehmerisches Handeln nicht auf Firmeninhaber beschränkt, Unternehmer können auch Manager sein. Demnach ist unternehmerisches Handeln auch nicht auf die Privatwirtschaft beschränkt, es ist ebenso in effizienten und dynamischen Staatsbetrieben zu Hause.

Das gesellschaftliche, politische und wirtschaftliche Umfeld bestimmt die Anreize, unternehmerisch tätig zu werden oder es bleiben zu lassen, durch Investitionen und Innovationen die Produktivität der Produktionsprozesse zu erhöhen. Zu diesen Rahmenbedingungen gehören wirtschaftliche, politische, gesellschaftliche und kulturelle Faktoren.

Wirtschaftliche Rahmenbedingungen und Wachstum
Beginnen wir mit den Rahmenbedingungen, die von der Politik bestimmt werden. Dazu gehören der Schutz von Person und Eigentum und die Vielzahl von Gesetzen und Verordnungen, die einen Wettbewerbsmarkt schaffen. Da soll ein fairer Wettbewerb herrschen, Monopolmacht soll

eng begrenzt sein, Informationsungleichheiten sollen möglichst ausgeglichen werden und der Staat übernimmt wirtschaftliche Aufgaben bei grobem Marktversagen. Arbeits-, Gesundheits-, Steuerrecht, Bauvorschriften oder die Überwachung des Finanzsektors sind Beispiele von solchen Regelwerken, sind Elemente dieser Rahmenbedingungen.

Diese Regeln, deren Übertretung staatliche Sanktionen mit sich ziehen, werden im sozialwissenschaftlichen Jargon manchmal formale Institutionen genannt. Formale Institutionen erfordern, dass gesetzliche Regeln und Verordnungen auch durchgesetzt werden. In vielen Ländern existieren zwar Vorschriften, sie werden aber nicht umgesetzt. Eine Vorschrift die nur auf dem Papier existiert, weil sie beispielsweise durch Korruption unterlaufen wird, ist keine Institution.

Im gesellschaftlichen Bereich angesiedelt sind Normen, die von der Gesellschaft sanktioniert werden – sogenannte informelle Institutionen. Als Beispiel mögen Netzwerke chinesischer Geschäftsleute dienen, wo Normverletzungen – fahrlässiger Konkurs beispielsweise – den Verlust von Reputation, Ausschluss vom Netzwerk der Lieferanten und Kunden mit sich bringen kann und damit mit geschäftlichen Nachteilen einhergeht.

Diese formalen und informalen Institutionen, politischen und gesellschaftlichen Regeln, bilden das institutionelle Gerüst eines Landes, das gesellschaftliche und politische Umfeld, welches wirtschaftliches Handeln beeinflusst. Der Zusammenhang zwischen Institutionen und Wachstum wird uns später intensiver beschäftigen. Er steht in direktem Beziehung zum Thema *Good Governance* oder der guten Regierungsführung, das die

Entwicklungsdiskussion der letzten Jahrzehnte entscheidend mitgeprägt hat.

Welchen Einfluss hat „Kultur"?
Oft wird argumentiert, „Kultur" habe einen maßgeblichen Einfluss auf wirtschaftliches Handeln und damit auch auf wirtschaftliche Entwicklung. „Kultur" umfasst üblicherweise neben den bereits angesprochenen Normen auch allgemein verbreitete individuelle Werte, Einstellungen und Vorstellungen.[4] Von besonderer Relevanz für wirtschaftliche Entwicklung ist dabei die soziale Akzeptanz unternehmerischen Handelns, sind Einstellungen zu Arbeit, Konsum und Freizeit oder Vorstellungen über die Auswirkungen von Wettbewerb und Marktwirtschaft. Ein anderer wesentlicher Einfluss auf Entwicklung ist der Grad gesellschaftlichen Vertrauens, des Vertrauens darauf, dass andere Mitglieder der Gesellschaft sich kooperativ verhalten. So wird das Entwicklungspotenzial durch eine Kultur da erheblich beeinträchtigt, wo marktwirtschaftliche Aktivitäten einen niedrigen Status haben, wo Arbeit vorwiegend als Last empfunden wird, wo Innovationen auf starke Skepsis stoßen und wo wirtschaftliche Interaktionen von Misstrauen geprägt sind. In einem solchen kulturellen Umfeld leidet die Motivation, innovativ tätig zu sein. Innovationen stoßen dort auch deshalb auf größere Widerstände, weil diese kulturellen Einflüsse oft die Wirtschaftspolitik beeinflussen und zu einem innovationsfeindlichen Regulierungsrahmen führen.

Bestimmungsfaktoren des Lebensstandards
Neben den vielen Faktoren, die unter formalen Institutionen und Kultur zusammengefasst werden können,

wird das natürliche und wirtschaftliche Umfeld das Entwicklungspotenzial beeinflussen. Die Verfügbarkeit von natürlichen Ressourcen, die geografische Lage, Klima und Bodenbeschaffenheit, sie alle werden sich auf die wirtschaftlichen Möglichkeiten und damit Investitions- und Innovationsneigung auswirken, ebenso wie die Struktur der Weltwirtschaft, der Handels- und Finanzströme.

Abb. 1.1 ist eine vereinfachte Darstellung von Faktoren, die auf den Lebensstandard einwirken. Er hängt ab von der Qualität des Sach- und Humankapitals, die wiederum von Investitions- und Innovationstätigkeit bestimmt. Diese Beziehung, von Ökonomen Produktionsfunktion genannt, ist der Teil des Entwicklungsprozesses, der am besten erforscht ist. Wesentlich weniger ist über

Abb. 1.1 Einflussfaktoren auf den Lebensstandard

die Einwirkung von Institutionen und Kultur auf Investitions- und Innovationstätigkeit bekannt. Die Komplexität der Ursachenanalyse stammt teilweise daher, dass sich alle Faktoren gegenseitig beeinflussen. Vorstellungen über die Konsequenzen von Markt- und Planwirtschaft, wie „positiv" oder „negativ" ihre Auswirkungen beurteilt werden, haben politische Konsequenzen, die wiederum Rückwirkungen auf Institutionen oder den Regulierungsrahmen haben. Das gleiche gilt für religiöse Vorstellungen; so bilden beispielsweise religiöse Vorschriften die Grundlage für die Bankenregulierungen islamischer Länder. Einflüsse gehen aber auch in die andere Richtung, von Wirtschaftswachstum auf Kultur: wirtschaftliche Erfolge oder Misserfolge werden sich auf Vorstellungen über die Effektivität der Marktwirtschaft oder die Legitimität von Unternehmertum auswirken.

Die Vielfalt der Einflussfaktoren, die Komplexität der Zusammenhänge und die Tatsache, dass alle realen Entwicklungen unter Bedingungen stattfinden, die einmalig sind, stellen Erklärungen in der Entwicklungsforschung vor fast unlösbare Probleme. Dies soll am Beispiel der Ersten Industriellen Revolution illustriert werden, der ersten Innovationsgesellschaft dieser Welt.

1.2 Die Erste Industrielle Revolution

Dass aus dem Wurmfortsatz des eurasischen Kontinents der Mittelpunkt der Welt werden würde, hätte sich auch noch im späten Mittelalter kaum jemand vorstellen können. China oder das Osmanische Reich wären weit plausiblere Kandidaten gewesen. Ebenso wenig war es vorbestimmt, dass gerade England die wirtschaftliche Vorherrschaft Europas übernehmen würde. Zur Zeit Shakespeares war das Land wirtschaftlich eher rückständig, exportierte vor allem Rohmaterialien und einfache Erzeugnisse, vorwiegend Wolle und Wollstoffe. Es war weder führend im Bergbau, noch im produzierenden Gewerbe oder im Finanzwesen, und es war eine der am wenigsten urbanisierten Länder Westeuropas.[5] Zu dieser Zeit hätte ein Beobachter wahrscheinlich auf das politisch und kulturell weit einflussreichere Spanien oder Frankreich als zukünftigen Wachstumsmotor getippt, und später im 17. Jahrhundert vielleicht auf Holland. Wie kam es also, dass die Industrielle Revolution in England stattfand? Welche Besonderheiten können diesen einzigartigen Entwicklungspfad erklären? Auf der Suche nach einer Erklärung der Ursachen der Industriellen Revolution in England fahnden wir nach solchen Besonderheiten, nach notwendigen Bedingungen oder Faktoren, ohne die die Industrialisierung nicht stattgefunden hätte.

Oft wird beispielsweise gesagt, dass die gestärkten Eigentumsrechte nach der *Glorious Revolution* von 1688, wo die Stuarts endgültig ins Exil geschickt und der Holländer Wilhelm von Oranien zum König von England ernannt wurde, eine notwendige Ursache für englische Entwicklung waren. Dabei wird man überprüfen müssen, ob Eigentumsrechte sich nach dieser Zeit tatsächlich so stark verändert haben, um das Investitions- und Innovationsverhalten entscheidend zu beeinflussen. Sollte das nicht der Fall sein, ist diese These vom Tisch. Wobei das nicht dagegen spricht, dass sicherere Eigentumsrechte in Kombination mit anderen Ursachen die industrielle Transformation herbeigeführt hätten. Beispielsweise wird argumentiert, dass ein gestiegener sozialer Status von Unternehmertum in Verbindung mit sicheren Eigentumsrechten eine notwendige Bedingungen für die Industrielle Revolution gewesen sei.[6]

Eine andere Möglichkeit, um herauszufinden, ob gewisse Besonderheiten tatsächlich ursächlich mit der Industriellen Revolution verknüpft waren, ist der Vergleich von Gemeinsamkeiten und Unterschieden in der Ausgangslage einzelner Länder. Wenn wir beispielsweise finden, dass die Ausgangslage Hollands und Englands sich nur in einem einzigen Faktor unterschieden, dann hätten wir einen guten Kandidaten für eine kausale Beziehung gefunden.

Bei all diesen Analysen darf nie vergessen werden, dass im Mittelpunkt immer der Mensch stehen sollte, als Einzelner oder als Teil einer Gruppe.[7] Wenn wir feststellen, dass Eigentumsrechte Investitionen, Innovationen und Wachstum beeinflusst haben, dann kann das bloß in der Weise geschehen sein, dass wirtschaftliche Akteure ihr Verhalten veränderten, mehr oder weniger investiert haben, mehr oder weniger innovativ waren, dass sie mehr Unternehmen gründeten oder diese expandierten und deren Produktivität steigerten, als das vor der Änderung der Eigentumsrechte der Fall war. Eine Erklärung ist erst dann vollständig, wenn sie es uns ermöglicht, individuelle Entscheide nachzuvollziehen.[8]

Welche Faktoren waren also entscheidend dafür, dass Großbritannien vor 250 Jahren auf einen beschleunigten Wachstumspfad mit kontinuierlich steigender

Arbeitsproduktivität einschwenkte? Die Diskussion soll nicht nur einen Einblick in die Entwicklung des ersten Industriestaats geben, sondern auch unterschiedliche Erklärungsansätze illustrieren, denn die meisten Thesen der Entwicklungsökonomie sind auf diesen Fall angewandt worden. Diese Erklärungen basieren auf Besonderheiten von Großbritanniens natürlicher Umwelt, seiner Wirtschaft, Kultur und Politik.

Allerdings wird die Erwartung, dass nach mehr als hundert Jahren intensiver Forschung ein hoher Grad an Übereinstimmung erreicht worden sei, enttäuscht werden. Auch diesbezüglich steht die Illustration der Industriellen Revolution in England für die Probleme der Entwicklungsökonomie. Weder über ihre Beschreibung, noch ihren Ursprung, noch ihren Ablauf oder die zeitliche Einordnung herrscht Konsens. Der Zeitraum wird hier auf die Periode von 1760 bis 1820 gelegt, als Innovationen und Produktivitätssteigerungen markant zunahmen und sich nach Nordwesteuropa zu verbreiten begannen.

Ressourcenreichtum als Wachstumsmotor

Ressourcenreichtum ist eine beliebte Erklärung für Wirtschaftswachstum. Es überrascht deshalb nicht, dass Ressourcenreichtum auch die Industrielle Revolution bewirkt haben soll. Tatsächlich war der Rohstoff Kohle ein Fundament des Erfolgs Großbritanniens, denn einer der Pfeiler der Industrieentwicklung war die Dampftechnologie, die wiederum Zugang zu Kohle voraussetzte. So ist denn auch die englische Industrialisierung ohne Kohle kaum vorstellbar; sie wäre mangels anderer Energiequellen rasch an ihre Grenzen gestoßen.[9] Verfügbarkeit von Kohle ist somit eine notwendige Bedingung für die Entstehung und die Ausbreitung der Industriellen Revolution.

Von dieser These ist es nur ein Schritt zu der Vermutung, dass ausschließlich der fehlende Zugang zu Kohle Länder wie Holland oder China[10] daran gehindert hätte, selbst eine industrielle Revolution hervorzubringen. Das Argument ist allerdings deshalb nicht sehr überzeugend, weil Kohlevorkommen weit verbreitet sind. Sowohl Holland[11] als auch China verfügte über Kohlevorkommen.[12] Selbst wenn diese Ressourcen nicht in unmittelbarer Nähe der traditionellen wirtschaftlichen Zentren liegen, ist das kein Hindernis für die Verbreitung ihres Gebrauchs. Kohle lässt sich verschiffen,[13] und Industrien, die auf billige Kohle angewiesen sind, siedeln sich in der Nähe dieser Vorkommen an.[14] Dass England über Kohle verfügte, sagt somit wenig darüber aus, warum die Industrielle Revolution in England und nicht in Holland, Frankreich oder China stattfand.[15]

Koloniale Ausbeutung

Gab es andere wirtschaftliche Besonderheiten, die für die Entwicklung der Industriellen Revolution entscheidend waren? Nach einer der beliebtesten Theorien über den Ursprung des Wohlstands ist er eine Folge der Ausbeutung anderer Weltgegenden, es ist „Wohlstand, der aus jahrhundertealter Ausbeutung entstanden ist" und „auf Raub basiert".[16] Da weder die Dampftechnologie, noch die Stahlverarbeitung, die Mechanik oder die Chemie von China, Indien oder Afrika geraubt wurden und solche Technologien den westlichen Produktionsfortschritten und dem europäischen Wohlstand zugrunde liegen, kann die Sache so einfach nicht gewesen sein.

Vertreter der These, dass die koloniale Ausbeutung für unseren Wohlstand verantwortlich ist, müssen in der Lage sein zu zeigen, wie koloniale Ausbeutung zu Produktivitätsgewinnen führt. Dabei ist es nicht damit getan, auf Phänomene wie die Vermögen karibischer Zuckerbarone oder die Edelmetalle, welche die spanische Silberflotte von Mexiko nach Spanien schaffte, hinzuweisen. Das Argument ist nur dann plausibel, wenn eine Verbindung von kolonialer Ausbeutung zu den Innovations- und Investitionsentscheiden in der englischen Industrie zur Zeit der Industriellen Revolution hergestellt werden kann. Eine gewisse Skepsis wird sich diesbezüglich schon deshalb einschleichen, weil Ausbeutung kein spezifisch britisches Phänomen ist – Ausbeutung war eine verbreitete Praxis auch außerhalb Europas. Auch fand bezeichnenderweise die Industrielle Revolution nicht im Spanien des 16. oder 17. Jahrhunderts statt.

Arbeitsteilung und die Entstehung einer Konsumgesellschaft

Von Adam Smith stammt die fundamentale Beobachtung, dass die Arbeitsteilung von der Marktgröße abhängt.[17] Je größer der Markt, desto größer die Spezialisierung und desto höher Arbeitsproduktivität und Wohlstand. Ein großer und vor allem wachsender Markt wäre somit eine optimale Bedingung für eine Zunahme von Investition und Innovation, und Großbritannien könnte sich von anderen Ländern in dieser Hinsicht abgehoben haben. Tatsächlich hat sich England in den zwei Jahrhunderten *vor* der Industriellen Revolution von einem rückständigen zu einem der der reichsten und wirtschaftlich fortschrittlichsten Länder Europas gewandelt.

Diese Wandlung erfolgte durch die Interaktion von steigenden Einkommen, steigender Nachfrage nach Gütern des täglichen Gebrauchs und von Luxusgütern, gleichzeitigen Produktivitätsgewinnen durch Investitionen und Innovationen in Landwirtschaft, Transport, und Industrie sowie eine zunehmende Urbanisierung und Alphabetisierung.[18] Die Gleichzeitigkeit von steigender Nachfrage und zunehmendem Angebot trieb die wirtschaftliche und kulturelle Entwicklung, die schließlich in die Industrielle Revolution mündete, wo sich der Innovationsrhythmus noch weiter beschleunigen sollte.

Die Ausbildung einer frühen Konsumgesellschaft fällt somit in die Zeit vor der Industriellen Revolution. Erstmals konsumierte eine hoher Prozentsatz der Bevölkerung Luxusgüter: Zucker, Tee, Kaffee oder Gegenstände des täglichen Gebrauchs, Geschirr, modische Kleidung oder Bilder und Möbel beispielsweise. Selbst teure und technisch anspruchsvolle Gegenstände wie Uhren kamen in die Reichweite mittlerer und sogar ärmerer Einkommensschichten.[19]

Diese Konsummöglichkeiten ergaben sich dadurch, dass die Engländer über Einkommen verfügten, die sowohl im Vergleich zur Vergangenheit als auch zu anderen europäischen Ländern beachtlich hoch waren. Einzig Holländer hatten einen ähnlich hohen Lebensstandard. Zu Beginn der Industriellen Revolution lagen die Löhne für Arbeiter in London und Amsterdam ungefähr beim Vierfachen des Subsistenzniveaus, in Wien und Florenz beim Doppelten; in Beijing und Delhi konnten die Arbeiter kaum sich selbst ernähren – nur die kärglichen zusätzlichen Einkünfte der Ehefrau oder die Erzeugnisse eines ärmlichen Gartens sicherten das Überleben der Familie.[20] Dabei ist die Entwicklung der Unterschiede innerhalb Europas besonders signifikant. Die niedrigeren Löhne in Wien und Florenz waren nicht die Folge davon, dass die Löhne in England und Holland anstiegen, sondern dass sie in den anderen europäischen Ländern in den 200 Jahren vor der Industriellen Revolution gesunken waren.

Wie bringt man die konstanten Löhne in England mit steigenden Einkommen in Übereinstimmung? Maßgeblich ist das Familieneinkommen – und das kann sich erhöhen, wenn die Familienmitglieder mehr Zeit darauf verwenden, für den Markt zu produzieren. Dies ist grundsätzlich nicht anders als heute, wo durch die steigende Frauenerwerbsquote mehr Familienmitglieder erwerbstätig werden und dadurch das Familieneinkommen steigt. Und damals wie heute schaffen neue Konsumgüter Anreize, vermehrt für den Markt zu produzieren, mehr Arbeitszeit einzusetzen oder andere Ressourcen wie Land intensiver zu nutzen.[21]

Dass die höhere Nachfrage zu einem größeren Güterangebot führen konnte, war nicht nur die Folge von vermehrtem Einsatz von Ressourcen, sondern auch der gestiegenen Produktivität. Sichtbar wird das eben beispielsweise im Transportwesen, wo Transportkosten durch Straßenbau und die ersten Kanalbauten erheblich reduziert wurden und dadurch die Bewohner Englands besseren Zugang zu Märkten hatten. Nicht zuletzt waren die Produktivitätsgewinne in der Landwirtschaft erheblich, wo eine konstante Zahl von Beschäftigten in der Lage war, eine immer größere Zahl von Städtern zu versorgen.

Auf die zentrale Rolle der Kohleindustrie wurde bereits hingewiesen, und es war dort, wo einer der bedeutendsten technologischen Durchbrüche stattfand. Die meisten europäischen Kohleflöße waren nur durch Stollen erschließbar, in denen oft innerhalb weniger Meter auf Grundwasser gestoßen wird. Entwässerung der Stollen war deshalb seit Jahrhunderten eine der großen technischen Herausforderungen der Kohleförderung. Erst durch die mit Dampf betriebenen Wasserpumpen konnte sie effektiv bewältigt werden. Ohne die Lösung dieses Problems wären der Ausbau der Kohleproduktion und damit, wie wir bereits gesehen haben, auch die Industrialisierung rasch an ihre Grenzen gestoßen.

Die ersten funktionierenden Wasserpumpen waren anfangs des 18. Jahrhunderts im Gebrauch, also ein halbes Jahrhundert vor dem Beginn der Industriellen Revolution. Sie läuteten das Zeitalter der Kohle ein: Während um 1560 rund zehn Prozent des Energieverbrauchs Englands auf Kohle entfielen, war es um 1780, also zu Beginn der Industriellen Revolution, schon um die 70 %.[22] Die Bedeutung der Kohleindustrie zeigt sich auch darin, dass England das Land mit dem höchsten Energieverbrauch pro Kopf der Bevölkerung war.[23] Die Erfolgsgeschichte von Kohle und Dampfmaschine ist dabei nur ein Beispiel für eine Vielzahl technologischen Neuerungen.[24]

Urbanisierung und Alphabetisierung
Verbunden mit den Änderungen des Wirtschaftslebens waren soziale Umbrüche. England wurde urbaner. Bis 1650 lag der Anteil der Stadtbevölkerung auf einem ähnlichen Niveau wie im übrigen Nord- und Westeuropa,

hundert Jahre später war der Unterschied erheblich.[25] Dabei lohnt es sich, wieder einen Bezug zu unserer Schlüsseltechnologie herzustellen. Kohle verdrängte andere Energieträger wie das knapper werdende Holz nicht nur im industriellen Bereich, sondern auch für die Heizung der Stadthäuser.[26] Die Urbanisierung trug so zur Expansion der Kohleindustrie bei. Das Beispiel illustriert, wie in einer dynamischen Umgebung eine Entwicklung die andere verstärkt. Das gilt auch für eine weitere wesentliche Voraussetzung der Industrialisierung. Die Urbanisierung und die damit verbundenen beruflichen Anforderungen förderten Lese-, Schreib- und Rechenfertigkeiten und die technische Bildung, auf deren Boden neue Innovationsschübe gedeihen konnten.[27]

In England stieg also schon vor der Industriellen Revolution das Einkommen der Haushalte, die Nachfrage nach Gütern des täglichen Gebrauchs und nach Luxusgütern, die Produktivität in der Landwirtschaft, im Transportwesen, in Minen und Industrie. Es stieg auch der Grad der Urbanisierung und der Alphabetisierung. Das einst rückständige Land wurde nicht nur wirtschaftlich führend, sondern durch Denker wie Isaac Newton (1643–1727), John Locke (1632–1704), David Hume (1711–1776) und Adam Smith (1723–1790) zu einem der wichtigsten Träger der Aufklärung.

Um wieder zur Frage der Ursachen der Industriellen Revolution zurückzukehren und der Rolle, die der Kolonialismus dabei spielte: Kolonialer Handel könnte in verschiedener Hinsicht der wirtschaftlichen Expansion Englands zuträglich gewesen sein. Exporte erhöhen die Marktgröße und tragen zur Dynamik der Industrie bei.

Importierte Luxusgüter schaffen Anreize zu vermehrter Produktion im Inland, um diese Luxusgüter zu erwerben. Zu guter Letzt können Gewinne aus dem Handel mit Kolonien Investitionen in England finanziert haben. Tatsächlich war der Handel mit Kolonien aber relativ unbedeutend verglichen mit der Größe des Heimatmarkts; ganz abgesehen davon dass der wichtigste koloniale Handelspartner Nordamerika und nicht die heutige Dritte Welt war. Auch an der Finanzierung von neu entstehenden Fabriken hatten Kolonien wenig Anteil. Unzweifelhaft war der Handel mit diesen Regionen ein Element der expandierenden Wirtschaft und hat zur steigenden Produktivität beitragen;[28] dass jedoch die Industrielle Revolution ohne den „ausbeuterischen" Handel mit Afrika oder Indien nicht stattgefunden hätte, ist wenig plausibel. Noch weniger plausibel ist die Vorstellung, dass „ausbeuterischer Handel" genüge, eine Industrielle Revolution hervorzurufen. Wenn das der Fall gewesen wäre, dann hätte es sie bereits mehrfach gegeben. Denn solcher Handel ist, wie bereits erwähnt, universell und hat nicht mit dem Aufstieg Großbritanniens begonnen.[29]

Die Industrielle Revolution ist die Kulmination einer Entwicklung, eine Phase der Geschichte in der sich das Produktivitätswachstum weiter beschleunigte. Einer der Gründe, warum die Industrielle Revolution in England stattfand, ist sicher der, dass es bereits vor der Industriellen Revolution in vielen Bereichen die technologisch führende und dynamischste Ökonomie der Welt war. Die nächste Frage ist nun die: Warum hat sich die wirtschaftliche Dynamik gegen Ende des 18. Jahrhunderts noch weiter beschleunigt anstatt in eine Phase der Stagnation überzugehen, wie das nach Perioden wirtschaftlicher und kultureller Blüte in vielen Teilen der Welt immer wieder der Fall war?

Höhere Löhne und Mechanisierung

Hier kommt eine weitere wirtschaftliche Besonderheit ins Spiel: England hatte sich zu einer Hochlohnökonomie entwickelt, was wiederum das Ersetzen von Arbeit durch Maschinen förderte. Diesen Trend zur Mechanisierung verdeutlicht eine weitere Schlüsselindustrie, die Textilindustrie.

Spinnen und Weben wurden mechanisiert. Diese Verdrängung von Handarbeit durch Maschinen war bei den relativ hohen Löhnen in England besonders gewinnbringend. Der Einsatz mancher Maschinen hätte sich beispielsweise in Frankreich einfach nicht gerechnet.[30] So hat die Hochlohnökonomie mit Sicherheit Entstehung und Fortgang der Industriellen Revolution gefördert. Unklar bleibt, ob der europaweit verbreitete kulturelle Wandel und der damit verbundene technische Fortschritt die Industrielle Revolution auch ohne diese relativ hohen Löhne hervorgebracht hätte.

Die *Glorious Revolution*

Eine andere Erklärung für die spezielle Entwicklung Großbritanniens basiert auf politischen Besonderheiten. Demnach habe sich das politische System nach der englischen Revolution von 1688, der *Glorious Revolution,* dahin gehend geändert, dass Parlament und Krone den Schutz des Privateigentums verstärkt hätten.[31] Es ist jedoch umstritten, inwieweit dies tatsächlich der Fall war. Außerdem war auch in anderen Ländern Westeuropas die Eigentumssicherheit hoch.[32] Dass die These den besonderen Entwicklungspfad Englands erklärt, ist deshalb fraglich.[33]

Die *Glorious Revolution* hilft dennoch, den besonderen Entwicklungspfad Englands zu erklären. Mit der fortschreitenden Industriellen Revolution entstand ein reiches und politisch aktives Bürgertum, das in der Folge die großen Landbesitzer als die reichste und politisch dominante Klasse ablöste. Aus Sicht der heutigen Entwicklungsökonomie ist besonders bemerkenswert, dass diese wirtschaftliche, gesellschaftliche und politische Transformation ohne größere Konflikte vor sich ging. England entging all den gesellschaftlichen und politischen Auseinandersetzungen, die in den meisten Ländern der Welt die wirtschaftliche Entwicklung oft für Jahrzehnte behindert oder gar zum Stillstand gebracht haben. Im Gegenteil, die hochgradig korrupte Administration des 18. Jahrhunderts verwandelte sich in die außerordentlich kompetente Verwaltung des 19. Die durch die *Glorious Revolution* geschaffenen politischen Verhältnisse haben dazu ihren Beitrag geleistet und dürften daher eine der notwendigen Bedingungen für das Entstehen der Industriellen Revolution gewesen sein.

Kultureller Wandel – Der Status des Unternehmers und der Wissenschaft

Kulturelle Besonderheiten gehören zu den beliebtesten Erklärungsansätzen gesellschaftlicher Entwicklungen. Der hier verwendete Kulturbegriff schließt, wie bereits erwähnt, die Normen und Werte ein, die von Generation zu Generation vermittelt werden und langfristig konstant sind, aber auch Denkweisen und Vorstellungen, die sich innerhalb recht kurzer Zeit ändern können. Bei den

Ursachen der Industriellen Revolution stehen zwei kulturelle Erklärungsansätze im Vordergrund: die Legitimität unternehmerischen Handelns und die Verbreitung von empirischer Beweisführung auf alle Lebensbereiche. Beide Ansätze gehen auf Max Weber zurück.

Eine Argumentationslinie Max Webers geht dahin, dass der Protestantismus dadurch zur wirtschaftlichen Entwicklung beigetragen hat, indem er unternehmerisches Handeln sanktioniert und legitimiert habe. Der Einfluss des Protestantismus ist allerdings umstritten. Unbestritten ist jedoch, dass unternehmerisches Handeln gefördert wird, wenn es religiös oder sozial sanktioniert ist.

Entsprechend wurden manch andere Variationen von Webers These aufgelegt. So soll die Industrielle Revolution eine Folge davon gewesen sein, dass der soziale Status des Unternehmers stieg und so unternehmerisches Handeln förderte.[34] Die These leidet unter dem Problem, dass die Richtung der Einflüsse unklar ist, ob der soziale Status Ursache oder Konsequenz der wirtschaftlichen Entwicklung war. Die gestiegene Akzeptanz von unternehmerischem Handeln kann beispielsweise eine Folge der steigenden Unternehmenseinkommen und des damit verbundenen sozialen Status' gewesen sein.

Eine zweite Argumentationslinie von Max Weber zielt auf die Zurückdrängung religiöser Erklärungen und von Autoritätsbeweisen durch empirische, rational nachvollziehbare Tatsachenbeweise. Wahrheit wird nicht mehr durch religiöse Dogmen oder traditionelle Autoritäten bestimmt, sondern durch empirisch belegte Erfahrungen, insbesondere durch Experimente. Die Gesellschaft beginnt, von wissenschaftlichen Argumentationsweisen durchdrungen zu werden; es kommt zu Webers berühmter „Entzauberung der Welt". Dass ein solcher Prozess mindestens unter den Eliten stattgefunden hat, ist weitgehend akzeptiert; inwieweit die Alltagskultur beeinflusst war, ist unklar.[35] Letzteres ist jedoch auch nicht von allzu großer Bedeutung. Entscheidend ist die Verbreitung von Denkmustern unter den Gesellschaftsschichten, von denen Erfindungen und Innovationen hauptsächlich ausgehen.[36] So hat denn kultureller Wandel einen wesentlichen Beitrag zur Industriellen Revolution geleistet, indem empirische Beobachtung zur alleinigen Methode der Erklärung natürlicher Erscheinungen erhoben wurde.

Die „Industrielle Aufklärung"

Joel Mokyr nimmt diese These auf und gibt ihre eine gesellschaftliche Stoßrichtung.[37] Auch er postuliert einen kulturellen Wandel, der zu einem neuen Forschungsprogramm geführt hat, das auf empirisch-experimentellen Methoden beruht. Wie bei Weber geht der Industriellen Revolution eine intellektuelle Revolution voraus. Allerdings steht bei dieser „Industriellen Aufklärung", wie Mokyr sie nennt, die Schaffung von frei zugänglichem praktischem Wissen im Vordergrund, von dessen Anwendung auf die Erzeugung handwerklicher, industrieller und landwirtschaftlicher Güter ein anhaltender wirtschaftlicher und sozialer Fortschritt erwartet wurde. Der Erfolg dieser Industriellen Aufklärung beruhte auf der Beteiligung eines breiten Personenkreises, nicht nur von führenden Wissenschaftlern, sondern auch von vielen Ingenieuren, Technikern, Handwerkern und Landwirten, oft organisiert in den überall aus dem Boden schießenden Akademien, die mithilfe einer rasch wachsenden Zahl von Fachbüchern, Journalen, Vorträgen kommunizierten. Dieser intellektuelle und gesellschaftliche Wandel führte schließlich zu einem Umfeld, in dem kontinuierlich wachsende Erkenntnisse sich in anhaltendem Wachstum niederschlugen. Ohne dieses Innovationssystem, so die These, hätte die Industrielle Revolution nicht stattgefunden. Allerdings war diese Industrielle Aufklärung kein spezifisch britisches, sondern ein europäisches Phänomen. Sie liefert damit eine plausible Erklärung, warum die Industrielle Revolution in Europa und nicht anderswo wie in China stattgefunden hat, nicht aber dafür, dass sie sich in England ereignete.[38]

Der britische Sonderweg

Wir haben uns auf die Suche nach Besonderheiten begeben, die die Entstehung der Industriellen Revolution in England erklären. Es hat sich gezeigt, dass sie die Kulmination einer Entwicklung war, bei der europäische und spezifisch britische Faktoren mitspielten. Zu den europäischen Besonderheiten gehört die Aufklärung mit der Verbreitung vernunftgeleiteter Forschung mithilfe von Experimenten. Zu den spezifisch britischen Faktoren zählen über ein Jahrhundert anhaltende Einkommenssteigerungen, eine sich formierende Konsumgesellschaft, zunehmende Urbanisierung und Alphabetisierung. Die hohen Einkommen wiederum gaben wesentliche Anreize zur Mechanisierung auf den Wissensgrundlagen der Industriellen Aufklärung. Zu den britischen Spezifika gehörten ferner die politischen Rahmenbedingungen. Dabei waren die gestärkten Eigentumsrechte weniger wichtig als die politische Stabilität und der friedliche

Übergang von einer Gesellschaft, in der Parlament und Regierung von einer kleinen Gruppe von Landbesitzern beherrscht wurde zu einem Land, in dem die politische und wirtschaftliche Macht beim Bürgertum lag. Mit diesem konfliktfreien Übergang ging die soziale Aufwertung unternehmerischen Handelns und des sozialen Status des Unternehmers einher.

Welche Lehren lassen sich aus dieser Ursachenanalyse der Industriellen Revolution ziehen? Eine Erkenntnis ist die, dass zu der Zeit die Industrielle Revolution außerhalb Europas nicht hätte stattfinden können. China beispielsweise verfügte weder über die technologischen Voraussetzungen, noch über ein breit basiertes Innovationssystem getrieben durch die Industrielle Aufklärung, noch über die Preisstrukturen, welche die Mechanisierung vorantrieben, noch über die soziale Legitimation des Unternehmertums.

Wird Adam Smiths These bestätigt, dass Frieden, moderate Steuern und eine tolerables Rechtssystem genügen, um ein Land zum höchsten Grad des Wohlstands zu führen? Da Smiths Denken von der vorindustriellen Wirtschaftsentwicklung geprägt wurde, wäre es anachronistisch zu glauben, er würde notwendigerweise diese Position noch heute vertreten. Seine Sicht der Dinge ist jedoch noch heute weit verbreitet. Sie geht davon aus, dass die wirtschaftliche Entwicklung sich das dazu notwendige politische und kulturelle Umfeld schafft. Danach hätten beispielsweise steigender Konsum und höhere Produktivität die steigende Akzeptanz und den höheren Status des Unternehmers herbeigeführt und hätten demnach den politischen Umbruch zur Bürgergesellschaft legitimiert. Kultur und Politik haben keinen Einfluss auf die wirtschaftliche und gesellschaftliche Entwicklung. Die meisten Beobachter sind dieser ökonomistischen oder materialistischen Sichtweise abhold.[39] Sie sind vielmehr der Ansicht, dass kulturelle und politische Faktoren einen unabhängigen Einfluss auf ökonomisches Verhalten haben. Diese Haltung hat grundlegende Implikationen.

Eine der wichtigsten Folgerungen aus den Interpretationen des Ursprungs der Industriellen Revolution in Großbritannien ist die, dass keine Erklärung von Entwicklung glaubhaft ist, die nicht auf dem Zusammenspiel von wirtschaftlichen, gesellschaftlichen und politischen Faktoren im Zeitablauf beruht. Obwohl diese Erkenntnis trivial und Jahrhunderte alt ist, sind wir immer wieder mit solch eher bizarren Vereinfachungen konfrontiert – etwa dem Versuch, den wirtschaftlichen Erfolg Chinas dem Konfuzianismus zuzuschreiben. Doch davon später.

Wir haben nach notwendigen Bedingungen gesucht, ohne die die wirtschaftliche Entwicklung nicht stattgefunden hätte. Dabei ist viel von dem, was hier gesagt wurde, offensichtlich. Ein Entwicklungsprozess kann scheitern, wenn die wirtschaftlichen Risiken, hervorgerufen durch Krieg oder die Misswirtschaft einer Regierung, über ein gewisses Maß steigen. Forschung und Entwicklung und damit Innovationsprozesse können zum Stillstand kommen, wenn eine Religion oder eine Form von Mystizismus rationale, auf Beobachtung basierende Forschung stark behindern. Der soziale Status wirtschaftlichen Handelns kann so niedrig sein, dass unternehmerische Tätigkeit nicht mehr attraktiv ist. Solche allgemein akzeptierten grundlegenden Einsichten führen aber nicht dazu, dass über die Ursachen der Entwicklung einzelner Länder oder Regionen Einigkeit besteht.

1.3 Was wissen wir über „Entwicklung"?

Dass nach über zweihundert Jahren sich Sozialwissenschaftler darüber streiten, was nun die Ursachen der Industriellen Revolution genau sind, ist auf den ersten Blick überraschend. Es ist auch nicht so, dass darüber nicht viel geforscht wurde, im Gegenteil. Die Publikationen darüber füllen Regale. Dies ist auch nicht weiter verwunderlich, denn diese Revolutionen hat das Leben der Menschen auf diesem Planeten völlig verändert. Wie kommt es also, dass abschließende Erklärungen scheitern und Länder als zukünftige Tigernationen gehandelt werden, die dann innerhalb weniger Jahre zu Problemfällen mutieren? Das liegt an grundsätzlichen Problemen von sozialwissenschaftlichen Erklärungen und Prognosen. Es stellt sich heraus, dass Voraussagen über zukünftige gesellschaftliche Entwicklungen prinzipiell unmöglich sind, und auch Erklärungen komplexer vergangener Ereignisse nie endgültig und vollständig sind.

Können gesellschaftliche Entwicklungen prognostiziert werden?
Das am meisten verbreitete Verständnis von Ökonomie als Wissenschaft geht davon aus, dass sie in der Lage ist, zu prognostizieren. Zukünftige Ereignisse sollen vorhergesagt werden. Wenn dieses Verständnis von Wissenschaft richtig

ist, dann müsste sie in der Lage sein, Aussagen über die zukünftige Entwicklung von Preisen wie dem Ölpreis, den Gang der Volkswirtschaft oder eben die langfristige Entwicklung einer Wirtschaft zu treffen. Mittlerweile haben wahrscheinlich selbst die meisten Ökonomen den Glauben verloren, dass sie dazu in der Lage sind.

Die Ursache liegt darin, dass Sozialwissenschaftler menschliches Verhalten beschreiben, von Individuen und von Gruppen. Den Gang der Wirtschaft vorauszusagen bedeutet ja, vorauszusehen, was, wie viel und für wen Menschen produzieren und konsumieren. Eine Prognose darüber setzt die Kenntnis der Motive und Vorstellungen der wirtschaftlichen Akteure voraus. Ökonomen behelfen sich mit der Annahme, dass unsere Präferenzen und Vorstellungen konstant sind und dass die Menschen ihren materiellen Nutzen maximieren. Das wiederum mögen durchaus sinnvolle Annahmen sein, wenn die Nachfrage nach Schuhen im nächsten Quartal vorausgesagt werden soll. Zuverlässige längerfristige Prognosen oder Prognosen komplexerer Art würden jedoch eine Verhaltenstheorie voraussetzen, die besagt, wie sich Motivationen, Präferenzen und Vorstellungen bilden. Eine solche Theorie liegt nicht vor.

Die Abwesenheit einer Theorie des menschlichen Verhaltens wird ganz besonders bei Gruppenverhalten manifest. Ökonomen lösten traditioneller Weise das Problem damit, dass sie annahmen, Individuen würden nicht kooperieren.[40] Gruppenverhalten konnte deshalb vernachlässigt werden. Bis heute sind denn auch Theorien über menschliches Verhalten in Gruppen über einfache Ansätze nie hinausgekommen.[41] Wenn sie soziale

Interaktion berücksichtigen, dann führt das oft dazu, sie selbst unter restriktiven Bedingungen zu keinen eindeutigen Prognosen kommen.[42] So erstaunt es nicht, dass sozialwissenschaftliche Prognosen vor allem durch ihre Unzuverlässigkeit auffallen.

Menschen ändern ihr Verhalten, wenn sich die Umwelt ändert. Um eine Prognose zu erstellen, müssten also die relevanten Umstände bekannt sein, die auf den Menschen in der Zukunft einwirken: das zukünftige natürliche, soziale, kulturelle, wirtschaftliche und politische Umfeld.[43] Da sich Umwelteinflüsse und Motivationen, Präferenzen und Vorstellungen gegenseitig bedingen, würde eine Prognose eine Voraussage gesellschaftlicher Entwicklungen im Kontext sich wandelndem menschlichen Verhaltens voraussetzen. In Anbetracht dieser Voraussetzungen glaubt heute wahrscheinlich kaum jemand daran, dass politische Entwicklungen zuverlässig prognostiziert werden können, die Jahre oder Jahrzehnte in der Zukunft liegen. Wie sich die zukünftige wirtschaftliche Entwicklung über die nächsten Dekaden gestaltet, ist unvorhersehbar.

Die Komplexität der Zusammenhänge und deren Unkenntnis führen dazu, dass auch die Konsequenzen von tief greifenden Politikmaßnahmen unvorhersehbar sind. Daraus leitet sich das Bonmot ab, dass die nicht antizipierten Konsequenzen einer Politikmaßnahme immer größer sind als die antizipierten. Denn jede Beurteilung einer Politikmaßnahme erfordert Prognosen, und jede sozialwissenschaftliche Prognose ist eine besser oder schlechter begründete Vermutung. Eine Prognose beispielsweise, welche die genauen Folgen einer tief greifenden sozialen Änderung voraussagt, wie beispielsweise die Konsequenzen eines wichtigen Handelsabkommens im Prozentbereich des Einkommens eines Landes, ist in ihrem wissenschaftlichen Status nicht von einer astrologischen Aussage unterscheidbar.

Für Prognosen ebenso ungeeignet wie Modellrechnungen sind historische Trends. David Hume hat seine Kollegen im 18. Jahrhundert belehrt, dass aus Zusammenhängen, die in der Vergangenheit beobachtet wurden, nicht geschlossen werden kann, dass sie auch in der Zukunft fortbestehen.[44] Obwohl Trendanalysen in der zweiten Hälfte des 19. Jahrhunderts zum zweiten Mal völlig diskreditiert wurden,[45] haben sie heute wieder Hochkonjunktur. Beispielsweise untersuchen Sozialwissenschaftler nach Zusammenhängen oder Korrelationen von Demokratie und Autokratie auf den einen Seite und Wachstum auf der anderen. Von einem solchen statistischen Zusammenhang oder Trend könnte nur dann geschlossen werden, dass er auch außerhalb des Beobachtungsrahmens bestünde, wenn eine Erklärung vorläge, warum das der Fall ist. Und genau diese Theorien liegen in den Sozialwissenschaften nicht vor.

Im vorliegenden Beispiel kommt noch dazu, dass weder klar ist, wofür „Autokratie" und „Demokratie" stehen, noch wie Regierungsformen das Verhalten der Menschen nun genau beeinflussen sollen, damit am Ende mehr oder weniger Wachstum entsteht. „Autokratie" und „Demokratie" beschreiben komplexe Zustände, die in jedem Land und zu jedem Zeitpunkt einmalig sind und deshalb unterschiedliche Konsequenzen für Wachstum haben werden. Demokratie in Deutschland ist nicht gleich Demokratie in Pakistan und die amerikanische Demokratie von 1950 nicht diejenige von 2015. Entsprechend dürfte der Einfluss auf Wachstum unterschiedlich gewesen sein. Zudem ist die gegenseitige Beeinflussung des sich ständig wandelnden unterschiedlichen kulturellen, gesellschaftlichen, politischen und ökonomischen Umfelds der Korrelationsanalyse unzugänglich. Es überrascht deshalb nicht, dass statistische Studien dieser Art zu höchst widersprüchlichen Resultaten kommen.

Die Unmöglichkeit, die gesellschaftlichen Auswirkungen komplexer Tatbestände vorauszusagen, schließt nicht aus, dass den Sozialwissenschaften viele analytische Hilfsmittel zur Verfügung stehen, um menschliches Verhalten unter gewissen Voraussetzungen vorauszusagen. Es ist unzweifelhaft der Fall, dass Menschen die erwarteten subjektiven Kosten und den erwarteten subjektiven Nutzen in ihr Handlungskalkül einbeziehen. In dieses Nutzenkalkül werden monetäre Anreize einfließen, denn mit Geld lassen sich viele Bedürfnisse befriedigen, einschließlich bis – zu einem gewissen Grad – das Bedürfnis nach sozialem Status und politischer Macht. Wenn also die Belohnung für Innovationen und Investitionen im Vergleich zu anderen Handlungen steigt, werden diese Aktivitäten tendenziell zunehmen.

Politische Ökonomie geht einen Schritt weiter und geht davon aus, dass Politiker nach Macht, Status und Reichtum streben. Politische Macht spielt im Nutzenkalkül des politisch Handelnden eine herausragende Rolle sowohl als Selbstzweck wie auch als Mittel zur Bereicherung und zum Statuserwerb. Wir können demnach davon ausgehen, dass Politiker eher dann geneigt sind, wachstumsfördernde institutionelle Rahmenbedingungen zu schaffen, wenn sie glauben, dass dies ihrem Machterhalt dient. Andererseits werden Politiker, die sich nur durch korrupte Praktiken und Gewalt an der Macht halten, nicht ohne weiteres zu Vorbildern verantwortlicher Regierungsführung mutieren, wenn sie dadurch ihren Einfluss untergraben.

Die Ökonomie kennt viele hilfreiche Einsichten, die auf elementarem *Common Sense* beruhen. Rasch steigende Verschuldung jeder Art wird in der Zukunft zu Problemen führen – ob es sich um Verschuldung durch eine Person, einen Staat, um Verschuldung im Inland oder im Ausland handelt. Wenn viel Geld gedruckt wird, entstehen Inflationsgefahren. Wirtschaftliche Unsicherheit ist investitionshemmend, ob es sich um stark fluktuierende Inflationsraten handelt oder um Rechtsunsicherheit.

Aus solchen Einsichten werden jedoch keine Prognosen. Eine Prognose beinhaltet, dass Zeitpunkt und Ablauf vorausgesagt werden – und das können Sozialwissenschaftler nicht liefern. Dass die nächste Wirtschaftskrise auf uns zukommt, wissen wir alle, aber leider nicht *wann* sie eintreten, *warum* sie eintreten wird und welche Auswirkungen sie haben wird. In Jon Elsters Metapher: Wir wissen nicht, wann ein Windstoß ein Kartenhaus zum Einsturz bringt oder mit welcher Karte der Einsturz beginnt, aber wir können zweifelsfrei sagen, dass es einstürzen wird. Entwicklungsökonomie ist deshalb weitgehend begrenzt darauf, strukturelle Schwachstellen zu isolieren und auf mögliche wirtschaftliche Probleme hinzuweisen. Der analytische Kern der vorliegenden Arbeit besteht somit darin, Einflussfaktoren auf Entwicklung zu isolieren und strukturelle Schwachstellen in Form von

Entwicklungshemmnissen aufzuzeigen und deren Implikationen für Entwicklungspolitik darzulegen.

Lassen sich gesellschaftliche Entwicklungen erklären?
Wenn schon keine Prognosen komplexer Ereignisse möglich sind, können wir wenigsten erklären? Eine Erklärung hat den Vorteil, dass sich die Motive der handelnden Personen und die Umstände, in denen ihr Handeln stattfindet, teilweise rekonstruieren lassen. Bei einer Rückschau verfügen wir über mehr Informationen als bei einer Prognose. So stützt sich die Erklärung einer Begebenheit nicht auf angenommene Umstände und angenommene Motive, sondern auf tatsächliche Umstände und Motivationen. Damit wird versucht, die Handelnden zu *verstehen*. Dadurch, dass mehr Informationen zur Verfügung stehen und zu Verstehen vorgedrungen werden kann, unterscheidet sich eine Erklärung fundamental von einer Prognose.[46]

Auch Erklärungen von komplexen Phänomenen sind, wie wir am Beispiel der Industriellen Revolution gesehen haben, selten eindeutig. Das Verständnis der relevanten Handlungsmotive, das Umfeld, in dem sich die Akteure bewegen, und die Gruppenprozesse, die sich abspielen, sind nur ungefähr bekannt. Das führt dazu, dass sich Thesen kaum je endgültig widerlegen lassen. Eine Beweislage mag recht eindeutig sein, letzte Zweifel können aber oft nicht ausgeräumt werden. So werden sich die Anhänger der These, dass der Reichtum des Westens auf Ausbeutung beruht, kaum umstimmen lassen. Unglaubwürdige sozialwissenschaftliche Theorien haben deshalb die Eigenschaft, erst mit ihren ideologisch festgefahrenen Exponenten auszusterben.

Damit ist abgesteckt, worum es in dieser Arbeit geht. Wir hätten gerne gewusst, warum einige Länder reicher sind als andere. Auf diese Frage gibt es ebenso wenig eine abschließende Antwort wie nach dem exakten Zusammenspiel der Einflussfaktoren, welche die Industrielle Revolution verursacht haben. Dennoch gibt es eindeutig relevante Ursachen. Aus einfachen Verhaltensannahmen ergeben sich klare Hinweise darauf, welche Rahmenbedingungen tendenziell Investitionen und Innovationen fördern oder behindern. Diese sollen herausgearbeitet werden und mit spezifischen historischen Erfahrungen illustriert werden. Solche Erfahrungen „können uns zwar nicht sagen was geschehen wird, aber unser Verständnis dafür wecken, was geschehen kann, *möglicherweise* geschehen wird und uns in die Lage versetzen, sinnvoll, intelligent und wohldurchdacht damit umzugehen, was immer auf uns zukommt".[47]

Durch diese Darstellung zieht sich eine weitere Implikation der Grenzen unseres Wissens. Entwicklungserfolge sind selten hauptsächlich ein Resultat von Planung, sondern meist eine Folge des Zusammentreffens unvorhergesehener Ereignisse, von Zufall oder von Kontingenz. Dass eine Regierung an die Macht kommt, die glaubt, es sei in ihrem Interesse, Entwicklung zu fördern, ist kontingent. Die meisten Regierungen haben andere Interessen. Selbst wenn eine Regierung Rahmenbedingungen schafft und sinnvolle Industrieförderung betreibt, ist der Erfolg von lokalen politischen, weltwirtschaftlichen und weltpolitischen Umständen abhängig. Zwar ist es für eine Regierung ein Leichtes, durch Inflation, Staatsverschuldung, Rechtsunsicherheit und Korruption Entwicklung zum Stillstand zu bringen. Entwicklungserfolg jedoch ist weitgehend dem Zufall geschuldet.

Endnoten

1. Das Konzept geht auf die klassische Ökonomie zurück und wurde durch T. W. Schultz in die heutige Ökonomie eingeführt.
2. Investitionen und Innovationen sind in der Praxis schwer zu trennen, weil Innovationen oft in neue Maschinen und Anlagen integriert sind *(embodied technological change)*. Dies wiederum bedeutet, dass eine wachsende Volkswirtschaft mit ihren vielen Investitionen meist auch innovativer ist als eine stagnierende Wirtschaft.
3. Es stehen hier bewusst Innovationen und nicht Forschung und Entwicklung im Vordergrund, da es bei Ländern der Dritten Welt meist darum geht, bestehende Produktionsmethoden und Forschungsergebnisse zu adaptieren.
4. Das Konzept „Kultur" setzt voraus, dass Normen und Werte relativ konstant sind. Das scheint tatsächlich der Fall zu sein. So ist die Kultur von Migranten über Generationen stark geprägt von der Kultur der Herkunftsländer (Algan und Cahuc 2010).
5. Wrigley 2010, S. 26.
6. Das zentrale Argument von McCloskey (2010).
7. Für eine Darstellung der Theorie menschlichen Handelns oder Handlungstheorie siehe z. B. Detel (2007, S. 12–38).
8. Die hier vertretene Position ist die des methodologischen Individualismus.
9. Wrigley 2010, S. 23.

10. Pomeranz 2000.
11. Jacob, 2011.
12. Wrigley 2010, S. 174.
13. Z. B. nach London.
14. Z. B. den Kohlerevieren im Norden Englands.
15. Eine komplexere Version dieses Arguments: Als die Holländer begannen, englische Kohle zu importieren, verlagerten sich die Anreize zur Innovation in der Kohleproduktion nach England (Ormrod 2003, S. 347). Nicht berücksichtigt wurde hier auch der Argumentationsstrang, dass die Holländer nicht in der Lage waren, mit der aggressiven merkantilistischen Politik ihrer Nachbarn mitzuhalten (Ormrod 2003, S. 350; O'Brien 2000).
16. Hildebrand 2013, S. 12.
17. Nach Smiths berühmtem Diktum: „The division of labor is limited by the size of the market."
18. So stieg die Alphabetisierungsrate von Männern zwischen 1560 und 1700 von 20 auf 45 % (Allen 2009, S. 261).
19. Um dies zu verdeutlichen: Von 1700 bis 1775 stieg die europäische Uhrenproduktion von einigen zehntausend auf 400.000 pro Jahr. Um 1720 waren Uhren in einem Drittel von englischen Nachlässen enthalten, zwischen 1770 und 1812 in 38 % von Nachlässen von Almosenempfängern (De Vries 2008, S. 3).
20. Allen 2009, S. 40.
21. In der modernen Entwicklungsökonomie bekannt geworden als *vent-for-surplus* Theorie (Myint 1958). So wird denn in frühen Entwicklungsphasen die Subsistenzwirtschaft ergänzt durch Einkommen vom Verkauf landwirtschaftlicher Güter auf lokalen Märkten, oft von Handelsgütern wie Kaffee oder Kakao.

22. Wrigley 2010, S. 37. Die Bedeutung dieser Forschung zeigt sich unter anderem darin, dass in den drei Jahrzehnten nach der Restauration (1685) mehr als zwei Fünftel aller Patente für Dampfmaschinen ausgestellt wurden, die Wasser aus Minen pumpten und für Methoden, Metall mit Kohle anstatt mit Holzkohle zu schmelzen (Wrigley 2010, 44).

23. Wrigley 2010, S. 38.

24. Andere Beispiele sind Fortschritte in der Steingutproduktion, der Optik (Brillen, Teleskop, Mikroskop) oder der Herstellung von Uhren wie dem Chronometer.

25. Um 1750 lebten in Städten mit mehr als 10.000 Einwohnern 12,5 % der Bevölkerung in Nordeuropa (minus England) und 17,5 % in England (Wrigley 2010, S. 59).

26. Um 1700 war der Übergang in vielen Industrien bereits abgeschlossen Brauen, Kalkproduktion, Salz, Färbereien, Ziegel und Kacheln, Glasproduktion, Zucker, Seife und vielen Bereichen der Metallherstellung (Wrigley 2010, S. 41).

27. Der Anteil der Bevölkerung, die in der Lage war, Dokumente zu unterzeichnen, stieg von etwa 6 % um 1500 auf 53 % in 1800 (Allen 2009, S. 12).

28. Für eine Übersicht einiger Aspekte der Thematik siehe Morgan (2001).

29. Eine lebhafte Diskussion dazu findet sich in McCloskey (2010, Kap. 23–28).

30. Allen 2009, S. 206–16.

31. North und Weingast 1989, S. 824.

32. Gregory Clark 1996, S. 588; Joel Mokyr 2010, S. 188–189; Nee and Opper 2012, S. 72–75.

33. Einen Einstieg zur Thematik findet sich in Allen (2010, S. 5).

34. „Dignity" nach McCloskey (2010).

35. Sharpe 2007, S. 330.

36. Für eine Diskussion der „wissenschaftlichen Weltauffassung" siehe Jacob 1997, S. 192.

37. Mokyr 2005.

38. Eine These, wo Kultur im Vordergrund steht, stammt von Gregory Clark (2007). Nach ihm werden die Verhaltensmuster wirtschaftlich erfolgreicher Personen an ihre Kinder weiter gegeben. Da die wirtschaftlich erfolgreichen Personen mehr Kinder hatten als die nicht erfolgreichen, verbreiteten sich diese Verhaltensmuster in der Bevölkerung und begründeten den wirtschaftlichen Erfolg Großbritanniens.

39. Dieser Ökonomismus verbindet den Marxismus mit der Neoklassik.

40. In der Theorie des perfekten Wettbewerbs beispielsweise kooperieren weder Unternehmer noch Arbeitnehmer.

41. Wie beispielsweise Olson 1965, 1982.

42. Wie zum Beispiel die Oligopoltheorie.

43. Die einfache Voraussage hat die Form: Wenn A geschieht, dann geschieht B. Wenn die Beschreibung von A jedoch unvollständig ist, ist diese Theorie nur zufällig richtig oder falsch. Zum Kanon der Neoklassik gehört ein Essay von Milton Friedman, der behauptet, dass dies keine Rolle spiele. Entscheidend sei die Prognosekraft des Modells. Nur bleibt bei einem solchen Modelle unklar, warum eine Prognose zutreffend war und warum die nächste Prognose wieder zutreffen sollte. Man stelle sich vor: An einem nebligen Tag löst sich aus dem Gewehr eines Jägers ein Schuss und trifft zufällig einen Hirsch. An einem nebligen Tag zwei Wochen später ist der Jäger wieder an der gleichen Stelle unterwegs,

schießt in die gleiche Richtung und wundert sich, dass er diesmal einen Jäger erlegt hat.

44. Bekannt als das Problem der Induktion.

45. Mit der Deutschen Historischen Schule.

46. Damit wird das deduktiv-nomologische Modell infrage gestellt, weil substanzielle sozialwissenschaftliche Prognosen nie zu einer Widerlegung der unterliegenden Theorien führen. Zudem sind Erklärungen mehr als nur Prognosen, die „rückwärts" auf die Vergangenheit angewandt werden, wie beispielsweise im Hempel-Oppenheim Schema, da bei Erklärungen mehr Informationen zur Verfügung stehen.

47. Rescher 1998, S. 208.

2

Entwicklung aus langfristiger Perspektive

Was ist gemeint mit „Entwicklung"? Wie hat sich der Lebensstandard über die Jahrtausende in den verschiedenen Regionen verändert? Wie hat sich die Globalisierung auf Wohlstand und Einkommensverteilung ausgewirkt? Der erste Teil des Kapitels sucht eine Antwort auf die Frage, was Entwicklung überhaupt bedeuten könnte. Darauf folgt eine Betrachtung von Wohlstandsindikatoren über die Jahrtausende und insbesondere der Phase der Globalisierung. Vier Entwicklungen stechen hervor:

- Erstens die Öffnung der Einkommensschere zwischen Industrie- und Entwicklungsländern nach der Industriellen Revolution,
- zweitens die Stabilisierung dieser weltweiten Einkommensungleichheit in den letzten Jahrzehnten und

© Springer Fachmedien Wiesbaden GmbH 2017
O. Kurer, *Entwicklungspolitik heute*,
DOI 10.1007/978-3-658-12399-4_2

- drittens die starke Verbesserung aller sozialen Wohlfahrtsindikatoren fast überall in der Dritten Welt.
- Viertens hat sich jedoch die Einkommensschere zwischen den Ländern der Dritten Welt wesentlich geöffnet, zwischen denen, welche die Industrialisierung erfolgreich nachholten und denen, die dazu nicht in der Lage waren. Dies hat dazu geführt, dass die Lebensbedingungen innerhalb der Entwicklungsländer heute sehr unterschiedlich sind und so die Aufteilung zwischen reichen Industrieländern und durchwegs armer Dritter Welt ihren Sinn weitgehend eingebüßt hat.

2.1 Was ist mit „Entwicklung" gemeint?

Entwicklung wird hier gleichgesetzt mit mehr Wohlfahrt oder Wohlbefinden, oder vielleicht soll sie uns ermöglichen, ein glücklicheres Leben zu führen. Da Glück und Wohlbefinden subjektiv und deshalb nicht direkt beobachtbar und messbar sind, schließt sich die Frage an: Welche Indikatoren sollen verwendet werden, um ein Bild von Wohlfahrt zu erhalten? Und schließlich muss geklärt werden: Wohlfahrt für wen?

Wohlfahrt nur für Menschen oder alle leidensfähigen Wesen?
Wohlfahrt für wen ruft nach einer Antwort auf die Frage, ob dabei nur das Wohlbefinden von Menschen eine Rolle spielt, oder dabei auch andere leidensfähige

Lebewesen oder gar Biodiversität allgemein eingeschlossen werden sollen. Aus der traditionellen Sicht, dem sogenannten anthropozentrischen Standpunkt, ist das Wohl der Menschheit das Maß aller Dinge. Dem entgegen steht die Ansicht, dass Entwicklung auch die Wohlfahrt nicht-menschlicher Wesen berücksichtigen sollte. Die Verringerung des Leidens von Tieren wäre damit wohlfahrtsvermehrend. Dass diese Sichtweise für viele von vorneherein ausgeschlossen wird, erweckt zumindest den Verdacht, dass die mächtigste Spezies der Welt ihre Privilegien verteidigt, nicht anders als das früher Adel oder Kolonialherren gegenüber ihren Untertanen getan haben.

Wenn Entwicklung auch die Wohlfahrt anderer Lebewesen einschließt, dann führt das zu Denkweisen, die für viele ungewohnt sind. Traditionellerweise schützen wir Tiger, weil sonst die Gefahr bestünde, dass die Menschheit des Anblicks wild lebender Tiger verlustig ginge. Tiere sind ausschließlich Mittel zur Verbesserung der Lebensqualität der Menschen. In der erweiterten Definition von Entwicklung fließt das Wohlergehen von Tieren selbst in politische Entscheidungsfindung ein. Ihr Lebensraum soll um ihretwillen erhalten werden. Damit geraten die Wohlfahrt des Menschen und der Tiere in Konflikt und müssen abgewogen werden. Dies führt zu extrem schwierigen und komplexen Fragen, welche von Religion und Philosophie bis heute weitgehend ausgeblendet werden.[1] Weitere Themen schließen sich an, wie die Frage nach dem Erhalt von Biodiversität, und zwar nicht wegen des Verlusts der dort möglicherweise vorhandenen für die Menschheit nützlichen Pflanzen, sondern des Verlusts natürlicher Umwelt an sich.

Die Diskussion über solch umstrittene Fragen macht einen Teil der Faszination von Entwicklungsstudien aus. Um das Thema noch einen Schritt weiter zu bringen, bevor wir uns wieder auf den Boden der Konvention begeben, betrachten wir das Schema des sich weitenden Kreises der Moral von Frans de Waal in Abb. 2.1.[2] Lebewesen außerhalb eines jeweiligen ethischen Zirkels sind lediglich Objekte, dienlich lediglich als Mittel zum Zweck. So galten denn moralische Regeln in der Vergangenheit meist nur für die Angehörigen einer Gruppe, beispielsweise des eigenen Stammes. Damit setzten denn auch keinerlei moralische Verpflichtungen Grenzen zur Ausbeutung von Personen außerhalb dieses Zirkels. Mit dem von De Waal postulierten Schema erhält Entwicklung nun eine dynamische ethische Komponente in Form von sich ändernden Moralvorstellungen, die kontinuierliche Ausweitung der moralischen Zirkel bis hin zu anderen Lebewesen.

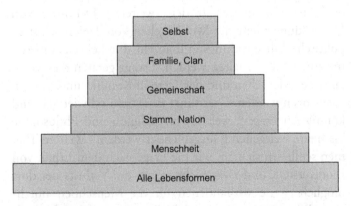

Abb. 2.1 Sich ausweitender Zirkel der Moral. (Adaptiert von Frans de Waal 1998, S. 183)

Menschliche Wohlfahrt

Abgesehen von der Frage, Wohlfahrt für wen, sollte Klarheit darüber herrschen was „menschliche Wohlfahrt" überhaupt bedeutet. Wohlfahrt bezieht sich auf schwer fassbare subjektive mentale Zustände, die sich direkter Messung weitgehend entziehen. Weil sie subjektiv sind, sind sie auch nicht zwischen Personen vergleichbar und können nicht zu einem Messwert aufaddiert werden. Damit stehen wir einmal mehr vor dem Problem, dass uns zur Beantwortung einer zentralen Frage die Grundlagen fehlen und wir bestenfalls mit Annäherungen arbeiten können. Zwei Wege wurden beschritten, um das Problem der Messung von Wohlfahrt zu umschiffen: Einerseits wird nach Indikatoren gesucht, wo ein breiter Konsens besteht, dass sie einen Bezug zu Wohlfahrt haben. Andererseits wird durch Befragungen versucht, relevante subjektive Einschätzungen von Wohlbefinden zu gewinnen.

Es liegt nahe, das Einkommen als einen zentralen Wohlfahrtsindikator zu verwenden. Steigende Einkommen erlauben mehr Konsum, und Konsum ist schließlich der hauptsächliche Zweck unseres wirtschaftlichen Handelns. Da steigende Arbeitsproduktivität gleichzeitig steigendes Einkommen und die Grundlage steigenden Konsums ist, sind Arbeitsproduktivität und Einkommen hochgradig korrelierte Wohlfahrtsindikatoren.

Das Wort „Wachstum" wurde und wird weitgehend vermieden, weil in den gängigen Polemiken nicht zwischen Wachstum des Einkommens der Volkswirtschaft als Ganzes und Wachstum des Einkommens pro Kopf der Bevölkerung unterschieden wird und deswegen als wirtschaftspolitische Zielsetzung stark diskreditiert ist.

Tatsächlich führt Wachstum der Volkswirtschaft nicht notwendigerweise zu einem steigenden Wohlergehen der Bevölkerung und die endlose Diskussion darüber hat tatsächlich etwas Fetischhaftes. Anders ist es mit dem Wachstum des Einkommens pro Kopf der Bevölkerung, der Zunahme von Gütern und Dienstleistungen die dem durchschnittlichen Bewohner zur Verfügung stehen. Damit kommen wir einem Wohlstandsindikator schon näher.

Unproblematisch ist der Indikator aber keineswegs. Die Erhöhung des Einkommens durch gestiegene Arbeitspro-duktivität bringt in Ländern, die nicht durch außerordentliche Gewinne wie die Erschließung neuer Bodenschätze reich werden, eine Transformation der Arbeitswelt mit sich. Damit ändern sich aber auch die Lebensgrundlagen, von Ausbildung zu Arbeitswelt zu Familienstrukturen. Wenn nun gleichzeitig das Einkommen sich erhöht und das soziale Umfeld sich wandelt, können keine Rückschlüsse über die Entwicklung von Wohlfahrt gezogen werden. Mehr Konsum könnte durch eine Verschlechterung anderer Lebensbedingungen kompensiert werden.

Kritiker der Konsumgesellschaft argumentieren denn auch, dass die negativen Konsequenzen der Kommerzialisierung den Nutzen, der durch das höhere Einkommen und mehr Konsum gewonnen wird, mehr als aufwiegen. Damit wären wir mitten in einer Debatte, die sich über mehr als zwei Jahrhunderte hingezogen hat: die gesellschaftlichen Konsequenzen zunehmender Kommerzialisierung.[3] Es besteht jedoch ein breiter Konsens darüber, dass die konsumkritischen Argumente im Falle armer Länder der Dritten Welt etwas Unaufrichtiges haben, ganz besonders wenn sie von Bewohnern der reichen Ersten Welt geäußert werden, wo wenig Bereitschaft besteht, die materielle Wohlfahrt abzubauen. Beim Einkommen pro-Kopf handelt es sich für die Zwecke der Entwicklungsstudien um einen durchaus sinnvollen Indikator.

Eine andere Kritik am Einkommen als Wohlfahrtsindikator läuft darauf hinaus, dass nicht nur Durchschnittseinkommen, sondern auch soziale Umstände Gegenstand der Beurteilung von Wohlfahrt sein sollten. Im Vordergrund stehen dabei Gesundheitsindikatoren wie Lebenserwartung und Kindersterblichkeit oder Bildungsindikatoren wie Alphabetisierungsgrad oder Schulbesuch. Hinzu kommen Indikatoren über Einkommensverteilung und Armut, und mittlerweile gibt es eine ganze Industrie, welche laufend neue und detailliertere Indikatoren entwickelt und misst.[4]

Besonders bei Indikatoren über Verteilung wird deutlich, dass deren Bezug zu Wohlfahrt keineswegs eindeutig ist. Zwar wird eine Umverteilung von „oben" nach „unten" bei extremer Ungleichheit auf breite Zustimmung stoßen; wenn es aber darum geht, wie weit die Umverteilung gehen soll, dann bricht der Konsens zusammen.

Aber selbst bei weniger problematischen Indikatoren wie Schulung bedeutet ein Anstieg nicht unbedingt, dass dadurch die Lebensqualität steigt. Wohlfahrtsindikatoren sollten deshalb mit gebotener Skepsis interpretiert werden und zwar nicht nur wegen der konzeptionellen Probleme. Daten, meist von nationalen Regierungen geliefert und von internationalen Organisationen nur gesammelt und publiziert, sind oft nicht annähernd zuverlässig. Viele nationale Regierungen verfügen selbst über keine zuverlässigen Daten oder manipulieren sie in Hinblick auf Vorteile, die solche Manipulationen mit sich bringen. Die viel diskutierten Fälschungen griechischer Statistiken sind keineswegs Einzelfälle. Statistiker zu sein, ist in manchen Ländern durchaus mehr als eine weltfremde Beamtentätigkeit!

2.2 Einkommensentwicklung und Armut über die Jahrtausende

Betrachten wir im Folgenden die Entwicklung einiger dieser Indikatoren von Wohlfahrt über die Jahrtausende. Sie erzählen die spektakuläre Geschichte des Entrinnens von extremer Armut und frühem Tod für die große Mehrheit der Menschheit, ein Trend der sich auch im Zeitalter der Globalisierung fortgesetzt hat.

2.2.1 Einige Probleme der Messung

Traditionellerweise wurde die materielle Wohlfahrt oder der Lebensstandard mit der Höhe des Einkommens pro Kopf der Bevölkerung gleichgesetzt, was, wie wir gesehen haben, wiederum in etwa dem Wert der Produktion pro Kopf der Bevölkerung entspricht.

Realeinkommen
Dieses Einkommen wird zwar in Geld gemessen, entscheidend für unseren Lebensstandard ist aber, was wir uns für dieses Geld kaufen können. Für unsere Vergleiche des materiellen Wohlstands ist die Menge der Güter und Dienstleistungen maßgebend, die den Menschen in

verschiedenen Zeitperioden und in den verschiedenen Ländern zur Verfügung steht. Unser Interesse gilt, in der Sprache der Ökonomen, dem *Realeinkommen* und nicht dem Geldeinkommen. Von den Statistikern ermittelt werden jedoch Geldbeträge, beispielsweise die Geldeinkommen in Deutschland von 1960 und 2010. Um die Veränderung des materiellen Lebensstandards in dieser Periode zu berechnen, muss die Geldentwertung berücksichtigt werden.[5] Wenn das Geldeinkommen sich verdoppelt und die Geldentwertung liegt bei 100 %, dann bleibt die Kaufkraft des Einkommens oder das Realeinkommen unberührt. Wenn sich hingegen das Realeinkommen in dieser fraglichen Periode verdoppelt hat, dann wäre der durchschnittlichen Bewohner Deutschlands in der Lage, 2010 zweimal mehr Güter und Dienstleistungen zu konsumieren als 1960 – Realeinkommen und materieller Lebensstandard hätten sich verdoppelt.

Bruttoinlandsprodukt (BIP)
Die am meisten verwendete Messgröße der Produktion oder des Einkommens eines Landes ist das Bruttoinlandsprodukt (BIP). Es misst den Wert der Gesamtproduktion von Gütern und Dienstleistungen zu Marktpreisen. Messprobleme entstehen dann, wenn Güter keinen Marktpreis haben oder nicht gehandelt werden. Dazu gehören Güter, die im Haushalt produziert und konsumiert werden, aber auch die Leistungen der öffentlichen Verwaltung. Wieder andere Güter werden für Statistiker unsichtbar im informellen Sektor produziert. Während in Industrieländern der Wert der Produktion einigermaßen zuverlässig erfasst oder zumindest geschätzt werden kann, sind viele Verwaltungen in Entwicklungsländern damit hoffnungslos überfordert. Dies ist nicht zuletzt eine Folge davon, dass

der nur schwer fassbare informelle Sektor in Entwicklungsländern wesentlich bedeutender ist als in Industrieländern. Hinzu kommen, wie bereits erwähnt, bewusste Manipulationen. So überrascht es denn nicht, dass durch eine Neuschätzung Ghanas Einkommen im Jahr 2010 um 60 % anstieg, und dasjenige von Nigeria sich vier Jahre später sogar fast verdoppelte (Jerven 2012, 2013).

Internationale Vergleichbarkeit

Wenn wir die Realeinkommen der einzelnen Länder kennen, sind wir immer noch nicht am Ziel, Einkommen international vergleichen zu können, da wir nur die Realeinkommen in Landeswährung kennen. Für einen Vergleich müssen die lokalen Einkommen nun in eine gemeinsame Währung umgerechnet werden, üblicherweise den US Dollar. Und hierin liegt ein großes Problem.

Die einfache Lösung ist die, die Währungen zu denjenigen Wechselkursen umzurechnen, zu denen die Währungen gerade gehandelt werden. Wenn die Wechselkurse von Dollar, Rupien und Euro bekannt sind, dann lassen sich die Realeinkommen von Deutschland und Indien in US-Dollar transformieren und wir hätten die gemeinsame Basis. Das wird auch oft so gemacht, führt aber zu massiven Verzerrungen. Wenn beispielsweise die indische Rupie gegenüber dem Euro abwertet, sinkt in einem solchen Vergleich das Einkommen der Inder relativ zu den Deutschen, obwohl die Einkommen in lokaler Währung gleich geblieben sind und damit die zur Verfügung stehende Kaufkraft sich in beiden Ländern nicht geändert hat. Um solchen Verzerrungen vorzubeugen, sucht man nach einem Wechselkurs, der die Kaufkraft der Einkommen reflektiert.

Anders ausgedrückt, man errechnet Einkommen zu Kaufkraftparität.[6] Wenn gesagt wird, dass nach Kaufkraftparität Indien ein Volkseinkommen pro-Kopf der Bevölkerung
von US$ 3,813 und Deutschland von US$ 41,245 habe,
dann sollte der durchschnittliche Deutsche in der Lage
sein, rund elfmal mehr Güter zu kaufen als ein durch-
schnittlicher Bewohner Indiens.

Man mag nun einwenden, dass es sich hier doch wohl
um statistische Spielereien handle. Das ist nicht der Fall.
Wenn beispielsweise die Einkommensunterschiede zwischen Deutschland und Indien nicht auf der Grundlage
von Kaufkraftparität sondern auf der Basis von aktuellen
Wechselkursen vorgenommen wird, dann steigt der Ein-
kommensunterschied vom Faktor 11 auf Faktor 28. Dabei
sind selbst Vergleiche auf der Grundlage von Kaufkraftparität bei Ländern mit sehr starken unterschiedlichen
wirtschaftlichen Strukturen wie Indien und Deutschland
problembehaftet; mit einiger Sicherheit kann nur gesagt
werden, dass in Deutschland der Lebensstandard irgendwo
zwischen dem 8- und 14-fachen des indischen liegt.[7] Je
mehr sich die Wirtschaftsstruktur ähnelt, desto geringer
sind die statistischen Fehlleistungen. Dass die Einkommen
in Deutschland nach Kaufkraftparität viermal höher sind
als in China erscheint einigermaßen plausibel.

Bei all diesen Berechnungen stellt sich immer die Frage,
was sie eigentlich sollen und können. Sie sollen und sie
können uns eine grobe Vorstellung darüber geben, wie
sich der materielle Lebensstandard über die Jahrtausende
und wie sich die weltweite Armut und Ungleichheit im
Zeitalter der Globalisierung verändert haben. Dies soll
nun im Rest des Kapitels gezeigt werden.

2.2.2 Arm und Reich über die Jahrtausende

Ist die Geschichte der Menschheit eine Geschichte des Fortschritts, von zunehmender menschlicher Wohlfahrt? Keineswegs. Vieles deutet darauf hin, dass Sammler und Jäger besser genährt waren und weniger arbeiteten als die ihnen nachfolgenden Ackerbauern.[8] Zwar ermöglichte der Ackerbau den Bauern, mehr als nur das zu ihrem Überleben Notwendige zu produzieren, aber diese Überschussproduktion wurde von den militärischen und religiösen Eliten oft vollständig abgeschöpft, die damit ihr luxuriöses Leben bestritten und Paläste, Kirchen, Moscheen und Pagoden bauten, während der Rest der Bevölkerung darbte. Und dabei blieb es für Jahrtausende.

Von universelle Armut

So ist es noch nicht allzu lange her, dass fast die ganze Weltbevölkerung arm war. In einer vorindustriellen Gesellschaft bedeutete Armut, von der Hand in den Mund leben, saisonale Hungerperioden erleiden, etwa am Ende der Wintermonate oder während Trockenperioden, wenn die Vorräte zur Neige gingen, zu frieren im Winter. Sauberes Wasser war Luxusgut, öffentliche Brunnen ein großer Fortschritt. Geld, um sich mit dem mit Notwendigsten zu versorgen, war kaum vorhanden. Effektive Gesundheitsvorsorge gab es kaum, ärztliche Versorgung war für viele nicht erschwinglich und die Behandlung durch traditionelle oder „moderne" Medizin war oftmals eher gesundheitsgefährdend als gesundheitsfördernd. Kinderarbeit war

die Norm, entweder in Haus, Hof oder Werkstatt oder bei
Fremden. Zum Lebensunterhalt trugen alle bei, die dazu
in der Lage waren.

Niedrige Arbeitsproduktivität in der Landwirtschaft
bedeutete, dass drei Viertel der Bevölkerung damit
beschäftigt waren, das Land mit Nahrungsmitteln zu versorgen. Gering war auch der Ausstoß der sehr viel Arbeitszeit verschlingenden handwerklich gefertigten Güter. Mit
der steigenden Produktivität durch die Industrielle Revolution wurde diese Art von extremer Armut in Europa und
Nordamerika nach und nach zurückgedrängt und schließlich zum Verschwinden gebracht. Heute produzieren
einige Prozent der Bevölkerung die landwirtschaftlichen
Güter, die wir konsumieren und zu einem großen Teil
„entsorgen". Dies verglichen mit der Zeit vor einhundert
Jahren, also fast ein Jahrhundert nach dem Beginn der
industriellen Revolution in Deutschland, wo eine Berliner
Arbeiterfamilie immer noch siebzig Prozent ihres Einkommens für Nahrungsmittel ausgab. Heute ähnelt die Versor-
gungslage mit industriell gefertigten Gütern derjenigen in
der Landwirtschaft: Eine verschwindend kleine Zahl von
Personen produziert unsere Grundbedürfnisse. So sind
Kleider zu Wegwerfprodukten verkommen, die wir nach
Afrika verschicken und die dort verkauft werden und
dabei einheimisches Handwerk ruinieren.

Erst mit der industriellen Revolution begannen Produktivität und Einkommen über eine lange Zeitperiode
konstant zu steigen, obwohl es auch davor immer wieder
Phasen gegeben hat, wo dank besserer Technologie und
Organisation Produktivität und Lebensstandard für einen
größeren Teil der Bevölkerung über dem Subsistenzniveau

lagen, Perioden von blühenden Hochkulturen. Solche gab es viele, von Griechenland und Rom zu den indischen, chinesischen und islamischen Hochkulturen, um nur einige zu nennen. Was es vor der industriellen Revolution noch nie gab, war ein über Jahrzehnte und mittlerweile Jahrhunderte andauernder Prozess technischer Innovationen und steigenden Wohlstands, verbunden mit politischen und kulturellen Transformationen, welche schließlich zumindest in vielen westlichen Ländern zur Teilhabe an Politik der bis anhin unterdrückten und ausgeschlossenen großen Maße der ländlichen und städtischen Bevölkerung führte.

...zum Verschwinden extremer Armut in Industrieländern

Das Verschwinden von extremer Armut in der industrialisierten Welt war keine Folge von Umverteilung. Zwar war die Ungleichheit vor der Industrialisierung extrem hoch, wesentlich höher als heute, aber auch eine Umverteilung von Adel, Klerus oder von reichen städtischen Bürgern zu den unteren Einkommensgruppen hätte wenig zur Bekämpfung von Armut beigetragen. Die Zahl derjenigen, deren Lebensstandard über dem lag, was gerade zum Leben reichte, war dazu zu gering. Extreme Armut verschwand als Folge von Produktivitätssteigerungen durch die Industrialisierung. Effektive Armutsbekämpfung setzt in vielen Ländern auch heute noch voraus, dass überhaupt genügend produziert wird, um sowohl die Einkommen der unteren Einkommensgruppen zu erhöhen, als auch die Ressourcen für öffentliche Güter und Umverteilung zu schaffen.

Industrieländer und Industrialisierung

Unter Industrialisierung verstand man in der Vergangenheit die Verbreitung von industriellen Großbetrieben mit ihrer maschinellen Massenfertigung von Waren. Die Automobilindustrie ist ein typisches Beispiel. Der Verlust solcher Betriebe führt dann zur bekannten De-Industrialisierung.

Selbst in Industrieländern ist der Dienstleistungssektor längst zum größten Sektor der Wirtschaft geworden und die Abgrenzung von Waren und Dienstleistungen ist oft arbiträr. Als wichtigstes Merkmal eines Industrielandes gilt deshalb heute der hohe Grad an Produktivität bei der Massenproduktion von Gütern und Dienstleistungen, der durch den Einsatz modernster Organisationsformen und fortgeschrittener Technologie erreicht wird. Industrialisierung wiederum ist der Weg zum Industrieland, der wirtschaftlichen Entwicklung durch kontinuierliche Steigerung der Produktivität. Diese Entwicklung beinhaltet, dass ein zunehmender Teil der Arbeitskräfte in regulären Beschäftigungsverhältnissen in größeren Betrieben Arbeit findet.

Die Entwicklung von Produktivität und Einkommen in den führenden Industrieländern wird manchmal mit der Form eines auf dem Eis liegenden Eishockeyschlägers illustriert: konstant während Jahrtausenden, kurz nach 1800 gefolgt von einem gewaltigem Ausschlag nach oben. Seit dieser Zeit hat sich der materielle Lebensstandard in Frankreich beispielsweise um das rund 20-fache erhöht; die Erfahrungen in Deutschland dürften sich in denselben Größenordnungen bewegt haben.[9] Abb. 2.2 zeigt den Verlauf der Industriellen Revolution, beginnend mit den USA und Europa, gefolgt Mitte zwanzigstes Jahrhundert von Japan, der ersten Industrienation außerhalb des westlichen Kulturraums.

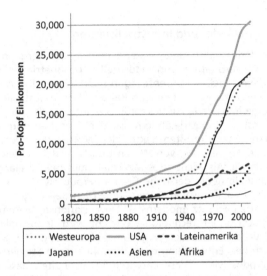

Abb. 2.2 Anstieg des Lebensstandards nach der Industriellen Revolution. (Source: Maddison Project Database)

Zunahme der Ungleichheit zwischen den Nationen

Eine der Folgen der Industriellen Revolution war die Zunahme der Ungleichheit zwischen Ländern und Regionen. Schon vor der industriellen Revolution bestanden Einkommensunterschiede; Westeuropa war schon damals doppelt so reich wie Lateinamerika und Asien. Diese weltweiten Ungleichheiten zwischen den weiterhin von traditioneller Landwirtschaft geprägten Ländern der Dritten Welt und den sich industrialisierenden Ländern nahm nun aber beispiellose Ausmaße an.

Auch wenn eine solch langfristige Sicht kurzfristige Einkommensentwicklungen oder Einkommenseinbußen benachteiligter Gruppen verdeckt, die Botschaft ist dennoch richtig. In Europa ging es jeder Generation materiell besser als der vorhergehenden, und der kumulative Effekt war dramatisch. Diesem in historischer Perspektive rasanten Aufschwung steht die Stagnation Afrikas und weiter Teile Asiens bis weit in die zweite Hälfte der zwanzigsten Jahrhunderts gegenüber. Lateinamerika befindet sich zwischen diesen Extremen, zwar stieg der Lebensstandard, aber wesentlich weniger als in Europa und Nordamerika.

Kommen wir wieder zurück zur Ausbeutungstheorie, wonach sich die Einkommen der westlichen Welt auf Kosten des Südens erhöht hätten. Eine solche Aussage würde bedeuten, dass die Einkommen in der Dritten Welt gefallen wären. Das ist ganz eindeutig nicht der Fall. Die rasante Zunahme des Einkommens der Industrieländer ging nicht auf Kosten der Entwicklungsländer.

Die über knapp zwei Jahrhunderte dauernde extreme Spreizung der Einkommen wirft die zentralen Fragen der nächsten Kapitel auf: Warum ging diese Entwicklung so langsam vor sich und ist auch heute noch nicht abgeschlossen? Warum fließt Kapital und Technologie nicht in die Dritte Welt, wo Arbeit billig und Gewinne demnach hoch sein sollten, wie sich das bereits im 18. Jahrhundert der Historiker und Philosoph David Hume vorgestellt hat? Warum hat Humes Mechanismus nicht gegriffen?

Betrachten wir die heutigen Unterschiede im Einzelnen: Die USA haben ein signifikant höheres Einkommen als Deutschland oder Nordeuropa. Allerdings hinkt der Vergleich mit den USA unter anderem deshalb, weil die Deutschen wesentlich weniger Arbeitsstunden leisten als die Amerikaner. Dies widerspricht nicht nur dem verbreiteten Mythos des arbeitsamen Deutschen, sondern weist auch auf die Beschränkung von Einkommensstatistiken hin. Wenn wir mehr arbeiten, steigt unser materieller Lebensstandard, aber nicht unbedingt unsere Wohlfahrt.

Aus der Sicht der Entwicklungsökonomie besonders interessant sind Südkorea und Chile, zwei der Länder, die es geschafft haben, zu Europa aufzuschließen. Dahinter findet sich eine weitere Erfolgsgeschichte, die der Türkei, dessen Einkommen auch nicht mehr sehr viel niedriger ist. Das „Schwellenland" Brasilien dagegen ist noch weit von diesem Lebensstandard entfernt.

Die Einkommensunterschiede von den reichsten zu den ärmsten Ländern ist enorm: US$ 400 versus US$ 40,000 pro Jahr (Tab. 2.1). Wie aussagekräftig sind solche Zahlen? Klar ist, dass mit einem kongolesischen Einkommen von einem Euro pro Tag in Deutschland niemand überleben

Tab. 2.1 Kaufkraft der Einkommen pro Kopf der Bevölkerung in US$, 2012. (Quelle: World Bank Indicators. GDP der capita, international $)

USA	51,749
Deutschland	41,245
Korea Rep	30,801
Portugal	25,389
Chile	22,363
Turkei	18,348
Brasilien	11,716
Thailand	9,660
China	9,083
Ägypten	6,614
Indien	3,813
Pakistan	2,741
Nigeria	2,666
Äthiopen	1,109
Kongo, Dem. Rep	415

kann.[10] Aus solchen Zahlen lässt sich nur schließen, dass die Menschen im Kongo in einer Weise arm sind, wie das in Deutschland zumindest als verbreitetes Phänomen unvorstellbar ist.

Die Tabelle deutet auch an, dass die meisten ärmsten Länder in Subsahara-Afrika liegen. Wie wir später sehen werden, sind die meisten dieser Länder von zwei Übeln geprägt: Bürgerkrieg und Misswirtschaft; der Kongo und Äthiopien stehen dafür in unserer Statistik. Ein reicherer Staat wie Nigeria steht dagegen besser da, weil der erste Bürgerkrieg weit zurück liegt, der gegenwärtige nur den rückständigen Norden erfasst hat und es somit nur vom Übel der eklatanten Verschwendung von Öleinnahmen durch eine kleptokratische Oberschicht leidet. Wo Bürgerkrieg und Kleptokratie zu Hause sind, wird sich schwerlich eine Industrialisierung einstellen. In diesem Klima der Unsicherheit werden sowohl einheimische als auch ausländische Investoren nur solche Projekte verfolgen, bei denen die Gewinnerwartungen exorbitant hoch sind, und den großen Teil der Gewinne ins sichere Ausland schaffen.

Eine andere Erkenntnis, die sich aus solchen Einkommensstatistiken gewinnen lässt, ist die, dass die Position eines Einzelnen in der weltweiten Einkommenspyramide weitgehend vom Zufall der Geburt abhängt. Wer in Deutschland geboren wird, gehört zum oberen Drittel der Einkommensbezüger weltweit – einschließlich die Bezüger von Sozialhilfe. Extreme Armut in Deutschland ist auf Randgruppen beschränkt, die nicht sozialversicherungsberechtigt sind, wie illegale Immigranten. Die Lage solcher Randgruppen ist durchaus vergleichbar mit der Lebenslage in ärmeren Ländern der Dritten Welt.

2.2.3 Einkommensentwicklung im Zeitalter der Globalisierung

Wie haben sich die Einkommen im Zeitalter der Globalisierung entwickelt? Die langfristige Perspektive hat gezeigt, dass die Ungleichheit zwischen Ländern und Regionen nach der Industriellen Revolution buchstäblich explodiert ist – es kam zur *Great Divergence,* zum großen Auseinanderklaffen der Lebensbedingungen. Wie hat sich diese Ungleichheit im Zeitalter der Globalisierung verändert? Wenn man den Kritikern der Globalisierung glaubt, dann hat die Ungleichheit zugenommen und die Lage der Armen hat sich verschlechtert. Wir werden sehen, dass dies nicht der Fall ist. Die weltweite Ungleichheit ist mehr oder weniger konstant geblieben, und sowohl der Anteil der Armen an der Gesamtbevölkerung als auch die absolute Zahl der Armen sind gefallen.

Was ist Globalisierung?
Als Globalisierung wird die zunehmende weltweite Verflechtung von Wirtschaft, Politik und Kultur bezeichnet. Zu den wirtschaftlichen Aspekten zählen die wachsenden globalen Handelsströme, einschließlich Handel mit Dienstleistungen und damit die rapide zunehmende weltweite Reisetätigkeit. Dazu gehören auch die anschwellenden internationalen Finanzströme und Direktinvestitionen von global agierenden Unternehmen sowie die ansteigende Migration und jene Umweltprobleme, die globale Auswirkungen haben und globale Lösungen erfordern, wie die Erderwärmung. Kulturelle Globalisierung reicht von der Verbreitung globaler Esskultur – McDonaldisierung – bis

hin zu TV-Soaps. In der Politik manifestiert sich die Globalisierung durch eine immer größere Zahl supranationaler Organisationen und weltweit agierender Nichtregierungsorganisationen (NGOs) [11], welche die nationale und internationale Politik beeinflussen. Durch die Globalisierung wird zum ersten Mal in der Geschichte der Planet Erde als ein einheitlicher wirtschaftlicher, politischer und kultureller Raum erfahren. Diese breite Thematik wird hier eingegrenzt auf wirtschaftliche Globalisierung – Handel, Finanzen, internationale Investitionen und deren Einfluss auf Entwicklungsländer.

Das Phänomen der Globalisierung kann zeitlich nicht eindeutig verortet werden. Ihr Anfang kann nach Beginn der europäischen Entdeckungsreisen um 1500 nach Belieben festgesetzt werden, weil seitdem die internationalen Verflechtungen fast kontinuierlich zunahmen. Allgemeine Verbreitung fand der Begriff allerdings erst in den frühen achtziger Jahren des letzten Jahrhunderts, dem Zeitpunkt, als Informations- und Transporttechnologie Kommunikationskosten stark verringerten und damit die globale Vernetzung weltweit alle Bereiche des Lebens zu erfassen begann. Der Begriff wird hier in diesem Sinn verwendet, das Zeitalter der Globalisierung dauert demnach mittlerweile 30 bis 40 Jahre. Wie hat sich die wirtschaftliche Lage der Menschheit in dieser Zeit verändert?

Einkommensentwicklung im Zeitalter der Globalisierung

Auch in der Phase der Globalisierung hat sich die Weltproduktion gewaltig erhöht – die Industrielle Revolution schreitet ungebrochen weiter fort (Tab. 2.2). Die Entwicklung war

Tab. 2.2 Pro-Kopf Einkommen in unterschiedlichen Regionen bei konstanten und international vergleichbaren Preisen. (Quelle: World Bank Indicators, constant international $ GDP per capita)

	1980	2010
Länder mit hohem Einkommen: OECD	19,464	33,866
Mittlerer Osten und Nordafrika (alle Länder)	7,140	9,808
Lateinamerika und Karibik (nur Entwicklungsländer)	7,621	9,810
Ostasien und Pazifik (nur Entwicklungsländer)	802	5,984
Südasien	892	2,834
Subsahara Afrika (nur Entwicklungsländer)	1,818	1,984

aber auch in dieser Phase regional sehr unterschiedlich. An einem Ende der Skala steht Ostasien, wo sich der Lebensstandards versechsfacht hat, am anderen Ende Subsahara-Afrika mit stagnierenden Einkommen. Dazwischen liegen Lateinamerika und der Mittlere Osten, deren Einkommenszuwächse unter denjenigen der industrialisierten Länder bleiben. Das vielleicht wichtigste ökonomische Ereignis in dieser Zeitperiode ist denn auch die Industrialisierung Ostasiens, beschrieben mit der Metapher der Gänseformation mit Japan an der Spitze, gefolgt von den vier Tiger-Staaten Südkorea, Taiwan, Singapur und Hong Kong, danach von der Gruppe südostasiatischer Länder wie Thailand, Malaysia und Indonesien und schließlich, und da bricht die Metapher zusammen, vom Giganten China.

So sind denn die Realeinkommen rund um die Welt gestiegen, mit Ausnahme Subsahara-Afrikas. In dieser Region sind denn auch siebenundzwanzig der fünfunddreißig ärmsten Länder der Welt angesiedelt.[12] Eine Verarmung ist also nirgends festzustellen. Kritiker der Globalisierung werden jedoch darauf hinweisen, dass das Einkommensgefälle zwischen den ärmsten und reichsten Ländern größer geworden ist. Das ergibt sich schon aus der Stagnation Subsahara-Afrikas und dem moderaten Wachstum der Industrieländer. Damit ist jedoch nicht gesagt, dass die Globalisierung für diese Entwicklung verantwortlich ist. Ein ursächlicher Zusammenhang würde nur dann bestehen, wenn ohne die internationale Verflechtung Afrika wesentlich erfolgreicher gewesen wäre. Dafür gibt es wenig Hinweise.

Den Abstand der ärmsten und reichsten Länder zu vergleichen, ist nur eine von vielen Methoden der Messung von Ungleichheit und auch nicht die sinnvollste, weil dabei die Entwicklung der Einkommen der Länder zwischen den Ärmsten und Reichsten ausgeblendet wird. So kann es sein, dass trotz größerer Kluft zwischen den Ärmsten und den Reichsten sich die Ungleichheit verkleinert hat, weil die mittleren zu den höheren Einkommen aufgeschlossen haben. Tatsächlich hat sich nach dem meist verbreiteten Index von Ungleichheit, dem Gini-Koeffizienten, an der Einkommensverteilung wenig geändert hat. Ob er sich leicht in die eine oder andere Richtung bewegt hat, hängt von der Art der Messung ab.[13] Auch hier liegt also die Globalisierungskritik nicht richtig, die Ungleichheit hat nicht zugenommen. Darüber hinaus weisen andere Berichte darauf hin, dass die Einkommen der Entwicklungsländer in den letzten Jahrzehnten wesentlich rascher gewachsen sind als in den Entwicklungsländern.[14]

Alles in allem sind die Einkommen, mit der Ausnahme von Subsahara-Afrika, wesentlich gestiegen. Andererseits ist die Ungleichheit konstant geblieben. Auffällig ist auch die unterschiedliche Entwicklung innerhalb der Dritten Welt. An einem Ende des Spektrums liegen das stagnierende Subsahara-Afrika und Ländern wie Pakistan und Bangladesch, am anderen Ende einige Staaten, die zu den Industriestaaten aufschließen konnten, wie Südkorea oder die Türkei. Welches Bild ergibt sich aus der Betrachtung anderer Wohlfahrtsindikatoren?

2.2.4 Armut im Zeitalter der Globalisierung

Neben Einkommen und Verteilung ist das Niveau an Armut ein dritter gebräuchlicher Wohlfahrtsindikator. Er liefert zusätzliche Informationen, weil steigende Durchschnittseinkommen nicht notwendigerweise die Armut verringern, falls das zusätzliche Einkommen ausschließlich an höhere Einkommensgruppen fließt.

Aussagen über Armut setzen voraus, dass wir wissen, wann jemand arm ist. Armutsgrenzen können gezogen werden, indem ein bestimmtes Einkommen festgesetzt wird: Wer weniger Einkommen hat, gilt als arm.[15] Wie setzt man diese Einkommensgrenze fest? Ist es ein Einkommen, das gerade physisches Überleben ermöglicht? Oder sollen Kulturgüter berücksichtigt werden? Oder sollte man einen ganz anderen Ansatz wählen, indem man die Armutsgrenze durch Befragungen der Bevölkerung ermittelt? Wie so oft stellt sich heraus, dass auch Armutsindizes auf weitgehend willkürlichen Annahmen beruhen.

Die Entwicklungsdiskussion wird dominiert durch eine Definition der Weltbank. Arm ist, wer ein Einkommen von unter einem Dollar pro Tag hat. Zwar wird die Berechnung von Zeit zu Zeit auf eine neue Grundlage gestellt, wodurch sich die Grenze kürzlich auf US$ 1,90 erhöht hat, im täglichen Umgang wird weiter von der Ein-Dollar- Grenze gesprochen. Sie wurde ursprünglich vor allem deshalb gewählt, weil sie ungefähr der Armutsgrenze entsprach, die von manchen Entwicklungsländern festgesetzt worden war.

Wie hat sich die Zahl der Armen verändert, absolut und als Anteil der Bevölkerung? In den letzten 20 Jahren hat die Zahl weltweit um 700 Mio. abgenommen, liegt aber immer noch bei 1,2 Mrd. Menschen.[16] Wiederum ist die Lage regional sehr unterschiedlich (Tab. 2.3). Zu Beginn der Globalisierung war Armut noch weit verbreitet in

Tab. 2.3   Armut in der Welt

	Anzahl der Armen (1000)		Als Anteil an der Bevölkerung	
	Einkommen von $ 1.25 pro Tag			
	1981	2010	1981	2010
Europa und Zentralasien*	8	3	2	1
Mittlerer Osten und Nord-afrika*	16	8	10	2
Lateinamerika und Kari-bik*	43	32	12	6
Subsahara Afrika*	205	414	51	48
South Asia	568	507	61	31
Ostasien und Pazifik*	1097	251	77	12

* nur Entwicklungsländer. Quelle: World Bank. Poverty and Inequality Database

Subsahara-Afrika, Südasien und Ostasien. In Ostasien wurde sie dann weitgehend überwunden (nur noch 12 % der Bevölkerung sind davon betroffen). In Südasien sind die Resultate gemischt, die Zahl der extrem Armen ist konstant geblieben, als Anteil der Bevölkerung hat sie sich aber halbiert. Die Lage in Subsahara-Afrika hat sich eindeutig verschlechtert: die Zahl extrem Armer hat sich verdoppelt, und ihr Anteil an der Bevölkerung liegt unverändert bei 50 %. Dabei darf die andauernde Armut in Afrika nicht mit wirtschaftlicher Stagnation verwechselt werden. Bei der Bevölkerungsexplosion, welche der Kontinent durchlief, setzt schon eine Stabilisierung des Anteils der Armen an der Bevölkerung massive Produktionszunahmen voraus.

2.2.5 Soziale Entwicklung im Zeitalter der Globalisierung

Einkommen als Wohlfahrtsindikator stand schon sehr früh in der Kritik, weil andere wesentliche Aspekte des Wohlbefindens durch eine einseitige monetäre Sicht auf Wohlfahrt ausgeblendet seien. So wurde Einkommen schon recht früh ergänzt durch weitere soziale Indikatoren, vor allem Gesundheit und Bildung. Wie verändert sich dadurch das Bild von Entwicklung?

Gesundheit
Die Lebenserwartung ist einer der wichtigsten Indikatoren für Wohlfahrt, und zwar unabhängig vom Einkommen. Es geht uns heute in Deutschland verglichen mit vor hundert

Jahren nicht nur besser, weil unser materieller Lebensstandard gestiegen ist, sondern auch, weil wir sehr viel länger leben. Der Einkommenszuwachs unterschätzt also die Zunahme von Wohlfahrt. Zugleich lässt die Lebenserwartung auch Rückschlüsse auf die soziale Lage zu, Ernährung, medizinische Versorgung und sanitäre Verhältnisse, die sich alle auf die Lebenserwartung auswirken.

Gemessen wird die Lebenserwartung bei Geburt – das Lebensalter, welches ein Neugeborenes durchschnittlich erreicht. Abb. 2.3 zeigt die Veränderungen der Unterschiede in der Lebensdauer in verschiedenen Weltregionen, wobei die Daten es in diesem Fall erlauben, bis ins Jahr 1960 zurückzugehen. Wenn wir die Steigerung der Lebenserwartung zwischen den Regionen von 1960 bis 2010 vergleichen, dann wird deutlich, dass in Ländern mit hohem Einkommen der geringste Anstieg zu verzeichnen ist. Die Kluft zwischen reichen und armen Regionen ist kleiner geworden. Bei den Entwicklungsländern hat Subsahara-Afrika die geringsten Fortschritte gemacht. Dies ist sowohl eine Folge der allgemeinen Entwicklungsmisere als auch der HIV-/AIDS-Epidemie, die Afrika besonders getroffen hat. Andere Regionen haben kräftiger aufgeholt. Der Abstand in der Lebenserwartung zwischen Ländern mit hohem Einkommen und der zweiten Problemregion, den südasiatischen Staaten, fiel von 26 Jahren in 1960 auf 17 Jahre in 1980 und auf 13 Jahre 2010. Auch die Lebenserwartung hat sich in der Dritten Welt extrem unterschiedlich entwickelt. Der Abstand zwischen Südasien und Ostasien ist heute größer als zwischen Ostasien und den Industrieländern.

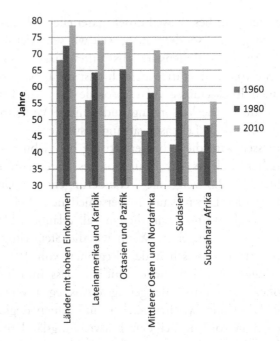

Abb. 2.3 Lebenserwartung bei Geburt. (Quelle: World Bank Indicators)

Den wichtigsten Anteil am Anstieg der Lebenserwartung hat die sinkende Kindersterblichkeit. Noch um 1960 starb in manchen Regionen der Welt jedes vierte Kind, bevor es das fünfte Lebensjahr erreichte. Die Angleichung an die Verhältnisse in den reichen Ländern gelang weitgehend – außer in Südasien und Subsahara-Afrika (Abb. 2.4).

Im Zeitalter der Globalisierung haben sich die Gesundheitsindikatoren der Dritten Welt stark verbessert, so ist

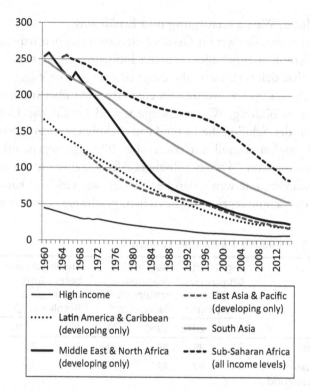

Abb. 2.4 Sterblichkeitsrate von unter 5-jährigen Kindern (von Tausend)

die Lebenserwartung bei Geburt um die Hälfte gestiegen. Auch die Ungleichheit zwischen Reich und Arm ist zurückgegangen, was sich in der Angleichung der Lebenserwartung und der Kindersterblichkeit ausdrückt. Welches Bild vermitteln andere Indikatoren?

Bildung, Wasserversorgung und Ernährung

Das Muster, das wir im Gesundheitswesen gesehen haben, wiederholt sich bei allen anderen Indikatoren: Die soziale Lage hat sich verbessert, allerdings sehr ungleichmäßig. Tab. 2.4 und 3.2 vermitteln eine Übersicht über Indikatoren zu Bildung, Wasserversorgung und Ernährung. Der Anteil der Schüler, die in die Grundschule eingeschrieben sind, ist fast überall auf etwas über 90 % gestiegen, mit Ausnahme von 75 % in Subsahara-Afrika. Selbst wenn die Einschreibquote wenig darüber aussagt, wie viele der Kinder die Schule regelmäßig besuchen, geschweige denn was

Tab. 2.4 Bildung, Trinkwasser, Ernährung

	Registrierte Grundschüler (% des Jahrgangs)[a]		Registrierte Sekundarschüler (% des Jahrgangs)[b]		Zugang zu sauberem Trinkwasser (% der Bevölkerung)[c]	
	1980	2010	1980	2010	1990	2010
Welt	77	89	48	70	76	89
Mittlerer Osten und Nordafrika	63	92	42	74	87	89
Lateinamerika und Karibik	74	94	49	90	85	93
Ostasian und Pazifik		95	43	77	68	90
Südasien	57	88	27	58	71	89
Subsahara Afrika	53	75	17	40	47	62

Source: World Bank
[a]Net enrollment rates
[b]Gross enrollment rates
[c]Acess to improved water source

sie dabei lernen. Auch bei den weiterführenden Schulen stieg die Einschreibquote überall, mit Südasien und Subsahara-Afrika weit abgeschlagen bei 58 und 40 %.

Dasselbe Bild ergibt sich bei sanitären Einrichtungen. Bei der Wasserversorgung zeigt sich, dass heute fast die ganze Weltbevölkerung ihr Trinkwasser nicht mehr direkt aus Flüssen und Seen bezieht, sondern über Leitungen und Brunnen versorgt wird. Aus den vielen Indikatoren wurde noch stellvertretend für viele andere Mangelernährung herausgegriffen. Auch hier hat sich die Lage überall wesentlich verbessert, wobei in Subsahara-Afrika und Südasien weiterhin ein großer Teil der Kinder für ihr Alter zu klein oder untergewichtig ist (Tab. 3.2). Die gleiche Geschichte ließe sich über Kinderarbeit erzählen. Sie ist stark im Abnehmen begriffen und im Wesentlichen noch ein Problem in den ärmsten Ländern und Regionen, also wiederum hauptsächlich in Südasien und Subsahara-Afrika.[17]

So lässt sich auch hier zusammenfassen, dass die Globalisierung einen enormen Entwicklungsschub mit sich gebracht hat, der allerdings regional unterschiedlich ausfiel und die großen sozialen Probleme Südasiens und Subsahara-Afrika zwar mindern, aber nicht beseitigen konnte. Anders als beim Einkommen haben sich die sozialen Verhältnisse weltweit stark angeglichen. Während der Phase der Globalisierung hat sich damit nicht nur die wirtschaftliche Lage der Menschen in armen Ländern verbessert, auch die soziale Ungleichheit wurde abgebaut.

2.2.6 Einkommen, soziale Entwicklung und Wohlfahrt

Wachstum ohne Entwicklung, so lautet eines der seit vielen Jahrzehnten populären Schlagworte in der Entwicklungsdiskussion. Dabei wird postuliert, dass Wachstum ohne Entwicklung oder auch ohne „menschliche Entwicklung" stattfinde. Wiederum stellt sich die Frage, worin denn „menschliche Entwicklung" nun genau bestünde. Wenn wir uns an den bekannten Index der menschlichen Entwicklung halten, handelt es sich um eine Verbindung von Einkommen, Bildung und Gesundheit.[18] Wachstum, also ein Realeinkommenszuwachs der Bevölkerung, ist somit auch hier ein Element von „menschlicher Entwicklung". Wenn demnach dem Schlagwort „Wachstum ohne Entwicklung" irgendeine Bedeutung abzugewinnen ist, dann in der Form, dass Einkommenswachstum nicht zur Verbesserung „sozialer" Verhältnisse führen, wobei „sozial" in der Praxis alles sein kann, was nach den Vorstellungen der zumeist westlichen Teilnehmer an der Entwicklungsdiskussion als wichtig empfunden wird.

Nun ist Entwicklung in Sinne von Produktivitäts- und Einkommenssteigerungen eine Voraussetzung für soziale Entwicklung. Ohne wirtschaftliche ist keine nachhaltige soziale Entwicklung möglich, da die Ressourcen dafür im Land selber geschaffen werden müssen – Entwicklungshilfetransfers sind alles andere als nachhaltig. Andererseits ist es durchaus denkbar, dass auf steigendes Einkommen keine „soziale Entwicklung" folgt.

Gibt es Gründe, um einen ursächlichen Zusammenhang zwischen Einkommen und sozialer Entwicklung zu erwarten? Im Zuge der Industrialisierung werden

Arbeitsplätze geschaffen und damit wird die Armut vermindert. *Common Sense* legt nahe, dass Familien mit mehr Einkommen die Ausgaben für Bildung und Gesundheit erhöhen. Mehr Bildung hat wiederum Rückwirkungen für die Gesundheit, weil die Menschen über bessere Informationen über Gesundheitsvorsorge und die Behandlung von Krankheiten verfügen. Kinderarbeit wird sinken, denn auch in Entwicklungsländern verbauen Eltern nicht ohne materielle Not ihren Kindern die Zukunft. Gleichzeitig steigen die Steuereinnahmen und damit die Mittel, die öffentlichen Sozialausgaben zu erhöhen.

Dies lässt die Möglichkeit offen, dass trotz steigendem Durchschnittseinkommen sich die soziale Lage dann nicht verbessert, wenn die Einkommensgewinne nur wenigen hohen Einkommensbeziehern zugute kommen. Eine Annäherung an dieses Szenario kann man sich mindestens kurzfristig leicht vorstellen: ein Ressourcenboom, der kaum Arbeitsplätze schafft und dessen Gewinne ausschließlich einer kleptokratischen politischen Klasse zufließen. Das Szenario ist auch nicht völlig fern jeglicher Realität in Anbetracht der Lage mancher Länder Subsahara-Afrikas am Anfang des einundzwanzigsten Jahrhunderts, wobei wie üblich spezielle Einflüsse eine Rolle spielen, wie in manchen der Länder die Folgen der AIDS/HIV-Epidemie.

Der Bezug zwischen Einkommen und sozialen Indikatoren ist also keineswegs völlig determiniert. Wie alle gesellschaftlichen Zusammenhänge ist auch er kontingent; jeder Einzelfall ist anders und einmalig. Dennoch, Wachstum ohne Entwicklung ist ein liebevoll gepflegter Mythos, der in keiner langfristigen Entwicklung beobachtbar war. Mit den Einkommenssteigerungen der Industrialisierung stiegen auch die Einkommen der Armen, Lebenserwartung und Bildung, ob in Europa, Ostasien oder Indien. Die großen sozialen Probleme sind in den Ländern und Regionen zu finden, wo kein wirtschaftliches Wachstum in Gang kam. Einkommenswachstum ist nicht nur eine notwendige Bedingung sozialer Entwicklung, sondern hat sich, aus guten Gründen, langfristig auch als genügende Bedingung herausgestellt.

Weit interessanter als die Frage, ob höhere Einkommen die soziale Lage der Bewohner verbessere, ist die Frage nach der Art des Zusammenhanges. Die bekannteste Darstellung dazu ist die *Preston Curve,* die Einkommen und Lebenserwartung in Verbindung bringt (Abb. 2.5). Danach steigt die Lebenserwartung mit steigendem Einkommen anfänglich sehr rasch an und flacht dann ab. Ab einem Einkommen von US$ 10.000[19] steigt die Lebenserwartung kaum mehr an. So ist die *Preston Curve* nicht

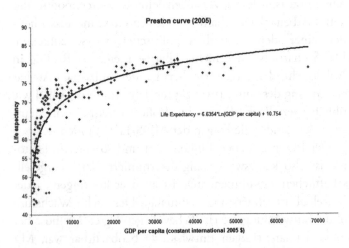

Abb. 2.5 Preston Curve. (Quelle: Wikimedia Commons)

nur eine Bestätigung des engen Zusammenhangs zwischen Einkommen und sozialen Indikatoren, sondern vermittelt die zusätzliche Einsicht, dass ab einem bestimmten Niveau zusätzliches Einkommen die Lebenserwartung nur geringfügig erhöht.[20] Dies wiederum führt uns zurück zu grundsätzlichen Fragen von Entwicklung.

2.2.7 Entwicklung und Wohlfahrt

Entwicklung, so wurde argumentiert, ist sinnvollerweise mit einer Erhöhung von Wohlfahrt oder von Wohlbefinden gleichzusetzen. Weil Wohlfahrt nicht direkt messbar ist, wurde auf Indikatoren zurückgegriffen, von denen weithin angenommen wird, dass sie der Wohlfahrt zuträglich sind. Einkommen bleibt dabei der bei weitem wichtigste Indikator, weil Einkommenssteigerungen sowohl Voraussetzung für soziale Entwicklung sind, als auch viele andere Indikatoren direkt beeinflussen. Neben dieser Art von Wohlfahrtsmessung, so wurde am Anfang des Kapitels gesagt, besteht jedoch eine zweite Vorgehensweise, die subjektive Beurteilung der Lebenssituation durch die Menschen selbst.

Man stelle sich eine Befragung vor, wo Sie den Grad ihrer Lebenszufriedenheit einstufen, beispielsweise auf einer Skala von 1 zu 10. Wenn nun Einkommen tatsächlich Wohlbefinden fördert, dann sollte die so gemessene Lebenszufriedenheit steigen, wenn sich das Durchschnittseinkommen der Bevölkerung über die Jahre erhöht.[21]

In den reichen Ländern ist das nicht der Fall. Der nach dem Zweiten Weltkrieg massiv steigende Wohlstand hat nicht dazu geführt, dass die Lebenszufriedenheit gestiegen ist. Wie diese Resultate zu interpretieren sind, ist weitgehend unklar. Es ist möglich, dass sie nicht belastbar sind; Aussagen über mentales Befinden zu unterschiedlichen Zeitperioden sind nicht unbedingt vergleichbar. Eine andere Erklärung bietet die klassische Konsumkritik, wonach wir uns an den höheren Lebensstandard gewöhnen und gleichzeitig wieder neue Bedürfnisse entstehen, sodass der Gewinn an Lebenszufriedenheit dauernd untergraben wird. Außerdem fließt ein Teil des Einkommens in Statuskonsum. Wenn jedoch versucht wird, den eigenen Status gegenüber den Mitmenschen zu erhöhen, dann mag das im Einzelfall gelingen, führt dann aber gleichzeitig zum Statusverlust anderer und damit zu keiner Erhöhung der Gesamtwohlfahrt.[22] Schließlich kann es auch sein, dass die konstanten Veränderungen der Arbeitswelt die Lebensqualität gesenkt haben, beispielsweise durch die damit verbundene berufliche Unsicherheit und weil die höhere Mobilität soziale Beziehungen unterminiert hat.[23]

Die Diskussion wurde stark durch das Easterlin Paradox beeinflusst (Easterlin 1974): Wohlhabendere Menschen bezeichnen sich im Durchschnitt als glücklicher als ihre ärmeren Landsleute. Dies legt nahe, dass mit steigendem Wohlstand auch der Anteil der sich glücklich bezeichnenden Menschen steigt. Das ist jedoch nicht der Fall, der Anteil blieb mehr oder weniger konstant (Layard 2005).

Anders sind die Beobachtungen in Entwicklungsländern. Hier findet man eine ähnliche Beziehung zwischen Einkommen und Lebenszufriedenheit wie bei der *Preston Curve*, wenn auch der Zusammenhang ein ganz anderer ist. Mit dem Einkommen steigt die Lebenszufriedenheit anfänglich rasch an, um dann bei einer Einkommenshöhe von Mexiko oder Brasilien nur noch wenig unter den reichen Ländern zu liegen. Es deutet also einiges darauf hin, dass mit dem Einkommen auch die subjektive Wohlfahrt steigt, zumindest bis zu einem Einkommen, das in der Terminologie der Weltbank die Grenze zum *high-income country* darstellt.[24] Auch aus dieser Sicht bleibt Einkommen ein zentraler Indikator für Wohlfahrt für arme Länder.[25]

2.3 Die „Auflösung" der *Dritten Welt*

Am Anfang des Kapitels wurde die Frage gestellt, was Entwicklung überhaupt bedeutet. Es zeigte sich, dass sich das Konzept einer klaren Definition entzieht. Trotzdem entstand ein inhaltlicher Konsens. Wohlfahrtsgewinne entstehen wenn das Einkommen steigt, mindestens bis zu einer gewissen Höhe, und wenn sich der Zugang zu einem guten Gesundheits- und Bildungssystem verbessert.[26] Diesen Vorstellungen entspricht dann die ausufernde Zahl sozialer Indikatoren von Lebenserwartung, Kindersterblichkeit, Schulbesuch, Versorgung mit sauberem Trinkwasser bis zu gesunder Ernährung und Gendergleichheit.

Diese konventionelle Anwendung des orthodoxen Konzepts der Entwicklung ist in vieler Hinsicht extrem limitiert. Zum einen fokussiert sie ausschließlich „menschliche Entwicklung" und schließt damit die Wohlfahrt anderer Lebewesen aus. Zum anderen hängt unsere Lebenszufriedenheit nicht nur von sozialen Faktoren ab. So sind Elemente politischer Entwicklung wesentlich bedeutender als manche der Indikatoren „menschlicher Entwicklung".

Ohne Schutz vor Gewalt und damit einem hohen Maß an Sicherheit von Person und Eigentum wird jede „menschliche Entwicklung" illusionär; Bürgerkriege sind nur das extremste Beispiel dafür. Darüber hinaus sind die klassischen bürgerlichen Freiheiten ein wesentlicher Bestandteil unserer Lebensqualität, sei es der Anspruch auf rechtsstaatliche Verfahren, Meinungsfreiheit, Versammlungsfreiheit, Reisefreiheit oder Gewerbefreiheit. Schließlich wird oft der politischen Partizipation eine wesentliche Rolle für unser Wohlbefinden beigemessen. Die Entwicklung menschlicher Wohlfahrt ist also nicht gleichzusetzen mit den Bewegungen ausgesuchter sozialer Indikatoren, deren Auswahl oft mehr die Präferenzen der Urheber solcher Indizes widerspiegeln als die Wünsche und Bedürfnisse der Menschen in den Entwicklungsländern.

Einkommen hat unter den konventionellen Indikatoren eine besondere Rolle eingenommen. Dies ist in vieler Hinsicht gerechtfertigt. Einkommen ist ein guter Indikator für Arbeitsproduktivität und damit Grundlage jeder nachhaltigen sozialen Entwicklung. Höhere Einkommen korrelieren auf längere Frist in hohem Maße mit anderen sozialen Indikatoren und zumindest bis zu einem gewissen Einkommen mit subjektiver Lebenszufriedenheit. Arbeitsproduktivität und Wachstum des Einkommens bleiben somit ein zentrales Desideratum der Entwicklungspolitik armer Länder.

Die Industrielle Revolution und die damit verbundenen Einkommenssteigerungen haben die absolute Armut in Industrieländern praktisch vollständig zum Verschwinden gebracht. Andererseits schuf die technologische Überlegenheit der Industrieländer eine enorme

Einkommensungleichheit zwischen den Ländern, die sich auch im Zeitalter der Globalisierung nicht wesentlich verringert hat.[27]

Trotzdem ist die Globalisierung besser als ihr Ruf. Die Armen sind nicht ärmer geworden, ihr Einkommen ist erheblich gestiegen und ihre soziale Lage hat sich beträchtlich verbessert. Auch die Ungleichheit der sozialen Verhältnisse gemessen an Gesundheits- und Bildungsindikatoren ist wesentlich geringer geworden.

Auffallend sind die unterschiedlichen Erfahrungen der Regionen: In Ostasien ist extreme Armut weitgehend verschwunden. Südkorea und Taiwan gehören heute zu den führenden Industrieländern und China steht an der Schwelle dazu. Auch die meisten Länder Südostasiens haben eine erfolgreiche Entwicklung hinter sich und einige, wie Thailand oder Malaysia, stehen auch an der Schwelle zum Industriestaat. Demgegenüber ist in manchen Ländern Südasiens, vor allem in Bangladesch und Pakistan und im fast gesamten Subsahara-Afrika die Zahl der Menschen in extremer Armut angestiegen, und entsprechend haben auch Lebenserwartung und Bildungsstand in den letzten Jahrzehnten dort vergleichsweise wenig Fortschritte gemacht.

Damit hat sich auch der Begriff der Dritten Welt verändert. Er stand in der Vergangenheit für die armen, hauptsächlich Rohstoff exportierenden Länder, die ihre politischen und wirtschaftlichen Interessen vor allem gegenüber den reichen Industriestaaten wahrzunehmen suchten. Diese Homogenität der Dritten Welt hat es in dieser ausgeprägten Form natürlich nie gegeben. Die Differenzierung der sozialen Verhältnisse und damit der wirtschaftlichen und politischen Interessen der Länder der Dritten Welt hat jedoch stark zugenommen. Einheitliche soziale Verhältnisse und Interessen sind deshalb kaum noch vorhanden.

Dritte Welt

Der Begriff Dritte Welt wurde und wird in vielfältiger Weise gebraucht. Geprägt wurde er in den frühen fünfziger Jahren des letzten Jahrhunderts als Bezeichnung für die „unterentwickelten" Länder. Vor allem aber wurde er kurze Zeit später für die blockfreien Staaten verwendet, die im Kalten Krieg sich weder den westlichen Industrienationen, der Ersten Welt, noch den kommunistischen Staaten, der Zweiten Welt, anschlossen. Nach dem Ende des Kalten Krieges wurde der Begriff wieder zum Synonym für Entwicklungsländer.

Zu einer zentralen Frage der Entwicklungsstudien wird nun, warum einige Länder zu Industrieländern aufgerückt sind und andere seit Jahrzehnten stagnieren. Offensichtlich bringen uns generelle Aussagen über die Auswirkungen der Globalisierung oder des globalen Kapitalismus nicht weiter. Es bedarf der Erklärung, warum die Bedingungen der globalen Wirtschaft in einem Fall zu einer Industriellen Revolution geführt haben und in anderen Fällen zu wirtschaftlicher Stagnation. Globalisierungs- und Kapitalismuskritik können nicht erklären, warum Chile wirtschaftlich erfolgreich war und Argentinien von einer Wirtschaftskrise in die andere schlittert. Beide Länder waren der gleichen Globalisierung ausgesetzt. Auch können diese Generalisierungen nicht erklären, warum es auch in Subsahara Ausnahmen zur Entwicklungsmisere gibt, warum beispielsweise Botswana im Gegensatz zu fast all seinen Nachbarn prosperiert. Das ist das Thema von Kapitel vier.

Zuvor stellt sich jedoch eine weitere grundsätzliche Frage: Ist eine Industrialisierung auf globalem Niveau überhaupt möglich? Werden die Einkommenssteigerungen der Dritten Welt nicht an Ressourcenknappheit scheitern? Das ist das Thema des nächsten Kapitels.

Endnoten

1. Wie so oft nimmt die Praxis die Theorie vorweg. So datiert Deutschlands erstes Tierschutzgesetz von 1871. Damit wurde implizit anerkannt, dass menschliche moralische Verantwortung auch die Wohlfahrt der Tiere einschließt.
2. Frans de Waal 2006, S. 183. Die Konzepte gehen wiederum auf Peter Singer zurück (1981).
3. Eine brillante Beschreibung der Kontroverse, ob Kommerzialisierung zu mehr Kooperation und weniger Gewalt und weniger sozialen Konflikten oder zu sozialer Anomie führt, stammt von Jerry Z. Muller (2003).
4. Allein die von der Weltbank publizierten Indikatoren haben sich per April 2014 auf 1332 vermehrt und werden zweifellos weiter zunehmen (siehe World Bank Indicators).
5. Was wiederum problematisch ist, weil sich auf lange Frist sich das Konsumverhalten ändert und Preise von völlig unterschiedlichen Warenbündeln verglichen werden. Messfehler spielen auch deshalb eine Rolle, weil auch kleine Fehler kumuliert über mehrere Jahre große Auswirkungen haben können.

6. Oft wird auch in Deutschland der englische Begriff *Purchasing Power Party (PPP)* gebraucht. Um die Verwirrung noch zu erhöhen, wird neuerdings auch der Begriff *international $* verwendet.

7. Deaton rechnet mit einem Fehlerspielraum von jeweils etwa 25 % nach oben und unten (2013, S. 228).

8. Berühmt geworden ist die These vom relativen Wohlstand früher Gesellschaften durch Marshall Sahlins' *primitive affluence* (siehe Sahlins 1972 Kapitel *The Original Affluent Society*).

9. Maddison Project 2013. Für Deutschland liegen keine Zahlen vor. Sie dürften sich aber in einem ähnlichen Rahmen bewegt haben.

10. Zum Problem solcher Vergleiche siehe Deaton (2013, S. 256–257).

11. NGOs steht für Non-Governmental Organizations.

12. Die anderen sind Afghanistan, Bangladesch, Kambodscha, Haiti, Myanmar (Burma), Nepal, Nordkorea und Tadschikistan (Deaton 2013, S. 111).

13. Wie üblich sind die Probleme mit Daten enorm – beispielsweise ergibt sich aus Haushaltsbefragungen ein anderes Bild als von der Volkswirtschaftlichen Gesamtrechnung. Die Ergebnisse hängen auch davon ab, ob die Ungleichheit nur am Durchschnittseinkommen der Länder gemessen wird oder ob auch die der Zahl der Einwohner eines Landes bei der Berechnung berücksichtigt wird und beispielsweise das Durchschnittseinkommen Chinas mehr Gewicht hat als das von Gambia. Durchschnittseinkommen der Länder ziehen jedoch die Ungleichverteilung *innerhalb* der einzelnen Länder nicht in Betracht. Um dies zu berücksichtigen, wird nun die Ungleichheit der Weltbevölkerung als Ganzes gemessen (Milanovich 2005). Damit lässt sich aber nicht die Frage

beantworten, ob die Ungleichheit zwischen Industrie- und Entwicklungsländern gesunken oder gestiegen ist.

14. Danach wuchs das Pro-Kopf-Einkommen in Entwicklungsländern von 1980 bis 2011 um 3,3 % pro Jahr, in Industrieländern um 1,8 (International Labour Organisation 2014, S. 3).

15. Hier wird auf so genannte *absolute Armut* abgestellt. Nachdem diese in westlichen Ländern weitgehend verschwunden ist, wurde ein relativer Armutsbegriff eingeführt, wonach eine Person arm ist, wenn ihr Einkommen unter einem gewissen Durchschnittseinkommen liegt (z. B. 50 % des Medianeinkommens).

16. United Nations 2013.

17. Seit dem Jahr 2000, wo einigermaßen zuverlässige Statistiken verfügbar wurden, sind die Zahl der Betroffenen um rund einen Drittel von 246 Mio. auf 168 Mio. Kinder gefallen (ILO 2013), wobei die meisten dieser Kinder für die Familie tätig waren (Edmonds und Pavcnik 2005).

18. UNDP 2014.

19. Die Grafik beruht auf 2005 Preisen.

20. Der Verlauf der Kurve wird manchmal in Verbindung gebracht mit einem epidemiologischen Übergang. In der ersten Phase sind ansteckende Krankheiten die häufigste Todesursache, denen vor allem Kinder zum Opfer fallen. Sie wird abgelöst durch eine Phase, wo chronischen Krankheiten wie Herzkrankheiten und Krebs die häufigste Todesursache wird, woran vor allem ältere Erwachsene sterben (Deaton 2013, S. 31).

21. Der Einfachheit halber werden hier zwei Ansätze zu einem reduziert: die Frage Lebenszufriedenheit und die Frage nach Glück („Wie glücklich sind Sie?"). Die Fragen zielen auf unterschiedliche mentale Zustände, kommen aber zu ähnlichen Ergebnissen in den hier

relevanten Fragen. Das vielleicht bekannteste Buch zur Glücksforschung wurde von Layard (2005) geschrieben.

22. Das Argument ist bekannt geworden durch Thorstein Veblens Klassiker, *The Theory of Leisure Class* (1899), der die zentralen Aussagen stillschweigend von John Rae (1834) übernahm.

23. Manchmal wird argumentiert, dass Einkommenssteigerungen auch in reichen Ländern zu ähnlichen Wohlfahrtsgewinnen wie in armen Ländern führen. Deaton postuliert beispielsweise eine logarithmische Beziehung, wonach bei einem prozentualen Anstieg des Einkommens (z. B. um 10 %) auch das Wohlbefinden entsprechend steigt (um 10 %). Die Einsicht, dass bei hohen Einkommen der Grenznutzen des zusätzlichen Einkommens nahe Null ist, bleibt damit allerdings bestehen. Anders ausgedrückt, signifikante Wohlstandsgewinne durch Einkommen würden immer höhere Einkommenssteigerungen erfordern.

24. Als *high-income economies* galten 2015 Länder mit einem Einkommen von US$12,736 und mehr.

25. Auch hier gilt natürlich, dass andere Faktoren neben Einkommen die Lebenszufriedenheit beeinflussen. So sank die Lebenszufriedenheit in Ländern des Ostblocks und in China trotz steigender Einkommen in der Phase der Restrukturierung, also von Entlassungen, Arbeitslosigkeit und rasch steigender Ungleichheit (Easterlin 2012).

26. Auf dieser Basis wurde der Human Development Index konstruiert, an dessen Entwicklung Amartya Sen maßgeblich beteiligt war, der diesen Index wiederum mit dem Konzept von *capabilities* zu unterfüttern versuchte, das sich jedoch als ebenso wenig greifbar wie „Wohlfahrt" entpuppt.

27. Lakner und Milanovic (2013).

3

Wachstum ohne Ende oder: Ist Wachstum endlich?

Ist Wachstum endlich? Werden mit steigender Bevölkerung und steigender Produktion natürliche Ressourcen knapp werden? Wird die Umwelt so belastet, dass Wachstum an sein Ende kommt? Solche Fragen haben dazu geführt, dass seit dem Beginn der Industriellen Revolution regelmäßig das Ende des Wachstums angekündigt worden ist. Obwohl diese Voraussagen sich regelmäßig als falsch herausstellten, heißt das nicht, dass sie auch in der Zukunft unzutreffend sein müssen. Wir befinden uns im Bereich der Ungewissheit und können deshalb nicht wissen, wie sich die Zukunft gestaltet. Wie geht man mit dieser Ungewissheit um?

© Springer Fachmedien Wiesbaden GmbH 2017
O. Kurer, *Entwicklungspolitik heute*,
DOI 10.1007/978-3-658-12399-4_3

3.1   Fortschrittsglaube und Fortschrittskritik

Die bekannteste These über die Endlichkeit von Prosperität stammt von Thomas Robert Malthus (1766–1834). Seine Vorstellungen von Entwicklung waren der vorindustriellen Welt verhaftet. Dementsprechend verläuft bei Malthus die Geschichte zyklisch, mit Aufstieg und Zerfall. Wie die anderen führenden Repräsentanten der klassischen Ökonomie[1] glaubt er nicht an einen immerwährenden wirtschaftlichen Fortschritt. Einkommensgewinne für die große Masse der Bevölkerung sind vorübergehend. Am Ende jeder Entwicklung stehen Armut und Elend, der *stationary state,* ein stationärer Zustand der Wirtschaft, bei dem das Einkommen der großen Mehrheit der Bevölkerung gerade zum Überleben ausreicht.

Andere Vertreter der Aufklärung hingegen entwarfen Utopien nicht mehr für ferne Inseln im Nirgendwo, sondern als konkrete Gesellschaftsentwürfe für die nahe Zukunft. Angeregt vom enormen technischen Fortschritt und der Vorstellung, dass menschliches Verhalten gesteuert werden kann, entwarfen sie Zukunftsvisionen, in denen genügsame Menschen ohne wirtschaftliche Not in Frieden leben, ohne Staat, ohne Privateigentum, ohne Wettbewerb, ohne Profitstreben, ohne Zwang.[2]

Malthus' Fortschrittskritik

Malthus stellte sich gegen diesen Fortschrittsoptimismus. Wie immer eine Gesellschaft beschaffen ist, der Sexualtrieb wird dafür sorgen, dass über kurz oder lang die

Bevölkerung rascher zunimmt als die Nahrungsmittelproduktion. Hunger und Elend sind unausweichlich. Die
Menschheit befindet sich in einer Falle, nach ihrem Erfinder die Malthusianische Falle genannt.

Dass Hunger und Elend unausweichlich waren, ent-
sprach der geschichtlichen Erfahrung. Die große Mehrheit
der Menschen hatte immer nur gerade genug zum Überleben; zehntausend Jahre Zivilisationsgeschichte hatten
trotz vieler Innovationen keine dauerhafte materielle Besserstellung der Masse der Bevölkerung mit sich gebracht.
Steigende Produktivität und die damit verbundenen Einkommensgewinne förderten Bevölkerungswachstum und
erodierten diese Gewinne wieder.

Der malthusianische Mechanismus geht davon aus, dass
die Zahl der überlebenden Kinder mit dem Einkommen
zunimmt. Mit höherem Einkommen verbessert sich die
körperliche Verfassung von Mutter und Kind, dies erlaubt
mehr Geburten und erhöht die Überlebenswahrscheinlich-
keit der Neugeborenen. Die Bevölkerung steigt. Die steigende Bevölkerung führt wiederum zu einer Verknappung
der Ressourcen. Um die zusätzliche Bevölkerung mit Nahrungsmitteln zu versorgen muss auf weniger produktives
Land ausgewichen werden. Damit sinkt die Produktivität
in der Landwirtschaft. Aber auch andere wichtige Ressourcen wie Holz werden knapp. Produktivität und Einkommen sinken, die Sterberate steigt, bis sich die Bevölkerung
stabilisiert. Ein neues Gleichgewicht ist erreicht, der *stationary state* mit fast universeller Armut. Keine Gesellschaft,
so Malthus, wird dieser Falle entgehen; Utopien bleiben
utopisch, mit der Wirklichkeit nicht vereinbar.

Ein Teil von Malthus' Szenario hat sich bewahrheitet (Tab. 3.1). Steigende Einkommen führten tatsächlich zu einer Bevölkerungsexplosion. Um 1800 lebten rund eine Milliarde Menschen auf der Welt, 1960 waren es drei Milliarden, im Jahr 2000 6 Mrd. und im Jahr 2050 werden es 9 Mrd. sein. Allein die Zunahme um 3 Mrd. Menschen von 2000 bis 2050 entspricht der Weltbevölkerung von 1960. Bei dieser Bevölkerungszunahme wäre es wahrlich nicht verwunderlich gewesen, wenn Malthus' Prognose vom *stationary state* eingetroffen wäre, dass eine Übernutzung der natürlichen Ressourcen zu Problemen bei der Nahrungsmittelversorgung geführt hätte oder in naher Zukunft dazu führen wird.

Die Entwicklung ist spektakulär anders verlaufen als Malthus erwartet hat. Der Lebensstandard ist um das zehnfache gestiegen. Die Dimension dieser Entwicklung wird jedoch erst klar, wenn die Zahlen der Bevölkerungsexplosion daneben gestellt werden (Abb. 3.1)[3]. Wenn sich trotz dieser Bevölkerungsexplosion das weltweite

Tab. 3.1 Weltbevölkerung. (Sources: U.S. Census Bureau, United Nations Secretariat)

Jahr	Millionen Einwohner
-10000	1–10
1	170–400
1000	254–345
1500	425–540
1800	813–1125
1960	3031
2000	6134
2050	9191

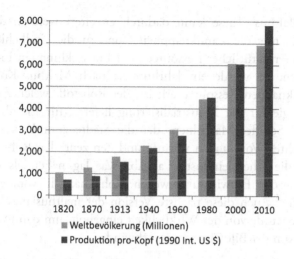

Abb. 3.1 Weltbevölkerung und weltweites Durchschnittsein-kommen. (Source: Maddison Historical Statistics and Maddison Project)

Durchschnittseinkommen derart stark erhöht hat, bedeutet dies, dass die Weltproduktion oder das Welteinkommen heute um etwa sechzig Mal größer ist als vor der Industriellen Revolution.

Mit dem langfristig steigenden Wohlstand wurde die Malthusianische Falle zu einem historischen Kuriosum. Aber wo lag Malthus' Irrtum? Die Falle entstand, weil die Bevölkerung rascher zunimmt als die Produktivität in der Landwirtschaft und schließlich das Nahrungsangebot pro Kopf der Bevölkerung sinkt. Während er die Bevölkerungsexplosion einigermaßen richtig voraussagte, unterschätzte Malthus die Produktionsgewinne in der Landwirtschaft.

Malthus' These kann dadurch erweitert werden, dass nicht nur die Landknappheit, sondern die Endlichkeit anderer natürlicher Ressourcen der Entwicklung ein Ende setzen. So wurde ein Jahrhundert nach Malthus Kohle zur knappen Ressource erklärt, der Rohstoff, welcher die Energie für die Industrialisierung lieferte, für Eisenbahnen, Schiffe, Maschinen, der die Städte zum Leuchten brachte, Wohnungen wärmte und den zentralen Rohstoff für die Chemieindustrie abgab. Was lag näher, als das Ende der Entwicklung wegen Kohlemangels vorauszusagen?[4] Auch diese nächste Version der malthusianischen Falle wurde von der Wirklichkeit eingeholt, um dann wieder von der Bildfläche zu verschwinden.

„Grenzen des Wachstums" des *Club of Rome*

Aber wie so oft in der Ökonomie leben totgesagte Theorien wieder auf, in diesem Fall durch eine der populärsten und meistgefeierten Studien der Neuzeit, den „Grenzen des Wachstums" durch den *Club of Rome* (1972). Wiederum wurden die bekannten malthusianischen Thesen aufgewärmt: Entwicklung würde an Nahrungsmittel- und Ressourcenknappheit scheitern.

Bei den Nahrungsmitteln, so die Autoren, seien Krisensymptome bereits in vielen Teilen der Welt erkennbar und Vorboten für Schlimmeres,[5] künftige Preissteigerungen und zunehmenden Hunger in der Welt. Die Prognose war falsch. Preise für Nahrungsmittel und landwirtschaftliche Produkte befinden sich immer noch etwa auf dem Niveau vor 50 Jahren. Hunger in der Welt hat sich verringert. Besonders klar wird das bei der vom *Club of Rome* prognostizierten zunehmenden Unterernährung von Kindern.

Das Gegenteil ist eingetroffen; Unter- und Mangelernährung sind zurückgegangen, gemessen beispielsweise an der Zahl der Kinder, die für ihr Alter zu klein oder für ihre Größe untergewichtig sind (Tab. 3.2).

Ressourcenknappheit war der zweite Grund für das imminente „Ende des Wachstums". Wie kommen die Autoren zu diesem Schluss? Die Überlegung ist einfach: Man betrachte den Bestand einer Ressource und teile ihn durch den jährlichen Verbrauch. Daraus ergibt sich die sogenannte statische Reichweite, die uns sagt, wie lange es dauert, bis ein Rohstoff aufgebraucht ist. Differenziertere Betrachtungen der Reichweite schätzen Variationen zukünftigen Verbrauchs und die Zunahme der Bestände durch neue Entdeckungen, das Prinzip bleibt jedoch das gleiche.

Heute besteht einmal mehr ein breiter Konsens darüber, dass Wachstum nicht an mangelnden natürlichen Ressourcen scheitern werde. Energieressourcen beispielsweise sind noch für die nächsten tausend Jahre vorhanden (Tab. 3.3). Wir haben also wieder einen Zyklus von Endzeitprognosen hinter uns. Warum lagen diese Prognosen derart stark daneben?

Tab. 3.2 Mangelernährung von Kindern unter 5 Jahren. (Quelle: WHO 2016)

	Verbreitung (%)		Zahl (Millionen)	
	1990	2014	1990	2014
Geringes Gewicht für das Alter[a]	25	14	159	95
Klein für das Alter[b]	40	23,8	255	159
Geringes Gewicht für die Größe[c]	9,1	7,5	58	50

[a]Underweight, [b]Stunting, [c]Wasting

Tab. 3.3 Verfügbarkeit von Ressourcen bei gleichbleibendem Verbrauch. (Quelle: Bundesanstalt für Geowissenschaft und Rohstoffe [BGR], Energiestudie 2012)

Reserven	80 Jahre
Ressourcen	1077 Jahre

Die Überlegungen wiederholen sich. In Malthus' Welt steigen Bevölkerung und Nachfrage nach Nahrungsmitteln exponentiell an. Bei exponentiellen Steigungen wird die jährliche Zunahme irgendwann so hoch, dass es für Malthus unvorstellbar war, dass die Nahrungsmittelproduktion Schritt halten kann. Diese einfache Überlegung ist auch die Grundannahme des *Club of Rome,* nur dass sie nun auch auf natürliche Ressourcen angewandt wird. Auch diese Autoren stellten sich vor, dass sich die Nachfrage nach Ressourcen in 30 Jahren verdoppelt, in 60 Jahren vervierfacht und in 90 Jahren um das 16-fache ansteigt. Da erschien es ihnen offensichtlich, dass Ressourcen irgendwann knapp werden.[6] Offensichtlich unterschätzten Malthus und die Autoren der Studie des *Club of Rome* die Möglichkeit, das Angebot an Nahrungsmitteln und natürlichen Ressourcen auszuweiten. Worin lag der Fehlschluss der Endzeittheoretiker?

Warum Ressourcen nicht knapp geworden sind

Drei Gründe haben wesentlich zu dieser Unterschätzung der Verfügbarkeit von Ressourcen beigetragen. Das eine ist eine Fehleinschätzung der Bestände an natürlichen Ressourcen. Studien über deren Endlichkeit fokussierten weitgehend auf die Bestände, die zu üblichen Marktpreisen gewinnbringend abbaubar sind – die sogenannten

„Reserven". Solche Schätzungen ergeben beispielsweise, dass Energiereserven nur für 80 Jahre vorhanden sind (Tab. 3.3). Reserven haben aber wenig damit zu tun, wie viel Ressourcen in der Natur vorhanden sind. Da die Suche nach Rohstoffen teuer ist, werden Unternehmen die Suche nach neuen Vorkommen nicht unendlich weit treiben, sondern nur so weit, dass auf absehbare Zeit ihre Produktion gesichert ist. So blieben denn die Reserven für Erdöl für viele Jahre trotz hohen Verbrauchs unverändert. Für die Erdölfirmen stellten Reserven eine Art „Lager" dar, das durch neue Explorationen konstant gehalten wurde. Relevant für Ressourcenknappheit sind deshalb nicht diese Reserven, sondern die Ressourcen, deren Bestehen man vermutet oder die bekannt, aber zu heutigen Preisen nicht kostendeckend abbaubar sind. So kommt es, dass sich die Reichweite der Energieressourcen von 80 auf 1000 Jahre erhöht (Tab. 3.3).

Neben der Unterschätzung der Bestände verfügbarer natürlicher Ressourcen besteht das Problem, dass der Verbrauch nicht vorausgesagt werden kann. Der Verbrauch von Ressourcen ändert sich. Weil die Nutzung von Ressourcen kostspielig ist, haben Unternehmen einen starken Anreiz, die Ressourcenintensität der Produktion zu senken. Dabei verhält es sich nicht anders als bei Arbeitskräften, wo auch laufend versucht wird, Lohnkosten zu senken, indem Arbeitskräfte eingespart werden. In dem Maße, in dem die Unternehmer erfolgreich Ressourcen einsparen, dehnt sich die Reichweite aus. Ebenso wie es heute nur einen Bruchteil der Arbeitszeit braucht, um ein industriell gefertigtes Gut zu erzeugen, braucht es dazu in vielen Fällen nur noch einen Bruchteil an natürlichen Ressourcen.

Der letzte Grund für die Fehlprognosen über die Endlichkeit von Ressourcen liegt in einem konzeptionellen
Problem, der verfehlten Idee, dass es einen festen Bestand
an natürlichen Ressourcen gibt, der nach und nach aufgebraucht wird. Doch nicht nur der Verbrauch an natürlichen Ressourcen ändert sich mit der Technologie, sondern
auch der Bestand an natürlichen Ressourcen. Dies mag
paradox erscheinen. Doch bezeichnen wir als natürliche
Ressourcen nur solche Dinge, welche für den Menschen
nützlich sind. Flüssige Lava ist keine natürliche Ressource.
Vor der Eisenzeit war eisenhaltiges Gestein keine natürliche Ressource, weil die Technologie nicht vorhanden war,
daraus Eisen herzustellen. Etwas näher an der Gegenwart:
Bauxit war keine natürliche Ressource vor der Erfindung
all der technischen Voraussetzungen für dessen Umwand-
lung in Aluminium, einschließlich Elektrizität und Elek-
trolyse. Ähnlich verhält es sich mit Erdöl, das zwar seit
langem vielerlei Verwendung fand, aber erst die modernen Technologien machten es zu einer wirtschaftlich
bedeutenden Ressource. So schaffen neue Technologien
laufend neue Anwendungsbereiche für die in der Natur
vorhandenen Dinge. Technologien generieren Ressourcen,
indem sie diese Dinge nutzbar machen oder deren Nutzen
erhöhen. All das bedeutet, dass das Konzept eines festen
Bestands an natürlichen Ressourcen eine Chimäre ist. Der
Mensch befindet sich in einer natürlichen Umwelt, die er
gelernt hat, für seine Zwecke zu nutzen. Wie viel Nutzen
er aus der Umwelt zieht, ist vor allem beschränkt durch
seine Erfindungs- und Innovationskraft. Die Zukunft
der wirtschaftlichen Entwicklung hängt vom menschlichen Erfindungsreichtum ab, nicht von einer konstanten

Menge von Rohstoffen. Die kritische Größe dafür, dass Entwicklung fortschreitet, ist deshalb das Innovationssystem, in dem sich dieser Erfindungsreichtum und diese Innovationskraft Bahn bricht.

Bevölkerungswachstums und Umweltprobleme
Optimisten in der Debatte um das Ende der Entwicklung führen ein weiteres Argument gegen Endzeitszenarien ins Feld, die eine rasch wachsende Weltbevölkerung voraussagen. Sie halten dagegen, dass sich die Weltbevölkerung am Ende dieses Jahrhunderts stabilisieren werde. Postuliert wird eine Theorie des demografischen Übergangs. Der demografische Übergang besteht darin, dass das steigende Einkommen schließlich das Bevölkerungswachstum auf null reduzieren wird.

Wie bei Malthus führt steigendes Einkommen in einer ersten Phase dazu, dass mehr Kinder überleben und so die Bevölkerung zunimmt. In vielen Ländern wurde nun aber folgendes beobachtet: Nachdem das Einkommen einige Zeit gestiegen war, begann die Geburtenrate[7] zu sinken und das Bevölkerungswachstum ging wieder zurück. Die Bevölkerungsexplosion war eine vorübergehende Erscheinung. Dies entspricht der Erfahrung in den meisten Ländern der Welt, einschließlich Deutschlands. Die Bevölkerung wuchs extrem stark während der Gründerzeit, bis die Geburtenrate nach dem Zweiten Weltkrieg zu fallen begann und sich schließlich die Bevölkerung stabilisierte. Optimisten rechnen damit, dass diese Erfahrung vom Ende der Bevölkerungszunahme universell gültig ist.

Allerdings handelt es sich auch hier um eine einfache Beobachtung von Trends. Welche Einflüsse die Menschen dazu veranlassen, bei steigendem Einkommen weniger Kinder zu haben, ist weitgehend Spekulation. Diese Unkenntnis wiederum bedeutet, dass keine Gewissheit besteht, in welchem Maße dieser Trend bei den verschiedenen Gesellschaften der Welt zukünftig beobachtbar sein wird. So fällt die Geburtenrate in Subsahara-Afrika beispielsweise langsamer als erwartet.

Selbst das optimistische Szenario geht davon aus, dass die Weltbevölkerung weiter steigt, die Zunahme sich jedoch verlangsamt und sich um das Jahr 2100 bei etwa 11 Mrd. Einwohnern stabilisiert. Das würde einer weiteren Verdoppelung der Weltbevölkerung im einundzwanzigsten Jahrhundert gleich kommen. Es wird weiter vorausgesetzt, dass gleichzeitig der Wohlstand für fast alle Bewohner der Erde wesentlich steigt, was wiederum eine weitere Vervielfachung der Weltproduktion bedeuten würde.

Dieses Produktionswachstum wird kaum ohne zusätzliche Umweltbelastungen erfolgen. Der Planet Erde wird immer mehr in eine riesige Plantage transformiert, wo kein Platz für die meisten Säugetiere und Wildpflanzen mehr sein wird, die der Nahrungsmittelproduktion des Menschen im Wege stehen. Ohne eine radikale politische Kurskorrektor werden selbst die Meere weitgehend leergefischt sein und die Fischproduktion wird sich auf Fischfarmen verlagert haben. Was uns wieder zur Anthropozentrik dieses optimistischen Szenarios führt: Sie hat allein das Wohlergehen des Menschen im Auge.

Neue Fragen kommen hinzu. Bis in die achtziger Jahre des letzten Jahrhunderts wurden Umweltprobleme als lokale oder regionale Probleme wahrgenommen und in den Industrieländern erfolgreich gelöst, wie die massive Gewässerverschmutzung oder das Waldsterben in Deutschland. Danach traten globale Umweltprobleme ins Rampenlicht, insbesondere der Klimawandel.[8] Dabei ist ungewiss, wie er ausfallen wird und welche Konsequenzen er haben wird.

3.2 Ungewissheit, Nachhaltigkeit und Vorsorge

In all den Szenarien, die hier angesprochen wurden, sind wir mit Ungewissheit konfrontiert. Ungewissheit besteht über die Ursachen und Konsequenzen der Klimaveränderungen und ob Lösungen gefunden werden, die Erderwärmung zu verringern, ungewiss ist, ob genügend Produktivitätsfortschritte in der Produktion von Nahrungsmitteln generiert werden, um die Weltbevölkerung zu ernähren, ungewiss ist schließlich, ob der demografische Übergang den Vorsagen gemäß stattfindet.

Wenn hier von Ungewissheit die Rede ist, dann um auf einen entscheidenden Unterschied zum Risiko hinzuweisen. Risiken lassen sich abschätzen, wir können Wahrscheinlichkeiten des Eintretens eines Ereignisses berechnen, im Falle von Ungewissheit können wir dies nicht.[9] Wie kann man mit Ungewissheit umgehen? Wie können Entscheidungen getroffen werden, wenn man keine Vorstellung davon hat, wie sich die Zukunft gestalten wird?

Es wird oft gesagt, dass das Konzept der Nachhaltigkeit zu diesen Fragen Entscheidungshilfe leisten kann.

Was wäre ein nachhaltiges Wirtschaftssystem? Nachhaltig bedeutet, dass es langfristig funktionsfähig bleibt, sich also nicht wie im Falle einer Klimakatastrophe selbst zerstört. Die Schwierigkeit besteht nun, in einem dynamischen und sich wandelnden industriellen oder postindustriellen Wirtschaftssystem voller Ungewissheiten festzustellen, was zerstörerisch ist und was nicht. Kein solches System ist ohne zukünftige Gefahren vorstellbar. Das Leben in der Industriellen Revolution, die seit zwei Jahrhunderten unser Leben bestimmt, gleicht deshalb einem Ritt auf dem Tiger. Gesellschaften ohne Ungewissheiten sind statisch wie in den romantischen Vorstellungen von australischen Sammler- und Jägergemeinschaften.[10] In einer Umgebung von Ungewissheit verkommt Nachhaltigkeit jedoch leicht zur inhaltslosen Plattitüde, mit der sich Veränderungen aller Art bekämpfen lassen.

Als Entscheidungshilfe wird uns manchmal ein Konzept aus der Hauswirtschaft anboten, die Vorsorge. Wir betreiben Vorsorge gegen Unwägbarkeiten der Zukunft: Warum also nicht Vorsorge gegen zukünftige Umweltprobleme betreiben? Die Umweltkonferenz von Rio de Janeiro in 1992 formulierte eine schwache Variante dieses Vorsorgeprinzips: „Drohen schwerwiegende oder bleibende Schäden, so darf ein Mangel an vollständiger wissenschaftlicher Gewissheit kein Grund dafür sein, kostenwirksame Maßnahmen zur Vermeidung von Umweltverschlechterungen aufzuschieben."[11] Mit anderen Worten, wenn eine plausible Gefährdung besteht und die Kosten der Verhütung niedrig sind, dann sollte man dies auch tun. Gegen ein solches Prinzip ist wenig einzuwenden, nur ist dessen Aussagekraft eng begrenzt. Wann hat „Gewissheit" einen genügenden Grad der Vollständigkeit erreicht, der eine Intervention rechtfertigt? Dennoch hat das Prinzip durchaus Substanz. Es gibt beispielsweise wenig Beobachter, welche der gegenwärtigen systematischen Überfischung und der Zerstörung des Lebens in den Meeren Nachhaltigkeit attestieren.

Umstrittener als die schwache ist eine stärkere Variante des Vorsorgeprinzips, die vom Generalanwalt am Europäischen Gerichtshof stammt. Danach soll das Vorsorgeprinzip auch dann zur Anwendung kommen, „wenn noch keine konkrete Gefahr … nachweisbar ist, aber aufgrund erster wissenschaftlicher Erkenntnisse eine Gefährdung möglich erscheint".[12] Gegen jede mögliche zukünftige Gefährdung sollte also eingeschritten werden. Nun gibt es aber immer Wissenschaftler, welche Gefährdungen zu erkennen glauben. Es gehört zu ihren Aufgaben, Hypothesen zu generieren, von denen sich dann viele, gelinde gesagt, als sehr gewagt herausstellen und erst durch die anschließende Diskussion widerlegt werden. So überrascht es nicht, wenn in der Frühzeit des Fahrradfahrens manche Mediziner vor den damit verbundenen Gesundheitsschäden warnten, vor allem für Frauen. Nicht nur Fahrradfahren wäre unvereinbar mit diesem rigiden Prinzip, sondern auch wesentliche medizinische Errungenschaften wie Impfungen, Röntgenstrahlen, Bluttransfusionen. Ebenso wären Entwicklung und Verbreitung von Autos und Flugzeugen diesem Grundsatz zum Opfer gefallen. Das starke Vorsorgeprinzip leidet daran, dass es in technologischen Änderungen nur Gefahren sieht und den durch sie entstehenden Nutzen nicht berücksichtigt. Nachhaltigkeit und Vorsorgeprinzipien erweisen sich als wenig hilfreich, um bei Ungewissheit Entscheidungen zu fällen. Auch die Vorsorgeprinzipien führen in den meisten Fällen zu keinen eindeutigen Antworten, welche Handlungen nachhaltig sind und welche nicht.

Lehren aus der Nachhaltigkeitsdiskussion

Die in diesem Kapitel behandelten Theorien vom Ende der Entwicklung haben sich hauptsächlich um die drei Themen bewegt, über die Erfahrungen aus der Vergangenheit vorliegen: Bevölkerungsexplosion, Nahrungsmittel- und Ressourcenknappheit. Die Zunahme der Bevölkerung ist wesentlich geringer geworden und könnte möglicherweise endgültig gebannt werden, wenn es gelänge, den Lebensstandard in den Ländern mit dem größten Bevölkerungszuwachs langfristig zu heben. Prognosen über Nahrungsmittel- und Ressourcenknappheit haben sich dank technischem Fortschritt und den damit verbundenen Produktivitätssteigerungen ebenfalls nicht bewahrheitet. Ob das auch für die Zukunft gilt, ist ungewiss. Mit Sicherheit lässt sich allerdings sagen, dass die Stabilisierung der Weltbevölkerung und deren Versorgung mit Nahrungsmitteln und Ressourcen ein Innovationssystem voraussetzt, also ein kontinuierlich hohes Niveau an Investitionen und Innovationen, das durch technischen und organisatorischen Wandel die notwendigen Produktivitätsfortschritte generiert. Die Lösung der Probleme der Zukunft liegt in der Weiterführung der industriellen Revolution, nicht in deren Behinderung.

In diesen Kontext gehört beispielsweise die Diskussion über genetisch manipulierte Pflanzen. Die Gegner von genmanipulierten Nahrungsmitteln müssen sich der Frage stellen: Können 11 Mrd. Menschen mit wesentlich gestiegenen Ansprüchen ohne genetisch veränderte Pflanzen auf dem gewünschten Niveau ernährt werden? An diesem Beispiel lassen sich die Probleme des Konzepts der Nachhaltigkeit illustrieren. Ist es nachhaltig, die Umwelt vor möglichen Gefahren der Gentechnologie zu schützen oder aber mit Gentechnik die Lebensmittelproduktion zu fördern? Was wir als nachhaltig beurteilen, wird davon abhängen, wie wir die Wahrscheinlichkeit zukünftiger Entwicklungen einschätzen.

Eine weitere Erkenntnis aus dieser Diskussion ist die, dass eine fortschreitende Entwicklung durch eine Reihe von Faktoren bedroht ist. Wie immer wir die Bedrohung durch Umweltkatastrophen einschätzen – und wieder sei daran erinnert, dass alle diesbezüglichen Szenarien ungewiss sind, es ist nicht das einzige Problem, das uns in der Zukunft begegnen wird. Die meisten Gesellschaften sind nicht an Umweltproblemen zugrunde gegangen, nicht die griechischen Stadtstaaten, nicht das weströmische Imperium noch Byzanz. Ihr Kollaps war meist eine Folge interner gesellschaftlicher und politischer Auseinandersetzungen oder von Kriegen mit Nachbarn und oft von beidem. Die Wahrscheinlichkeit des Endes des Wachstums als Folge solcher Turbulenzen dürfte wesentlich größer sein, als ein wirtschaftlicher Kollaps, der durch eine Klimakatastrophe hervorgerufen wird. Daraus ergibt sich zumindest *eine* Handlungsanleitung: dass politische Handlungen nicht nur von der Angst vor der Klimaerwärmung geleitet sein sollten, sondern auch von Gedanken zur Nachhaltigkeit des politischen Systems.

Damit sind wir auch wieder beim zentralen Thema angelangt. Das Ende des Wachstums ist nicht vorbestimmt; die zukünftige wirtschaftliche und soziale Entwicklung hängt vom institutionellen und kulturellen Rahmen ab, welcher Innovationen und Investitionen und damit die Qualität und Menge von Human- und Sachkapital fördert oder behindert. Mit der der Frage, wie Kultur und Institutionen sich auf die wirtschaftliche Entwicklung auswirken können, wird sich die Diskussion in Kap. 4 befassen.

Endnoten

1. Von Adam Smith zu John Stuart Mill.
2. Zumindest gemäß William Godwins (1756–1836) anarchistischer Utopie (1793), gegen die sich, neben den Schriften des Marquis de Condorcet, Malthus explizit wendet.
3. Die in solchen Statistiken angegebenen Zahlen hängen immer sehr stark vom Preisniveau ab, das zugrunde gelegt wird. In diesem Fall die Preise von 2000.
4. Beispielsweise Stanley Jevons (1865).
5. Club of Rome (1972, S. 52).
6. Die verwendete mathematische Formalisierung ist nichts anderes als die Anwendung dieser einfachen malthusianischen Logik.
7. Entscheidend ist die Fertilitätsrate oder die Anzahl Kinder pro Frau.
8. Autoren des *Club of Rome* haben für sich in Anspruch genommen, auf die Klimaprobleme aufmerksam gemacht zu haben. Sie haben jedoch hauptsächlich lokale Umweltprobleme angesprochen und nicht den heute im Zentrum der Umweltdiskussion stehenden Klimawandel.
9. Die Unterscheidung geht auf Frank Knight (1921) zurück.

10. Obwohl auch hier die „Harmonie" mit der Umwelt erst eintrat, nachdem nach der Ankunft der Ureinwohner eine große Zahl einheimische Tierarten ausgerottet worden war.
11. United Nations 1992: Rio Erklärung über Umwelt und Entwicklung. Grundsatz 15.
12. Gerichtshof der Europäischen Union 2003; siehe die Diskussion in Sunstein (2007, S. 36).

4

Entwicklungshemmnisse

Nach den Vorstellungen der klassischen Ökonomie hätte der Aufholprozess der Entwicklungsländer unproblematisch werden sollen. Angezogen durch niedrige Löhne und hohe Profite würden Investitionen in die Entwicklungsländer fließen und zusammen mit dem kontinuierlichen Aufbau einheimischer Ersparnisse und Investitionen für rasches Wachstum sorgen. Die Investitionen in Sachkapital, ausgestattet mit den neuesten Technologien, verbunden mit steigender Bildung und neu entstehenden Organisationsformen in Wirtschaft und Verwaltung hätten rapide Produktivitäts- und Einkommensgewinne zur Folge. In der Rückständigkeit, so die bekannte These Alexander Gerschenkrons,[1] liege geradezu ein Vorteil, weil die Übernahme und Adaption bereits bestehender Organisationsformen und Technologien ein rasches Aufschließen zu den führenden Industrieländern ermögliche.

© Springer Fachmedien Wiesbaden GmbH 2017
O. Kurer, *Entwicklungspolitik heute*,
DOI 10.1007/978-3-658-12399-4_4

Ein solches Szenario ist durchaus plausibel, schließlich hatte sich die Industrialisierung in Europa nach diesen Vorstellungen verbreitet: auf England folgten im neunzehnten Jahrhundert die Länder Nordwesteuropas und danach Teile Süd- und Osteuropas, bis dann die russische Revolution, Wirtschaftskrise und Zweiter Weltkrieg den Prozess ins Stocken brachten. In der Mitte des zwanzigsten Jahrhunderts entwickelte sich dann Japan nach diesem Muster, gefolgt gegen dessen Ende zuerst von den ostasiatischen Tigern – Südkorea, Taiwan, Hong Kong, Singapur – und schließlich von China. Im Einzelnen ist natürlich jede Industrialisierung anders verlaufen, da jede in einem anderen lokalen und internationalen wirtschaftlichen und gesellschaftlichen Umfeld stattfand; gemeinsam ist aber die steigende Arbeitsproduktivität, hervorgerufen durch hohe Investitionen und Effizienzgewinne durch technische und organisatorische Innovationen. Dieses Innovationssystem wurde wiederum gefördert durch Rahmenbedingungen, die zwar unterschiedlich, aber immer investitions- und innovationsfreundlich waren.

Diesen Erfolgen stehen die Stagnation Subsahara-Afrikas gegenüber, die schleppende Entwicklung Pakistans und Bangladeschs oder auch die langen Perioden von geringem Wachstum in Lateinamerika. Hier finden sich auch Beispiele dafür, dass Entwicklung kein geradliniger Prozess ist. Argentinien, um 1900 eines der reichsten Länder der Welt mit einem ähnlichen Lebensstandard wie Australien, ist heute weit entfernt von seiner einstigen Grandeur. Wie können solche Unterschiede in den Entwicklungspfaden erklärt werden? Begeben wir uns auf die

Suche nach Bedingungen, welche eine Industrialisierung behindern oder verhindern können.

Manche Entwicklungshemmnisse sind so bedeutend, dass ihr Vorhandensein genügt, Wirtschaftswachstum zu verhindern. Das offensichtlichste Beispiel ist verbreitete Gewalt gegen Personen und Eigentum während kriegerischer Unruhen wie in Teilen Afrikas oder des Mittleren Ostens. Andere Einflüsse beschädigen das Innovationssystem in weniger dramatischer Weise, können jedoch im Zusammenspiel mit anderen Barrieren zur Stagnation führen.

Die Suche nach Entwicklungshemmnissen führt uns zu natürlichen, wirtschaftlichen, kulturellen und sozialen Gegebenheiten. Klima, geografische Lage, internationaler Handel, Kapitalknappheit, kulturelle und gesellschaftliche Faktoren wie Religion und ethnische Vielfalt werden oft als Entwicklungshemmnisse betrachtet. Schließlich spielt wachstumsfeindliche Politik eine wichtige Rolle, die wiederum von *Governance*, der Art des Regierens, abhängt.

4.1 Natürliche Umwelt

Es ist eine alte Erkenntnis dass die natürliche Umwelt eine Gesellschaft und damit auch die Wirtschaft prägt. Dabei sind es vor allem drei Umweltfaktoren, welche die Diskussion prägen: Das Klima, die geografische Lage und der Zugang zu natürlichen Ressourcen. So einfach und überzeugend die These vom Einfluss dieser Umweltfaktoren auf die wirtschaftliche Entwicklung auch sein mag, es ist alles andere als offensichtlich, *wie* sich Umweltfaktoren auf

Innovationen, Investitionen und schließlich Arbeitsproduktivität auswirken.

4.1.1 Klima

Klimatheorien gehörten zu den ältesten Spekulationen über den Einfluss von Umwelt auf die wirtschaftliche und soziale Entwicklung. Manche dieser Theorien stehen als Variante eines verbreiteten Fehlschlusses auf sehr schwachen Füßen: frühere Ereignisse werden unbesehen als Ursache späterer Entwicklungen gehalten. So wird von der Tatsache, dass die Industrialisierung in einer gemäßigten Klimazone stattfand, geschlossen, dass das gemäßigte Klima eine Ursache der Industrialisierung und das tropische Klima ein Entwicklungshemmnis darstelle.

Dass die Industrialisierung in Europa und Nordamerika erfolgte und in vielen tropischen Gebieten nicht Fuß fasste, könnte jedoch ganz andere Ursachen haben. Zumindest liegt der Verdacht nahe, dass eine derart grobe Generalisierung über den Einfluss von Klima und Entwicklung wenig Substanz hat. Innovative Kulturen finden sich auch in tropischen Klimazonen, von den Mayas über südindische Hochkulturen bis zu Angkor, und manche Regionen in gemäßigten Klimazonen wie Lateinamerika oder der Mittleren Osten haben sich nicht gerade durch industrielle Führerschaft ausgezeichnet.

Eine Reihe von Autoren hat nun versucht, diese These vom tropischen Klima als Entwicklungshemmnis zu begründen. Die ältesten dieser Klimatheorien suchten einen Zusammenhang zwischen Klima und individuellem

Handeln herzustellen. Im Zeitalter der Aufklärung verkörperte der Baron de Montesquieu diese Tradition. Nach ihm ist ein tropisches Klima dem Energiehaushaushalt und damit der Leistungsfähigkeit der Menschen abträglich.[2] Das Argument lebt weiter fort. Es unterliegt der These, dass die Verlagerung der Industrie vom Norden in den Süden der Vereinigten Staaten ohne Klimaanlagen gar nicht oder zumindest weniger rasch erfolgt wäre. Tatsächlich wäre das Wirtschaftsleben im heutigen Dallas oder auch in Singapur ohne diese Technologie schwer vorstellbar. Die Beispiele zeigen zugleich die Grenzen dieser These auf. Was immer die Auswirkung des tropischen Klimas auf die Leistungsfähigkeit der Menschen in der Vergangenheit gewesen sein mag, sie spielt in der heutigen Zeit kaum eine größere Rolle.[3]

Die Klimathese wurde in jüngster Zeit in einer anderen Form reaktiviert. Das Klima wirke sich nicht auf den Charakter des Menschen aus, sondern Temperatur und Regenfall beeinflussten die Gesundheit der Bewohner und das landwirtschaftliche Potenzial tropischer Länder. Dass die Vielzahl tropischer Krankheiten negative wirtschaftliche Konsequenzen haben, ist unzweifelhaft der Fall. Unklar ist nicht nur das Ausmaß der Behinderung von wirtschaftlicher Entwicklung – Schätzungen kommen zu sehr unterschiedlichen Ergebnissen – sondern auch die Richtung der Kausalität.[4] Ist die Verbreitung von Tropenkrankheiten eine Ursache oder eine Folge eines niedrigen Entwicklungsstandes? Mit fortschreitender Einkommenssteigerung ist zu erwarten, dass die Verbreitung einer Tropenkrankheit wie Malaria zurückgehen wird, wie das auch in den malariaverseuchten Teilen Europas der Fall war. Fest steht, dass manche Länder dieser Klimazone den Weg in die Industrialisierung gefunden haben. Die Bedeutung der klimatischen Bedingungen für Gesundheit und Entwicklung wird somit wiederum eine Frage der speziellen Umstände.

Von Vertretern der Bedeutung der Umwelt für Entwicklung wird weiter argumentiert, dass sich Klima auf Entwicklung über die Fruchtbarkeit der Böden auswirke. Böden in tropischen Ländern seien fragiler und Regenfälle ungleichmäßiger, oft zwischen starken Regengüssen und Trockenzeiten abwechselnd. Generalisierungen über das beschränkte landwirtschaftliche Potenzial der Tropen als Ganzes sind jedoch wenig hilfreich. Ein landwirtschaftlicher Boom hat wesentlich zum indonesischen und brasilianischen Wachstum der letzten Jahrzehnte beigetragen hat. Ebenso sprechen die großen ausländischen Landkäufe in Afrika deutlich gegen die These einer generellen Landknappheit und einer allgemein niedrigen Bodenqualität.

In Einzelfällen scheint die These der klimatischen Hemmnisse durchaus plausibel. In der Sahelzone glauben manche Beobachter den klassischen malthusianischen Mechanismus zu beobachten. Dort treffe eine Bevölkerungsexplosion auf ein eng begrenztes landwirtschaftliches Potenzial, das durch Übernutzung und Klimawandel noch weiter in Mitleidenschaft gezogen werde. Mit sinkenden landwirtschaftlichen Ressourcen, die einer Familie zur Verfügung stehen, stehe ein malthusianischer Albtraum mit extremer Armut bevor, der nur durch Hilfsgüter und Emigration verhindert oder zumindest hinausgeschoben werden kann. Diese pessimistische Sichtweise setzt zwei Dinge voraus: keine großen Produktivitätsgewinne in der Landwirtschaft und keine Industrialisierung mit alternativen

Beschäftigungsmöglichkeiten. Die Armut der Sahelzone ist jedoch auch eine Folge mangelnder Industrialisierung, die wenig vom Klima beeinflusst wird. Selbst dieser extreme Fall zeigt, dass die natürliche Umwelt nur einer der Faktoren ist, welche die Entwicklung behindern. In jedem Fall ist Verallgemeinerung der These vom Klima als wichtigem Entwicklungshemmnis nicht haltbar, weder im Falle der tropischen Länder generell noch der Entwicklungsmisere in weiten Teilen Afrikas oder Südasiens.

4.1.2 Geografische Lage

Wie das Klima, so kann auch die geografische Lage das Wachstumspotenzial eines Landes beschränken. Man stelle sich eine Insel inmitten des pazifischen Ozeans wie Samoa vor, deren rund zweihunderttausend Einwohner durch mehrere Tausend Kilometer von den nächsten größeren Märkten, Neuseeland und Australien entfernt sind. Unter solchen Umständen werden sich Industriebetriebe oder Dienstleister außerhalb der Verarbeitung von landwirtschaftlichen Produkten und von Tourismus nur dann ansiedeln, wenn die Standortnachteile durch monetäre Anreize aufgewogen werden.[5] Selbst bei flexiblen Löhnen sind Transport- und Kommunikationskosten meist zu groß, um wettbewerbsfähig produzieren zu können. Dabei muss man sich vor Augen halten, dass nicht nur die Distanz kostentreibend wirkt, sondern auch das geringe Verkehrsaufkommen – große Containerschiffe werden nicht in Samoa anlegen. Die geografische Lage stellt in solchen Fällen, wie dem guten Dutzend pazifischer Inselstaaten, von denen Samoa keineswegs der kleinste ist, ein wichtiges Entwicklungshemmnis dar.[6]

Ein weiteres viel diskutiertes Beispiel sind wirtschaftliche Nachteile afrikanischer Binnenstaaten. Der Standortnachteil entsteht dadurch, dass Seetransport wesentlich kostengünstiger als Land- oder Lufttransport ist und so relativ hohe Transportkosten anfallen. Die ökonomischen Nachteile der geografischen Lage sind jedoch exakt dieselben wie bei Binnenlagen in großen Ländern, in China oder Russland, beispielsweise. Mit dieser Analogie vor Augen wird rasch klar, dass die Hauptprobleme afrikanischer Binnenländer nicht geografischen sondern politischen Ursprungs sind: Handelsbarrieren, bürokratische Schikanen beim Grenzübertritt oft verbunden mit Zahlungen an korrupte Beamte. Hinzu kommen Sicherheitsprobleme und eine marode Infrastruktur. In David Colliers Terminologie ist das Entwicklungshemmnis weniger *bad geography* als *bad neighbours*.[7]

Das Problem vom *bad neighbour* wird noch verschärft, wenn Nachbarn wenig Wachstum aufweisen und keine attraktiven Absatzmärkte bieten. Bei einem Land wie der Schweiz, das von großen Märkten umgeben ist, spielen die Nachteile eines Binnenstaats eine geringere Rolle. Um ein anderes Beispiel zu nehmen, für die Zukunft des Binnenstaats Botswana wird es entscheidend sein, ob Südafrika und Simbabwe stagnieren oder prosperieren werden. Das wirtschaftliche Potenzial Botswanas hängt also weitgehend von der Wirtschaftspolitik Südafrikas und Simbabwes ab, die wiederum von den dortigen politischen und gesellschaftlichen Verhältnissen beeinflusst wird. Die oft beschworenen geografischen Hemmnisse reduzieren sich meist auf politische Probleme und deren Ursachen.

4.1.3 Natürliche Ressourcen

Natürliche Ressourcen müssten der wirtschaftlichen Entwicklung eigentlich zuträglich sein. Mit dem Zugang zu fruchtbarem Land und der Ausbeutung von Rohstoffen entstehen wichtige Industriezweige die zur Wohlfahrt eines Landes beitragen. Allerdings gibt es eine Reihe von Argumenten, wonach vor allem die Ausbeutung natürlicher Ressourcen andere Wirtschaftszweige negativ beeinflussen und so die wirtschaftliche Entwicklung hemmen können: die *Dutch Disease* oder holländische Krankheit und der *Resource Curse* oder Ressourcenfluch. Bevor wir uns diesen Konzepten nähern, betrachten wir eine andere viel diskutierte Theorie, welche die wirtschaftliche Entwicklung der Welt allein durch natürliche Ressourcen und geografische Lage erklärt.

Ausstattung mit landwirtschaftlichen Ressourcen in der Frühgeschichte
Der Biologe Jared Diamond wirft Ökonomen vor, dass sie nicht in der Lage seien, mit einfachen Theorien den Unterschied der Einkommen in der Welt zu erklären. Dem will er ein Ende setzen. Er schlägt vor, der Grund, warum die einen reich und die anderen arm seien, liege allein an der Ressourcenausstattung und geografischen Lage.

Nach Diamond liegt der Ursprung der heutigen Ungleichheit weit zurück in der Frühgeschichte der Menschheit, beim Übergang von Sammler- und Jägergesellschaften zu Ackerbauern, in der neolithischen Revolution beginnend vor rund 12.000 Jahren. Gewisse Sammler- und Jägergesellschaften hätten diesen Übergang zur Landwirtschaft früher durchgeführt als andere, weil sie in einer Umgebung mit relativ mehr Pflanzen und Tieren lebten, die sich zur Domestizierung eigneten. Die landwirtschaftliche Produktion habe sich dann verbreitet, soweit dem keine geografischen und klimatischen Barrieren entgegenstanden: keine großen Distanzen über das offene Meer zu überwinden waren und das Klima die Übernahme der neuen landwirtschaftlichen Errungenschaften erlaubte.

Da auf dem eurasischen Kontinent die beste Ressourcenausstattung vorhanden war und es keine klimatischen Barrieren zur Verbreitung der Zuchttiere und -pflanzen gab, fand der Übergang von Sammler- und Jägergesellschaften zur Landwirtschaft früher als anderswo statt und verbreitete sich relativ rasch. Aus dem früheren Zeitpunkt der neolithischen Revolution leitet Diamond die technische Überlegenheit der westeuropäischen Gesellschaften um das Jahr 1500 ab, die wiederum die heutigen weltweiten Einkommensunterschiede bestimmen sollen.

Die Erklärung ist wahrlich einfach; Umweltfaktoren allein erklären die Unterschiede zwischen arm und reich; Politik, Kultur und Gesellschaft spielen keine Rolle. Die Erklärung ist nicht nur einfach, sie liegt auch weit zurück in der Vergangenheit. Je weiter jedoch ein Ereignis zurückliegt, desto schwieriger wird es, seinen Einfluss auf die

heutige Welt, das Verhalten heutiger Individuen, nachzuvollziehen. Derartige Erklärungen heutiger Vorgänge aufgrund von lange zurückliegenden Ereignissen sind zwar
anregend, gehören aber eher in den Bereich der Mytholo-
gie als der Wissenschaft.[8]

Diamonds These ist nicht nur spekulativ, sondern geht
auch an der zentralen Fragestellung vorbei, der Erklärung
der Einkommensunterschiede innerhalb der eurasischen
Landmasse, beispielsweise zwischen Westeuropa und
China. Selbst Diamond ist gezwungen, dabei auf gesellschaftliche Faktoren zurückzugreifen, ohne allerdings die
Konsequenz zu ziehen, und sich von seiner Theorie und seiner Kritik an der Entwicklungsökonomie zu verabschieden.

Ressourcenreichtum

Der Einfluss von Ressourcenausstattung auf wirtschaftliche Entwicklung wird von zwei weiteren Ansätzen thematisiert. Eigentlich müssten natürliche Ressourcen dem
Wirtschaftswachstum förderlich sein. Viel fruchtbares
Land ist die Grundlage für eine blühende Landwirtschaft,
und Bodenschätze schaffen Arbeit, Export- und Staatseinnahmen. Exporte erlauben den Import von Konsum- und
Investitionsgütern, und mit den Steuereinnahmen können
eine funktionierende Verwaltung, eine nationale Infrastruktur und das Bildungs- und Gesundheitswesen finanziert werden. Paradoxerweise ist es oft so, dass viele Länder
mit großer Ressourcenausstattung geringe Einkommenszuwächse erzielen.

Dazu trägt bei, dass der Abbau von Rohstoffen äußerst
kapitalintensiv ist – die Zahl der Beschäftigten in diesen
Industrien ist oft sehr gering. Ressourcen werden häufig

in abgeschiedenen Gegenden gefunden, was wiederum eine Art sogenannter Enklavenwirtschaft begünstigt. Eine Enklave ist es deshalb, weil nur wenige Verbindungen zu anderen Wirtschaftszweigen bestehen. Extremfälle sind Minen, wo fast alle Produktionsmittel importiert und die gewonnenen Rohstoffe unverarbeitet exportiert werden und manchmal sogar das meiste Personal aus dem Ausland ein- und ausgeflogen wird. Entsprechend gering ist der Anteil der im Land verbleibenden produzierten Wertschöpfung, zumindest wenn der Staat nicht in der Lage ist, hohe Steuern abzuschöpfen.

Die Ausbeutung von natürlichen Ressourcen kann darüber hinaus Investitions- und Innovationstätigkeit anderer Sektoren beeinträchtigen. Umfangreiche Rohstoffexporte können zu einer Aufwertung der Währung führen und so die Exporte anderer Sektoren der Wirtschaft verteuern und verringern. Die steigende Nachfrage nach Arbeitskräften im Ressourcenabbau kann zu Lohnerhöhungen in anderen Segmenten der Wirtschaft führen und deren Wettbewerbsfähigkeit untergraben. Diese negativen Auswirkungen von Ressourcenabbau sind unter dem Namen *Dutch Disease* bekannt geworden, benannt nach Erfahrungen mit großen Erdgasfunden in Holland in den fünfziger Jahren des letzten Jahrhunderts.

Ein weiterer Mechanismus, wie Rohstoffe das Innovationssystem oft behindert haben, ist der *Resource Curse,* der Fluch der Ressourcen. Davon gibt es zwei Varianten. Nach der ersten Variante haben Regierungen in ressourcenreichen Staaten wenig Interesse an einer prosperierenden Wirtschaft. Durch Ressourceneinnahmen verfügt die politische Klasse über ein extrem hohes Einkommen und

Vermögen, lebt in Luxus, verfügt über Immobilien im In- und Ausland und lässt ihre Kinder typischerweise an Universitäten reicher Länder ausbilden. Ohne Ressourcenrenten hätte sich die politische Klasse über Steuereinnahmen versorgen müssen, und so einen Anreiz gehabt, durch Entwicklungspolitik die Industrialisierung voranzutreiben.

Zudem wird in einem Land, in dem die Kontrolle über öffentliche Geldflüsse schwach ausgeprägt ist, die Versuchung fast unwiderstehlich, von den üppig fließenden Geldern Teile für Regierungsmitglieder und ihre Familien abzuzweigen. Gleichzeitig treten Verteilkonflikte auf: Innerhalb der politischen Klasse, zwischen den Regionen, wo Ressourcen gefördert werden und denen, in die Ressourcenrenten fließen und schließlich ganz allgemein zwischen Interessensgruppen, Clans und Ethnien. Der vielleicht bekannteste Konflikt ist der zwischen den Bewohnern der Erdöl produzierenden Regionen im Süden von Nigeria und der politischen Klasse, zumeist aus dem Norden des Landes, welche diese Einnahmen im großen Stil über Jahrzehnte missbraucht hat.

Ob sich der *Resource Curse* tatsächlich manifestiert, hängt wiederum von den lokalen Umständen ab. Botswana, einer der größten Diamantenproduzenten der Welt, ist das erfolgreichste Land Subsahara-Afrikas. Während Jahrzehnten lagen die Wachstumsraten um die 10 % pro Jahr, und das Land hat mittlerweile den Lebensstandard von Osteuropa erreicht. Die hohen Staatseinnahmen durch die Diamantförderung wurden dazu verwendet, einen effektiven Verwaltungsapparat, die Infrastruktur und das Bildungs- und Gesundheitswesen aufzubauen. Ob ein

Land vom *Resource Curse* erfasst wird, hängt primär von den politischen Umständen ab.

Auch das Auftreten einer *Dutch Disease* ist nicht unvermeidbar. Dies zeigt sich daran, dass jede große Industrie eines Landes einen *Dutch-Disease*-Effekt hat. So gäbe es andere deutsche Wirtschaftssektoren, die ohne die Automobilindustrie wahrscheinlich erfolgreicher wären. Trotzdem würde niemand auf die Idee kommen, dass es Deutschland ohne die Automobilindustrie besser gehen würde. Zudem können durch geeignete wirtschaftspolitische Maßnahmen negative Einflüsse abgefedert werden. Ein Land, dessen Währung einem hohen Aufwertungsdruck ausgesetzt ist, kann beispielsweise durch den Aufbau von Auslandsguthaben diesen Druck zumindest abmildern.

4.1.4 Exogene und endogene Wachstumshemmnisse

Eine nützliche Unterscheidung ist die zwischen endogenen und exogenen Wachstumshemmnissen. Endogene Wachstumsbarrieren werden durch die nationale Gesellschaft und Politik versursacht, exogene durch Einflüsse von außen. Die natürliche Umwelt ist ein klassisches exogenes Entwicklungshemmnis. Obwohl in Einzelfällen durchaus relevant, wird dessen Bedeutung oft generalisiert und auf ganze Regionen angewandt.

Exogene Erklärungen von Armut verorten Entwicklungsprobleme nicht im lokalen gesellschaftlichen und politischen Umfeld, sondern außerhalb: in der natürlichen

Umwelt oder internationalen wirtschaftlichen Verflechtungen. Wirtschaftliche Probleme sind nicht hausgemacht, sondern vorgegeben und können somit von der lokalen Gesellschaft nicht beeinflusst werden. Lokale Politiker sind damit nicht verantwortlich für die Verbesserungen der Lebensqualität. Aber nicht nur Politiker sind entlastet, sondern die Bewohner in ihrer Gesamtheit, weil aus dieser Sicht nicht gesellschaftlicher und kultureller Wandel gefordert ist, sondern mehr Hilfe von außen. Endogene Erklärungen auf der anderen Seite verorten die Gründe für Armut und Rückständigkeit in lokalen politischen, kulturellen und gesellschaftlichen Barrieren. Es braucht wenig Fantasie, um zu sich vorzustellen, welche politischen Überzeugungen mit diesen unterschiedlichen Erklärungen zusammen gehen. Da solche Erklärungen äußerst schwierig zu widerlegen sind, wurde Ideologie ein fester Bestandteil von Entwicklungsstudien, gegen die nur konstante Kritik und Selbstkritik einigermaßen schützen können.

4.2 Wirtschaftliche Hemmnisse

Wirtschaftlicher Rückständigkeit wurden oft zwei Entwicklungsbarrieren zugeschrieben: mangelnde Finanzierungsmöglichkeiten von Investitionen im privaten und öffentlichen Bereich einerseits und Verwerfungen ausgelöst durch internationalen Handel andererseits. Beides sind exogene Hemmnisse, von der lokalen Gesellschaft nicht beeinflussbar.

4.2.1 Fehlende Mittel zur Finanzierung von Investitionen

Wachstum erfordert Investitionen. Deshalb kann wirtschaftliche Entwicklung daran scheitern, dass die Mittel nicht vorhanden sind, um solche Investitionen zu finanzieren. In der Tat wird dies oft als ein wichtiger Grund betrachtet, warum das Produktivitätswachstum in den Entwicklungsländern so schleppend vor sich geht.

Es ist das Wesen einer Investition, dass sie nicht aus den laufenden Einnahmen des Investitionsprojekts selbst finanziert werden kann. Erst entstehen Ausgaben für Gebäude und Maschinen, und erst nach und nach fließen die Erträge aus dieser Investition. Investitionen bedürfen also einer Finanzierung durch aufgehäufte Ersparnisse – inländische oder ausländische. Wenn solche Mittel nicht zur Verfügung stehen, können auch keine Investitionen getätigt werden.

Eine weit verbreitete These ist nun die, dass in armen Ländern wenig gespart werden kann und deshalb die für hohes Wachstum notendigen Investitionen nicht finanziert werden können. Wie sollten, so wird gefragt, arme Bauernfamilien mit einem Einkommen von wenigen Dollars pro Tag in der Lage sein zu sparen? Und wenn die Bewohner eines armen Landes nicht sparen können, wie sollen dann Investitionen finanziert werden? So ist es denn für viele Beobachter offensichtlich, dass arme Länder sich in einer Entwicklungsfalle befinden, weil einfach nicht genügend Mittel vorhanden sind, um die notwendigen öffentlichen Investitionen in Schulen und Infrastruktur und privaten Investitionen in Bauten und Anlagen zu finanzieren.

Die beliebte Metapher vom Teufelskreis kommt zum Einsatz: Armut bedeutet geringe Spartätigkeit, geringe Spartätigkeit eine geringe Investitionstätigkeit und die wiederum geringes Wachstum und damit Armut.[9]

Eine Reihe von Beobachtungen widerspricht dieser These. Wenn sie zugetroffen hätte, wären weder Südkorea noch Taiwan noch die Volksrepublik China der Armut entronnen. Erreichen konnten sie das nur mit extrem hohen Spar- und Investitionsquoten. So war es nicht ungewöhnlich, dass diese Länder mehr als einen Drittel ihres Einkommens gespart und investiert haben – mehr als das Doppelte der deutschen Investitionsquote. Diese Ersparnisse stammten natürlich nicht hauptsächlich von armen südkoreanischen Bauern oder chinesischen Wanderarbeitern, obwohl auch arme Haushalte durchaus sparen, wenn ein solides Bankensystem ihnen die Möglichkeit dazu gibt. Sie stammen meist von reinvestierten Gewinnen. Ersparnisse und Investitionen werden im Prozess des Wachstums generiert. Mit der Gründung und Expansion von Unternehmen werden auch die Ersparnisse geschaffen, welche den steigenden Investitionsbedarf decken.

Eine weitere Beobachtung, welche der These der Entwicklungsfalle widerspricht, ist der Abfluss von Ersparnissen aus vielen Entwicklungsländern, Ägypten beispielsweise, oder auch den meisten Ländern Subsahara-Afrikas. Diese Kapitalflucht war massiv. Mitten in einer Schuldenkrise, als den völlig überschuldeten Staaten Subsahara-Afrikas ein großer Teil der der Staatsschulden erlassen wurde, entsprachen die Auslandsguthaben schätzungsweise der Verschuldung des Kontinents.[10] Das Problem der Entwicklungsmisere Subsahara-Afrikas bestand also nicht darin, dass aus lokalen Ersparnissen die notwendigen Investitionen nicht finanziert werden konnten, sondern dass die Ersparnisse Afrikas zu einem großen Teil in die Industrieländer abflossen.

Schließlich ist das Argument der Entwicklungsfalle nicht besonders überzeugend, weil die heimische Regierung und heimische Unternehmer die Möglichkeit hatten, auf ausländische Ersparnisse zurückgreifen – also im Ausland Kredite aufnehmen, um sie dann mit den aus den Investitionen entstehenden Einnahmen, im Falle der Regierung steigenden Steuereinnahmen, wieder zurückzuzahlen. Zumindest im Falle der Regierungen sprechen die endlosen Runden von Schuldenvergaben nicht dafür, dass kein Zugang zu ausländischem Kapital bestand, sondern dass die aufgenommenen Kredite nicht die von den Kreditgebern wie der Weltbank erwarteten Auswirkungen hatten. Sie führten also nicht zu mehr wirtschaftlicher Aktivität und zu erhöhten Steuereinnahmen, teilweise natürlich schon deshalb, weil viele Mittel gar nie für die vorgesehenen Zwecke verwendet wurden.

Private Ersparnisse wurden nicht in diesen Ländern investiert, weil dies für die Bewohner Afrikas nicht attraktiv war. Das hat wiederum vielfältige Ursachen. Da sind einerseits die Einnahmen aus korrupten Geschäften, die aus naheliegenden Gründen ins Ausland transferiert werden. Wahrscheinlich wichtiger jedoch ist der Transfer legalen Einkommens. Die meisten von uns werden nachvollziehen können, dass ein Unternehmer in Kenia nicht all seine durchaus rechtmäßig erworbenen Gewinne im Inland anlegt. Kapitalflucht, geringe Investitions- und Innovationstätigkeit haben weitgehend politische

Ursachen, die wirtschaftlichen Rahmenbedingungen, welche die Politik für Investoren gesetzt hat.

Die gleichen Überlegungen gelten auch für ausländische Investoren. Zwar versprechen niedrige Löhne hohe Profite. Wie viele deutsche Unternehmen zur Kenntnis nehmen mussten, die ihre Betriebsstätten nach Osteuropa verlagert hatten, werden die niedrigen Löhne oft kompensiert durch eine niedrigere Arbeitsproduktivität selbst bei gleicher Ausstattung mit Sachkapital. Die niedrige Arbeitsproduktivität ist nicht zuletzt eine Folge einer maroden Infrastruktur, von Unsicherheit von Person und Eigentum und von Korruption und Inkompetenz der Verwaltung. Hinzu kommen, gerade in Afrika, politische Risiken. Das sich daraus ergebende hohe Länderrisiko verringert die Investitionstätigkeit, sodass fast nur Investitionen mit sehr hohen erwarteten Renditen getätigt werden.

So deuten denn alle Indikatoren darauf hin, dass Kapitalknappheit kein weit verbreitetes Entwicklungshemmnis ist obwohl es, wie in einem späteren Kapitel gezeigt, die wichtigste Begründung für die Notwendigkeit von Entwicklungshilfe ist. Die geringe Investitionstätigkeit ist im Wesentlichen eine Folge politischer Probleme und nicht von mangelnder Spartätigkeit.

4.2.2 Internationaler Handel

Handel hat viele Vorteile. Große Märkte erlauben, dass sich Unternehmen auf die Produktion von Güter und Dienstleistungen spezialisieren, die sie relativ produktiver herstellen als andere Unternehmen in anderen Regionen.

Durch Handel vergrößern sich die Märkte. Größere Märkte erlauben es, große Stückzahlen zu produzieren, was in vielen Fällen die Produktionskosten senkt. Größere Märkte führen schließlich zu Produktivitätsgewinnen, weil Unternehmen in offenen Märkten mehr Wettbewerb ausgesetzt sind, der sie zu mehr Innovationstätigkeit zwingt.

Trotz dieser unbestrittenen Vorteile wird vielfach argumentiert, dass freier Handel für arme Länder nachteilig sei, weil er die Produktivitätsfortschritte weniger entwickelter Länder hemme. Aus diesem Grund befürworten Kritiker des Freihandels dessen Einschränkung. Die Beurteilung dieser Kritik an internationalem Freihandel ist eine der komplexesten und schwierigsten in der gesamten Ökonomie und dementsprechend umstritten.

Entwicklung durch Freihandel

Betrachten wir uns den idealtypischen Wachstumsprozess von ärmeren Ländern. Diese Staaten verfügen über eine große Zahl unqualifizierter Arbeitnehmer und entsprechend niedrig sind deren Löhne. Die niedrigen Löhne führen dazu, dass diese Länder sich auf die Produktion von Waren und Dienstleistungen spezialisieren, welche mit relativ viel unqualifizierter Arbeit und wenig Know-how und Sachkapital hergestellt werden. Dies sind üblicherweise technisch anspruchslose Produkte wie Bekleidung, Billigprodukte wie die bekannten T-Shirts aus Bangladesch. In einem dynamischen Innovationssystem mit hohen Investitionen expandieren diese arbeitsintensiven Industrien und absorbieren mehr und mehr unqualifizierte Arbeitnehmer. Die Löhne beginnen zu steigen, und mit zunehmender Spar- und Investitionstätigkeit entwickeln sich Wirtschaftszweige, welche technisch anspruchsvollere Produkte herstellen und mehr Sachkapital und Know-how erfordern. Die Struktur der Wirtschaft ändert sich. Mit dem Wachstum von Wirtschaftssektoren mit fortgeschrittener Produktionstechnik und höherwertiger Produktion steigen auch Arbeitsproduktivität und der allgemeine Lebensstandard.

Diese grundlegende Vorstellung des Ablaufs der wirtschaftlichen Entwicklung prägt das ökonomische Denken: die Länder produzieren vorwiegend die Dinge, wo sie einen „komparativer Vorteil" haben. Der äußert sich darin, dass sie bei deren Produktion international wettbewerbsfähig sind. Dieser komparative Vorteil verändert sich im Lauf der Zeit. Anfangs liegt er bei der Herstellung arbeitsintensiver einfacher Produkte bis ein Land schließlich im Bereich technologieintensiver Güter und Dienstleistungen wettbewerbsfähig wird. Ein Land, so die Metapher, erklimmt die Leiter des komparativen Vorteils.

Dieses einfache Modell liefert eine recht gute Beschreibung des wirtschaftlichen Aufstiegs vieler Länder, von Japan über Südkorea zu China. Sie alle haben mit dem Export einfacher und qualitativ niedriger Produkte begonnen, um nach und nach in die Bereiche der Hochtechnologie vorzustoßen. An die chinesischen Werkzeuge werden sich die meisten Leser erinnern, aber auch am Anfang des japanischen Wirtschaftswunders vor fünfzig Jahren standen Billigprodukte von dubioser Qualität.

Eine solche Entwicklung beinhaltet einen Lernprozess, den nach Großbritannien alle Industrieländer durchlaufen haben. Die erste Phase einer erfolgreichen Industrialisierung steht immer im Zeichen der Imitation. Produkte,

Produktionsmethoden und Organisationsformen werden kopiert und adaptiert, bis die Unternehmen eines Landes die fortschrittlichsten Produktionsmethoden anwenden und qualitativ hochstehende Produkte herstellen. In der ersten Phase der Entwicklung hört man denn oft den Vorwurf, die Länder seien nicht zu eigenständigen Entwicklungen fähig, ja es fehle den Bewohnern dieser Länder an Kreativität.

Dieser Prozess des Aufholens kann von recht kurzer Dauer sein, denn kopieren ist relativ einfach, was, wie wir gesehen haben, Gerschenkrons berühmten „Vorteil der Rückständigkeit" ausmacht. So haben denn die ostasiatischen Tigerstaaten nur wenige Jahrzehnte gebraucht, um die Standards der Industrieländer zu erreichen. Es ist durchaus denkbar, dass China in noch kürzerer Zeit zu den fortgeschrittenen Industrienationen aufholt.

Auch hier sollte vor der mechanischen Anwendungen solcher Modelle oder Idealtypen gewarnt werden. Sie entsprechen selten der Realität. So gibt es durchaus Beispiele, wo sich in industriell rückständigen Ländern Wirtschaftszweige ausgebildet haben, die an der Spitze der technologischen Entwicklung stehen. Man denke dabei nur an die Softwareindustrie Indiens. Es kann aber auch sein, dass Entwicklungsländer auf den unteren Sprossen des komparativen Vorteils verharren: Sie sind nicht in der Lage, bei der Herstellung von Gütern wettbewerbsfähig zu werden, deren Produktion hohe Anforderungen stellen.

Nehmen wir das Beispiel von Bangladesch. Dessen Einstieg zur Industrialisierung, wie in vielen Fällen auch, war die Textil- und Bekleidungsindustrie. Eine notwendige Bedingung für die Ansiedlung dieser Industrie waren die niedrigen Löhne. Die Ansiedlung hat wesentliche wirtschaftliche und soziale Fortschritte gebracht. Es entstanden Beschäftigungsmöglichkeiten zu Bedingungen, die zwar im Vergleich mit dem Westen erbärmlich, aber immer noch besser sind als die vorhandenen Alternativen. Ohne diese Industrie ginge es den dort beschäftigten Arbeitnehmerinnen wesentlich schlechter.[11]

Internationaler Handel als Entwicklungshemmnis
Die Entwicklung des Landes entscheidende Frage ist nun die, ob diese Arbeitsbedingungen einen Einstieg in die Industrialisierung darstellen oder ein Endstadium. Im Falle Chinas haben die Millionen rechtloser unterbezahlter Wanderarbeiter die Industrialisierung und damit die kontinuierlich steigenden Einkommen und das Zurückdrängen der verbreiteten extremen Armut erst möglich gemacht. Es besteht nun aber keine naturgegebene Notwendigkeit für eine solche Entwicklung. Bangladesch könnte auch weiterhin ein Armenhaus der Welt bleiben. Ein Grund dafür könnte, wie das die Kritiker des Welthandels behaupten, der internationale Handel selbst sein, weil er den Entwicklungsländern den Weg zum Aufbau von Industrien mit hoher Produktivität versperrt.

Die These wurde bekannt durch den deutschen Ökonomen und Eisenbahnpionier Friedrich List (1789–1846). Freihandel verhindere, dass das damals rückständige Deutschland zum entwickelten England aufschließen könne. List glaubte, dass lokale junge Industrien für einige Zeit vor dem internationalen Wettbewerb geschützt werden sollten bis sie gelernt hätten, effizient zu produzieren und damit international wettbewerbsfähig zu werden.

Das Argument wurde von John Stuart Mill, dem Doyen der Ökonomie der zweiten Hälfte des neunzehnte Jahrhunderts, in den Kanon der politischen Ökonomie aufgenommen.

Ein halbes Jahrhundert später kam mit Alfred Marshall (1842–1924) eine weitere Überlegung ins Spiel. Die Wettbewerbsfähigkeit eines Unternehmens hängt nicht nur von seiner eigenen Produktivität ab, sondern auch von der Produktivität anderer Unternehmen, mit denen es in Kontakt steht. Produktionskosten, Produktqualität und Produktentwicklung werden auch von Zulieferbetrieben und Dienstleistern beeinflusst, ja selbst von Wettbewerbern und verwandten Branchen. Dass die Effizienz und Dynamik der Zulieferer und Dienstleister die Wettbewerbsfähigkeit eines Unternehmens mitbestimmt, ist recht offensichtlich; die Existenz von Wettbewerbern und Betrieben aus verwandten Branchen ist für Innovationen von Bedeutung, weil aus der engen Zusammenarbeit und Auseinandersetzung ein Informationsfluss entsteht, der zu neuen Ideen und Anregungen führt. Die Effizienzgewinne durch die Nähe von anderen Unternehmen führt zu dem, was Michael Porter *Cluster* nannte,[12] der Ansammlung von Betrieben, die sich gegenseitig stärken. Die meisten dieser Cluster befinden sich in Industrieländern; Silicon Valley ist das bekannteste davon. Umgekehrt gilt nun, dass ein einzelner isolierter Betrieb in einem Entwicklungsland es schwierig finden wird, sich im internationalen Wettbewerb zu behaupten. Freier Wettbewerb, so die Kritiker von Freihandel, erschwert die Entstehung von Unternehmen in Entwicklungsländern und soll deshalb eingeschränkt werden, um Industriecluster zu fördern.

Die wohl radikalste Kritik an Freihandel kam kurz nach dem Zweiten Weltkrieg aus Lateinamerika. Integration in die Weltwirtschaft wird hier zu einem Rezept für permanente Rückständigkeit. Eines der Argumente, die Prebisch-Singer-These, beruft sich auf die zur Zeit der Theoriebildung richtige Beobachtung, dass Entwicklungsländer hauptsächlich landwirtschaftliche Güter und Rohstoffe exportierten und industrielle Güter importierten. Darauf aufbauend sagt die Prebisch-Singer-These, dass die Preise dieser Exportgüter langfristig relativ zu industriell gefertigten Güter fallen werden. Für ihre Exporte erhalten Entwicklungsländer damit immer weniger Industriegüter. Sie werden tendenziell ärmer.[13]

Wie kommt es zu diesem Zerfall der Preise von landwirtschaftlichen Güter und Rohmaterialien? Würde die malthusianische These von der Verknappung natürlicher Ressourcen und Land nicht das Gegenteil erwarten lassen? Gegen diese These argumentierten die Befürworter der fallenden Preise von Rohmaterialien unter anderem damit,[14] dass die Nachfrage nach Industriegütern stärker steigen würde als die nach Rohmaterialien. Diese widersprüchlichen Analysen und widersprüchlichen Prognosen ergeben das übliche Bild: mit Hilfe sozialwissenschaftlicher Theorie lässt sich die Zukunft beliebig gestalten. In der Praxis haben zwei Begebenheiten die Diskussion zum Einschlafen gebracht: Die Rohmaterialpreise stiegen und die Struktur des Welthandels hat sich geändert; Entwicklungsländer exportieren heute mehrheitlich industriell gefertigte Güter.

Eine Weiterentwicklung der Argumente der fallenden Preise für die Exporte der Dritten Welt führt dann zur bekannten Dependenztheorie, wo das Zentrum, bestehend aus Industrieländern, die Peripherie oder Entwicklungsländer ausbeuten. Der Kern aller Dependenztheorien ist der, dass innerhalb des kapitalistischen Welthandelssystems es für periphere Länder unmöglich ist, autonome und dynamische Prozesse technologischer Innovation zu entwickeln. Das Abkoppeln vom Weltmarkt wird nun zum Rezept wirtschaftlichen Fortschritts. Innerhalb der Volkswirtschaftslehre hat die Theorie nie viele Anhänger gehabt, weil es weitgehend unklar bleibt, was Unternehmen davon abhält, in den Niedriglohnländern der Peripherie zu investieren und dort innovativ tätig zu sein wo doch die Profite so hoch sein sollen.

Bis in die späten siebziger Jahre des letzten Jahrhunderts wurde von Anhängern der Dependenztheorie denn auch prognostiziert, dass die auf Eingliederung in den Welthandel ausgerichtete Politik der asiatischen Tiger-Staaten in die Abhängigkeit führen werde und deshalb zum Scheitern verurteilt sei. Die dramatische Widerlegung der Theorie hat ihrer Popularität in gewissen Bereichen der Sozialwissenschaften jedoch nicht geschadet. Sozialwissenschaftliche Theorien, wie wir gesehen haben, werden nicht durch Widerlegungen aus dem akademischen Leben verdrängt, sondern durch die Pensionierung ihrer Exponenten.

Heute besteht weitgehend Einigkeit, dass ein erfolgreicher Entwicklungsprozess mit der Integration in den Weltmarkt einhergeht. Autarkie ist selbst für große Länder keine Option, die Kosten des Verzichts auf Spezialisierung wären schlicht zu groß. Selbst sehr große Volkswirtschaften wie die USA und China sind in zunehmendem Maße Teil der internationalen Arbeitsteilung. Im Falle kleiner

Länder können neue wettbewerbsfähige Wirtschaftszweige nur erfolgreich sein, wenn sie auch für den Export produzieren und so von Skalenerträgen profitieren. Die Frage ist somit nicht, ob sich ein Entwicklungsland in den Welthandel integrieren soll, sondern ob diese Integration nach den Regeln des Freihandels erfolgen soll, oder ob eine Regierung Industriepolitik betreiben und neue einheimische Industrien fördern soll. Dazu mehr im nächsten Kapitel, das sich mit Wirtschaftspolitik befasst.

4.3 Politische Hemmnisse

Entwicklungsökonomie als Disziplin nahm ihren Anfang nach dem Zweiten Weltkrieg, als die Unabhängigkeit vieler Kolonien absehbar war und sich die Frage stellte, wie diese Länder wirtschaftlich zu den Industrieländern aufschließen könnten. Während anfänglich noch Bücher über Wirtschaftsentwicklung ohne Bezug zu Politik und Administration erschienen,[15] wurde den Beteiligten rasch klar, dass vielerorts die politischen Umstände die Entwicklung wesentlich behinderten. Myrdal beispielsweise sprach vom *soft state,* von mangelnder „sozialer Disziplin" und „Bereitschaft zu gemeinschaftlichem Handeln", verbunden mit verbreiteter Korruption. Obwohl Korruption einer der hauptsächlichsten Gründe für den Kollaps mancher Regimes Asiens sei, so Myrdal, würde es als Forschungsthema noch weitgehend tabuisiert.[16] Trotz einiger viel beachteter Beiträge[17] sollte es noch zwei Jahrzehnte dauern, bis der Einfluss von Politik und Korruption auf Entwicklung vom Mainstream umfassend thematisiert worden ist.

Dabei hat es immer zu den Binsenwahrheiten gehört, dass erfolgreiche Entwicklungspolitik eine Regierung voraussetzt, die gewillt und in der Lage ist, eine solche Politik auch durchzusetzen. Zur Durchsetzung wiederum benötigt sie eine effektive Verwaltung. Ohne diese Voraussetzungen wird keine Industrialisierung stattfinden.

Für die konventionelle Volkswirtschaftslehre existierte Politik als Entwicklungshemmnis schon deshalb nicht, weil davon ausgegangen wurde, dass Regierungen die Wohlfahrt der Bevölkerung zu mehren suchen und über die Instrumente verfügen, diesen Willen durchzusetzen. Dem unterlag wiederum die Vorstellung, dass Wohlstandsvermehrung im Interesse der Regierenden sei, weil dies, zumindest in einer Demokratie aber oft auch in einer Autokratie, deren Legitimität und damit auch deren Machterhalt fördere. Keine dieser Annahmen hat sich als besonders tragfähig erwiesen. Bevor wir uns diesem Thema nähern, betrachten wir einige formelle Institutionen oder Rahmenbedingungen, welche ein Innovationssystem und einen erfolgreichen Entwicklungsprozess befördern.

4.3.1 Institutionelle Rahmenbedingungen

Entwicklung erfordert Produktivitätssteigerungen, die wiederum von Investitionen und Innovationen abhängig sind. Sie nimmt ein Ende und geht in Niedergang und Verarmung über, wenn Innovations- und Investitionstätigkeit erlahmen. Das Innovations- und Investitionsverhalten wird wiederum stark von Institutionen oder Rahmenbedingungen beeinflusst.

Sicherheit von Person und Eigentum

Seit Jahrhunderten standen zwei institutionelle Voraussetzungen für Entwicklung im Vordergrund: Eigentumssicherheit und Wettbewerbsmärkte. Dabei erinnern wir an Adam Smiths Diktum, dass Frieden, moderate Steuern und ein tolerables Rechtssystem zum höchsten Grad des Wohlstands führen würde. Die Wettbewerbsthematik spricht Smith in seiner Kritik an Monopolen und seinen Vorschlägen zur Regulierung von Märkten an, einschließlich dessen, was wir heute Marktversagen nennen. In Deutschland ist diese institutionelle Rahmengebung der Märkte unter dem Begriff der Ordnungspolitik bekannt geworden. Die Bedeutung der Ordnungspolitik war lange Zeit im allgemeinen Bewusstsein der intellektuellen Eliten verankert gewesen, bevor der keynesianische Mainstream sie weitgehend daraus verdrängt hat.

Investitionen setzen einen gewissen Grad an Sicherheit von Person und Eigentum voraus, da sie nur getätigt werden, wenn die über die Laufzeit der Investition anfallenden Erträge dies rechtfertigten. Unsicherheit von Person und Eigentum verringern die erwarteten zukünftigen Erträge. Damit fallen weniger Investitionen in die Gewinnzone, und entsprechend sinkt die wirtschaftliche Dynamik.

Die dramatischsten Beispiele des Zusammenbruchs des Schutzes von Person und Eigentum sind Bürgerkriege oder bürgerkriegsähnliche Unruhen. In manchen Fällen ist dabei von gescheiterten Staaten die Rede – gescheitert deshalb, weil der Staat das Gewaltmonopol eingebüßt hat, ein grundlegendes Merkmal der Staatlichkeit. Mittlerweile fallen ein nicht unbedeutender Teil Afrikas, des Mittleren

Ostens und Südasiens mit Afghanistan und Pakistan in diese Kategorie.[18] Zwar werden selbst in gescheiterten oder fragilen Staaten Investitionen getätigt, jedoch nur solche, bei denen hohe Risiken durch hohe Erträge kompensiert werden. Typischerweise ist dies beim Abbau von Rohstoffen oder bei der Mobiltelefonie der Fall, eine breit basierte industrielle Entwicklung wird in solch fragilen Staaten jedoch nicht stattfinden.

Als weniger dramatisch wird oft grassierende Kriminalität wahrgenommen, obwohl dadurch die Kosten für private Sicherheitsvorkehrungen zum Schutz des Unternehmens und der Mitarbeiter in manchmal schwindelerregende Höhen getrieben werden und darüber hinaus Restrisiken weiter bestehen bleiben. Selbstverständlich gehen Kriminalität und Bürgerkrieg oft Hand in Hand und die Abgrenzung wird schwierig, wenn man sich beispielsweise die manche Stadtteile Salvadors beherrschenden Banden oder den Kampf gegen die Drogenmafia in Mexiko vor Augen hält, und auch die Auseinandersetzung in den brasilianischen Favelas werden manchmal zu den militärischen Konflikten gezählt.

Unsicherheit von Person und Eigentum geht oft vom Staat selbst aus, wenn willkürlich in die Eigentumsrechte eingegriffen wird. Unternehmen sind in manchen Ländern arbiträren administrativen und juristischen Entscheidungen ausgesetzt, welche *de facto* auf Enteignungen ohne Entschädigung hinauslaufen. Führende lokale Politiker „beteiligen" sich an lokalen Unternehmen, ohne eine Eigenleistung zu erbringen, oder im dramatischsten Fall werden ganze Unternehmen enteignet und landen im Besitz der Familien solcher Politiker und ihrer Klientel, ob nun im Reich von Robert Mugabes Zimbabwe oder des früheren tunesischen Herrschers Ben Ali, wo „zwei Jahrzehnte lang ein Fünftel aller Gewinne im Privatsektor" durch „Firmen im Besitz des Clans des Diktators Ben Ali" abgeschöpft wurden.[19]

So findet sich auf der einen Seite ein Umfeld, wo Planbarkeit nur insoweit besteht, als dass Unternehmen sich auf die persönlichen Zusagen herrschender Politiker verlassen können, auf der anderen Seite steht ein stabiles Rechtssystem, wo rasch klare voraussehbare Entscheide auf einer stabilen gesetzlichen Grundlage gefällt werden. Beides sind Idealtypen. Auch das deutsche Rechtssystem ist von einem System mit hoher Planbarkeit weit entfernt. Rasch wandelnde komplexe und unklare gesetzliche Grundlagen und unvorhersehbare gerichtliche Entscheide nehmen rapide zu; das deutsche Steuerrecht ist der Inbegriff solcher Zustände.

Wettbewerbsmärkte

Eine zweite zentrale Grundlage für Entwicklung ist die Existenz von Märkten, in denen ein hohes Maß an Wettbewerb herrscht. Dies ist dann gegeben, wenn alle Teilnehmer vergleichbaren Zugang zu einem Markt haben, also nur geringe Eintrittsbarrieren bestehen. Eintrittsbarrieren sind vielfältig. So kann ein neuer Wettbewerber mit Verboten oder mit anderen sehr hohen Zugangskosten konfrontiert sein, Informationen können sehr ungleich verteilt oder der Zugang zu Krediten kann eingeschränkt sein. Eine heute weit verbreitete Zugangsbarriere besteht beispielsweise in Regulierungen, deren Erfüllung so kostspielig ist, dass nur Großbetriebe dies leisten können.

Solche Wettbewerbsmärkte sind nicht zu verwechseln mit den perfekten Märkten des neoklassischen Nirwanas, wo identische Produkte zu gleichen Preisen gehandelt werden. In Wettbewerbsmärkten entstehen laufend neue Produkte, Produktionsmethoden, Vertriebskanäle und Organisationsformen. Es werden durchaus hohe Gewinne erwirtschaftet, die aber im Prozess des Wettbewerbs wieder erodiert werden. Dem gegenüber stehen durch Eintrittsbarrieren geschützte Monopole. Solche Monopole, so die klassische Ökonomie, haben wenig Anreiz innovativ tätig zu sein, sondern tendieren zur Verwaltung ihrer Pfründe und sind deshalb unvereinbar mit der Dynamik eines Innovationssystems.

Zu einer der wichtigsten Aufgaben jeder Regierung wird es nun, solche Wettbewerbsmärkte zu schaffen und zu erhalten. Das ist keine sehr leichte Aufgabe, weil staatliche und private wirtschaftliche Akteure oft danach streben, Wettbewerb einzuschränken, um in der Lage zu sein, Preise zu beeinflussen und so mühelos ihre Kosten zu decken und Gewinne zu erwirtschaften. Der Unterschied zwischen staatlichen und privaten Monopolen besteht oft darin, dass bei staatlichen Unternehmen Monopolgewinne nicht ausgewiesen werden, sondern in Form von hohen Vergütungen für Unternehmensleitung, Personal und für Parteispenden abgeschöpft werden. Hohe Vertragshonorare, bezahlt von lokalen öffentlichen Unternehmen für ehemalige Minister, wie das in Deutschland vorkommt, ist eine eher harmlose Form solcher Gewinnmitnahmen.

Oft wird ein effektives Wettbewerbssystem mit Privateigentum gleichgesetzt. Für die wirtschaftliche Dynamik entscheidend sind jedoch nicht die Besitzverhältnisse, also ob es sich um ein privates, genossenschaftliches oder staatliches Unternehmen handelt, sondern ob ein solches Unternehmen dem Wettbewerb ausgesetzt ist. Unzweifelhaft sind Staatsbetriebe oft ineffizient und wenig innovativ, hauptsächlich jedoch deshalb, weil sie eine Monopolstellung innehaben. In manchen Fällen sind öffentliche Unternehmen durchaus wettbewerbsfähig. Umgekehrt zeigen private Monopole ähnliche Schwächen wie öffentliche Monopole.

Eigentumssicherheit und Wettbewerbsmärkte sind zwei der Säulen, auf denen ein Innovationssystem ruht. Je stärker die Unsicherheit von Eigentum und die Monopolisierung der Wirtschaft, desto mehr werden Produktivität und Entwicklung beeinträchtigt. Die Frage der Ausgestaltung von Entwicklungspolitik wird im folgenden Kapitel ausführlich behandelt. Hier geht es weiter mit der Frage, unter welchen Umständen Regierungen überhaupt ein Interesse haben, Entwicklungspolitik zu betreiben und ob sie dazu überhaupt in der Lage sind.

4.3.2 Administrative Hemmnisse: Korruption

Eine Voraussetzung, um Politikmaßnahmen zu implementieren, ist ein administrativer Apparat. Er muss in der Lage sein, Eigentumsrechte und Märkte optimal zu regulieren und trägt die Verantwortung für öffentliche Sicherheit, den Ausbau und den Erhalt von Infrastruktur, des Bildungs- und Gesundheitswesen.

Die Effektivität einer Administration wird stark durch Korruption, dem Missbrauch öffentlicher Ämter zum persönlichen Nutzen, beeinflusst. Dagegen wird oft argumentiert, Korruption sei universell. Schließlich dürfte das Niveau an Korruption um Franz Josef Strauß kaum hinter dem Niveau manch anrüchiger Politiker in Entwicklungsländer zurückgestanden haben.[20] Wenn Korruption tatsächlich überall in gleichem Maße zu finden wäre, dann käme sie als Ursache für unterschiedliche wirtschaftliche Entwicklungen nicht infrage. Die Unterschiede im Korruptionsniveau zwischen Ländern sind jedoch enorm.

Endemische Korruption
Um eine Vorstellung von endemischer Korruption zu erhalten stelle man sich vor, dass fast alle Interaktion mit einem Angestellten des öffentlichen Dienstes, einem Beamten oder einem Richter illegale Zahlungen erfordert. Ausweise, Bewilligungen oder Dienstleistungen aller Art, welche eigentlich unentgeltlich sein sollten, erfordern Zahlungen. Der Pförtner zum Hospital lässt sich den Zutritt bezahlen, der Pfleger das Bett, der Arzt die Behandlung und die Medikamente, der Lehrer die Examen. Gegen Entgelt sieht der Polizist über Verkehrsvergehen hinweg oder er erfindet Vergehen, um sein Gehalt aufzustocken. Stellen im öffentlichen Dienst werden an Gefolgsleute vergeben oder an den Meistbietenden verkauft. Baubewilligungen, Lizenzen, Abnahme von Gesundheits- oder Sicherheitsvorschriften, ob eingehalten oder nicht, erfordern Zahlungen an Bürokraten und Politiker. Öffentliche Aufträge werden gegen Bestechungsgelder vergeben, Abnahme der Waren oder Bauten erfolgt

nicht gegen Kontrolle von Menge und Qualität, sondern gegen Bezahlung. Steuern werden mit dem zuständigen Steuerbeamten ausgehandelt. Gerichtsurteile sind käuflich oder von politischen Überlegungen abhängig. Gesetze sind ebenfalls käuflich oder auf die Versorgung von Familie und Mitglieder der Netzwerke der führenden Politiker ausgerichtet.

Bei dieser Beschreibung eines Staates, wo alle Handlungen von Amtsträgern Verhandlungssache sind, handelt es sich wiederum um einen Idealtypus oder ein Modell, dem einige Länder zu einiger Zeit ihrer Geschichte aber durchaus nahe kommen. Der klassische Fall ist das Zaïre Mobutus, wobei sich unter seinen beiden Nachfolgern im heutigen Kongo diesbezüglich nicht allzu viel verändert hat. In einem solchen Staat sind Institutionen nicht mehr handlungsbestimmend – Verfassung, Gesetze und berufliche Normen sind irrelevant geworden, Entscheidungen von Regierung und Verwaltung sind einzig und allein auf den privaten Nutzen der Amtsträger ausgerichtet. Korruption ist hier universell oder endemisch.

Auswirkungen

Mit dem Grad der Korruption, dem Missbrauch öffentlicher Ämter, fällt die Effizienz der Verwaltung. Die Qualität des Personals sinkt, wenn die Bedeutung von Qualifikationen bei Einstellungsentscheiden geringer wird. Die Aktivitäten der Behörden entfernen sich immer mehr von ihrem eigentlichen Auftrag. Bildungssysteme entfernen sich von ihrem Bildungsauftrag, Gesundheitssysteme von der Behandlung von Krankheiten, Polizei und Justiz von der Durchsetzung von Recht und Ordnung,

Armeen von Kriegführung. Dies äußert sich beispielsweise darin, dass ein immer geringerer Teil des Bildungs-
haushalts für Lehrer, Lehrmittel und Unterrichtsräume
oder des Gesundheitshaushalts für Ärzte, Pflegepersonal,
Medikamente und die notwendigen Gebäude ausgegeben
wird, sondern im Geflecht der Verwaltung verschwindet.
Die Mittel, die nicht zweckentfremdet werden, gehen an
ein Personal, das sich seinen eigentlichen Aufgaben weitgehend entzieht: Verwaltungsbeamte, Lehrer und Ärzte
gehen nur sporadisch ihren vertraglichen Verpflichtungen nach.[21] Manchmal werden Schlaglichter auf solche
Zustände geworfen, wie wenn eine theoretisch hochgerüs-
tete und kampferprobte Armee vor einigen wenigen Auf-
ständischen buchstäblich Reißaus nimmt – weil es faktisch
an Ausrüstung, Ausbildung und Kampfmoral der schlecht
bezahlten Truppe fehlt,[22] oder wenn ein desolates Gesundheitswesen hilflos der Verbreitung einer Epidemie zusieht.

Dass endemische Korruption in der Verwaltung die
wirtschaftliche und soziale Entwicklung hemmt ist heute
allgemein akzeptiert. Korruption verringert Steuereinnahmen. Die Menge und Qualität der durch den Staat bereitgestellten Güter und Dienstleistungen wird beeinträchtigt:
von Infrastruktur zu Bildung zu Rechtsprechung, von
öffentlicher Sicherheit bis hin zu einfachen Verwaltungs-
akten. Dies wiederum verursacht Kosten und zusätzliche
Risiken für Unternehmen und untergräbt die Investitions-
bereitschaft.

Wie beeinflusst Korruption die Planungssicherheit
der Unternehmen? Nun ist Korruption ein sehr vielfälti-
ges Phänomen. In einem Land kann sich Korruption vor
allem auf die politische Klasse beschränken, dem Kauf

von politischer Unterstützung und dem Verkauf von Politikmaßnahmen. Sie kann aber auch hauptsächlich beim Personal der Verwaltung unterschiedlicher Bereiche und Ebenen angesiedelt sein. Oft sind nur Teile einer Verwaltung davon betroffen. Hoch ist Korruption ist vielen Ländern im Bereich der Bauwirtschaft – bei der Beschaffung von Bauland beispielsweise. Dagegen wird Korruption oft von Finanzministerien fern gehalten. Je nach Ausprägung von Korruption sind die Konsequenzen für Planungssicherheit und Investitionen recht unterschiedlich.

Planungssicherheit wird untergraben, wenn die durch die Korruption anfallenden Kosten nicht berechenbar sind. Dabei spielen nicht nur die direkten Kosten eine Rolle. Unsicherheit entsteht auch für solche Unternehmen, die sich der Korruption verweigern. Auch sie sind den sich ändernden Spielregeln ausgesetzt, nach denen Staatsaufträge, Lizenzen oder Bewilligungen erteilt werden.

Im besten Fall hat Korruption die Auswirkung einer Steuer – zwar sinken die Erträge von Investitionen, Unsicherheit wird dadurch keine geschaffen. Kosten von Korruption sind ein berechenbarer Teil der operativen Kosten, und diesen Kosten steht eine klar definierte Leistung entgegen. Wenn die Kosten moderat sind, hat Korruption wenig Einfluss auf die wirtschaftliche Dynamik.

Eine gewisse Planungssicherheit kann auch in einem korrupten Umfeld bestehen, wo Entscheidungen zentral gefällt werden, durch einen Autokraten beispielsweise. So können sich Unternehmen durch persönliche Beziehungen zu führenden Politikern Stabilität verschaffen. Restrisiken bleiben weiter bestehen, wenn beispielsweise bei einem Politikwechsel Korruption von Vorgängerregimes geahndet wird oder Zahlungen in Industrieländern zum Vorschein kommen. Die Planungssicherheit wird jedoch dann am stärksten belastet, wenn eine große Zahl von Amtsträgern auf allen administrativen Ebenen ihr Amt dazu missbraucht, in der Höhe variierende illegale Zahlungen einzufordern.

Korruption wird auch die Wirtschaftsstruktur beeinflussen. So sind große Unternehmen oft in der Lage, sich mit einflussreichen Politikern zu liieren und sich ein berechenbares Umfeld zu schaffen. Auch Mikrounternehmen sind von Korruption weniger betroffen, weil das investierte Kapital gering ist und flexibel auf ein wandelndes Umfeld reagiert werden kann. Anders ist die Lage mittlerer Unternehmen, wo erhebliche Investitionen auf dem Spiel stehen. Die Vermutung liegt nahe, dass die im Vergleich zu anderen Weltgegenden geringe Zahl von Mittelbetrieben in Subsahara-Afrika auch mit der grassierenden Korruption zu tun hat.

Die Schwierigkeit von Generalisierungen über die Auswirkungen von Korruption wird durch China illustriert. China wird allgemein als hochgradig korrupt eingestuft. Andere Umfragen bewerten jedoch das geschäftliche Umfeld als durchaus positiv. Das deutet darauf hin, dass die Art von Chinas Korruption das Investitionsverhalten nicht wesentlich negativ beeinflusst hat.

Bei der Diskussion „Institutionen als Entwicklungsbarrieren" sollte Klarheit darüber herrschen, dass es dabei nicht um den Zustand dieser Rahmenbedingungen geht, sondern um deren Entwicklung oder deren Verbesserung. Entscheidend ist also nicht, dass Rahmenbedingungen suboptimal sind, sondern wie sie sich verändern. Wenn sie sich kontinuierlich verbessern, erhöht sich der Spielraum für Investitionen und damit für wirtschaftliche Entwicklung. Noch ist zu erwarten, dass sich die gesamte Regierungsführung und Verwaltung gleichzeitig und gleichmäßig zum Besseren oder Schlechteren verändert. Maßgeblich für den Entwicklungsprozess ist, dass sich innerhalb des Regierungs- und Verwaltungsapparats funktionsfähige Strukturen finden, um eine konkrete Entwicklungspolitik zu planen und umzusetzen.

Viele der hier angesprochenen institutionellen Barrieren haben ihren Ursprung im Politikbetrieb. Dies führt wieder zurück zur Frage: Welches Interesse hat eine Regierung, Entwicklungspolitik zu betreiben und Institutionen zu stärken?

4.3.3 Politik als Entwicklungshemmnis

Die Annahme, dass es im Interesse von Regierungen liegen würde, Entwicklungspolitik zu betreiben, scheint auf den ersten Blick durchaus plausibel. Tatsächlich ist die Interessenlage alles andere als eindeutig.

Traditionelle politökonomische Modelle gehen davon aus, dass Politiker ihr Einkommen maximieren und sich nicht um Machterhalt im Lande selbst zu kümmern brauchen. In Mancur Olsons bildhafter Darstellung finden wir den chinesischen Warlord des frühen zwanzigsten Jahrhunderts in der Form von umherziehenden und stationären Banditen wieder. Der umherziehende Bandit mit seiner kurzfristigen Perspektive wird das Land ausplündern und nichts hinterlassen. Der stationäre Bandit hingegen hat eine langfristigere Perspektive und wird sein Einkommen in Form von Steuereinnahmen zu mehren suchen, indem er grundlegende Regierungsfunktionen wahrnimmt und Handel und Industrie fördert. Solange seine zusätzlichen Steuereinnahmen die Regierungsausgaben übersteigen, werden öffentliche Dienstleistungen zur Verfügung gestellt. Auch solch verkürzte Modelle geben Hinweise auf aktuelles Geschehen. Das europäische Mittelalter dürfte nicht allzu weit weg vom stationären Banditentum gelegen haben und das Verhalten des plündernden Warlords auch nicht auf Chinas Bürgerkriegszeit beschränkt gewesen sein.

Etwas zusätzlicher Realismus führt zu relevanteren Einsichten. Dabei wird beispielsweise in Betracht gezogen werden, dass Mitglieder einer Regierung in der Regel nicht nur damit beschäftigt sein werden, sich und ihre Familie und Anhänger materiell zu bereichern, sondern auch ihren Status oder ihr Ansehen zu fördern und vor allem damit, die eigene Macht zu erhalten. Machterhalt dürfte dabei die zentrale Stellung einnehmen, weil politische Macht meist auch die Grundlage von Einkommen und Status ist. In jedem Fall ist Entwicklungspolitik eine abgeleitete Zielsetzung, die nur dann verfolgt wird, wenn es dem Machterhalt, dem Einkommen und dem Status dienlich ist.

Demokratie und Wachstumspolitik

Man könnte versucht sein zu glauben, dass in einer Demokratie Entwicklungspolitik verfolgt wird, weil dies die politische Macht sichern hilft; schließlich müssen Politiker Wahlen gewinnen und zunehmender Wohlstand sollte dabei helfen. Dies ist aber keineswegs immer der

Fall. Darauf, dass der Prozess der kreativen Zerstörung Verlierer generiert, wurde verschiedentlich hingewiesen. Hinzu kommen Belastungen der Umwelt und dass viele dieser Belastungen ungleich verteilt sind. Die vielen Proteste gegen Straßen, Flughäfen, Stauseen, Elektrizitätsleitungen, Windräder, Ölförderung, Bergbauprojekte oder die Verwendung von Bauland für Industrieprojekte, selbst wenn ihre Auswirkungen durchaus wohlfahrtsfördernd sind, kommen deshalb nicht überraschend.

Darüber hinaus wird der wirtschaftliche und gesellschaftliche Wandel an sich für viele Bewohner als Belastung empfunden. Produktivitätssteigerungen erfordern eine andere Ausrichtung der Bildung, andere Arbeitsbedingungen, räumliche Mobilität und sozialen Wandel, der mit dem Zerfall historisch gewachsener Sozialstrukturen und von traditioneller politischer Autorität einhergeht. So wollen denn deutsche Wähler zwar die Früchte der Entwicklung in Form kürzerer Arbeitszeiten, höherer Löhne und Sozialleistungen ernten, sind aber dem damit verbundenen wirtschaftlichen und sozialen Wandel oft abhold. Das ist nicht anders in Ländern der Dritten Welt, wo vielfach der „westliche Einfluss" und Verlust der alten dörflichen Welt beklagt wird. Das dornige Problem holt uns wieder ein, dass mehr Wohlstand nicht unbedingt das Wohlbefinden erhöht.

Damit nicht genug, Entwicklung erfordert Konsumverzicht. Das gilt für Privatinvestitionen, die mit Ersparnissen finanziert werden müssen, wie für Staatsinvestitionen. So war die Regierung Merkel selbst im reichen Deutschland während einer über Jahre dauernden Hochkonjunktur nicht in der Lage, Sozialleistungen *und* Infrastrukturaufgaben zu finanzieren – und sie entschied sich weitgehend für Sozialleistungen und sparte bei der Infrastruktur des Landes. Obwohl die Ausgabenstruktur in vielen Entwicklungsländern eine andere ist als in Deutschland, das grundlegende Problem ist dasselbe: Staatsinvestitionen erfordert zumindest kurzfristigen Verzicht auf Konsum.

Das Problem wird dadurch verschärft, dass veränderte Rahmenbedingungen und selbst Investitionen erst nach einer gewissen Zeit Produktion und Einkommen merklich beeinflussen. Bis eine Straße unpassierbar wird, kann der Unterhalt jahrelang vernachlässigt werden. Bei privaten Investitionen gibt es ähnliche Verzögerungen. Es wird Jahre dauern, bis entwicklungsfreundlichere Institutionen dazu führen, dass neue Fabriken gebaut, neue Produkte entworfen und neue Märkte erschlossen worden sind. Solche Zeitverzögerungen führen dann dazu, dass eine Regierung, welche einen Entwicklungsschub herbeigeführt hat, dessen Früchte nicht mehr erntet. Wachstumspolitik wurde von Gerhard Schröder betrieben, die Resultate kamen Angela Merkel zugute. In der Türkei zehrte Präsident Erdogan von den Reformen der Regierung von Turgut Özal in den achtziger Jahren des letzten Jahrhunderts, und die brasilianischen Präsidenten Lula da Silva und Dilma Roussef von denjenigen ihres Vorgängers Fernando Cardoso. Umgekehrt kann es sein, dass eine Regierung sich mit Schäden auseinandersetzen muss, welche Vorgängerregierungen angerichtet haben. So kann es, wie die Regierung Merkel zeigt, politisch durchaus opportun sein, Konsumausgaben in Form von Sozialleistungen auf Kosten von Investitionen zu erhöhen und die Konsequenzen dieser Politik den Nachfolgern zu überlassen.

Selbst in einer gut funktionierenden Demokratie führen Widerstände gegen sozialen Wandel, der Wunsch der Wähler nach mehr Konsumausgaben und Wirkungsverzögerungen dazu, dass es nicht unbedingt im Interesse einer Regierung liegt, Wachstumspolitik zu betreiben. Das Gegenteil kann der Fall sein. In Alexis de Tocquevilles klassischer Interpretation wurde die Französische Revolution maßgeblich durch eine lang andauernde wirtschaftliche Prosperität und den Abbau von Ungleichheiten mitverursacht, weil dadurch neue politische Forderungen geweckt wurden.

Ein viel beachteter Fall, wo wenig Anreiz besteht, Entwicklungspolitik zu betreiben ist derjenige autokratisch regierter Länder mit hohe Staatseinnahmen, die durch die Ausbeutung natürlicher Ressourcen anfallen und zum Ressourcenfluch führen können. Die Verteilung dieser Einnahmen an Gefolgsleute stützt die politische Macht des Autokraten und erlaubt die Anhäufung extrem hoher Vermögen. Für Status sorgen Architekten, Künstler und Medien, welche die unvergleichlichen Leistungen des großen Diktators loben. Ein Autokrat kann unter diesen Umständen die Entwicklung eines Landes vernachlässigen. Anschauungsmaterial bieten die mit einer Fülle von natürlichen Ressourcen gesegneten zentralasiatischen Länder mit ihrem bizarren Personenkult, und einige Beobachter haben den institutionellen Zerfall mancher Länder in Afrika dieser Kombination von hohen Ressourceneinnahmen und Autokratie zugeschrieben.

Sowohl in einer Autokratie wie auch in einer Demokratie erfordert Machterhalt in der Regel materielle Zuwendungen an gewisse gesellschaftliche Gruppen. Auch in

Deutschland werden Wähler mit materiellen Zuwendungen bedacht, um ihre ideellen und materiellen Wünsche zu befriedigen. Dieser Stimmenkauf durch Verteilpolitik basiert dabei auf Gesetzen und wird nach nachvollziehbaren Verfahren vollzogen. Auch diese Art der institutionalisierten Verteilpolitik kann dazu führen, dass Investitions- und Innovationstätigkeit behindert werden oder ganz zum Erliegen kommen, beispielsweise wenn die Steuerbelastung und Regulierungskosten ein bestimmtes Maß überschreiten oder die Planungssicherheit massiv untergraben wird.

Patronage-Politik und *crony capitalism*

Im Unterschied dazu stelle man sich ein politisches System vor, wo Verteilpolitik nicht nach rechtlichen Vorgaben durchgeführt wird, sondern vom Ermessen von Amtsinhabern abhängt mit dem Ziel, an der Macht zu bleiben und Vermögen zu mehren. Machterhalt erfordert, dass Gefolgsleute an den Staatseinnahmen ihren Anteil erhalten oder mit Privilegien versorgt werden. Die Größe des Zirkels derjenigen, welche so bedient werden, hängt wiederum von der politischen Struktur ab; ein Autokrat, dessen Herrschaft nicht bedroht ist, wird ihn klein halten können. In einer Demokratie, wo auch die Wähler mit bedacht werden müssen, wird er entsprechend groß sein.[23]

Patronage-Politik ist ein Attribut des „neopatrimonialen Staates", wo staatliche Ressourcen von den Inhabern politischer Macht nach Gutdünken verwendet werden. Um den Erhalt ihrer Macht und ihres Status' zu sichern, wird ein Teil davon an die von ihnen abhängige Gefolgschaft, ihre Klienten, verteilt. Verfassung und Gesetze werden zwar erlassen, haben aber wenig Einfluss auf politisches und administratives Handeln. Inhaber politischer Macht sind üblicherweise führende Politiker.[24] In manchen Fällten dominiert ein Autokrat das politische Leben fast vollständig, kontrolliert Medien und Staatsfinanzen und wechselt Minister nach Belieben. In anderen Fällen ist Macht beschränkt – entsprechend groß ist der Zirkel einflussreicher Klienten. Schließlich gibt es auch Demokratien mit regelmäßigen Wahlen und politischem Wettbewerb, wo gewählte Politiker sich und ihre Klienten mit illegalen Pfründen versorgen. Das Konzept wurde zur vereinfachten Beschreibung afrikanischer Regimes entwickelt, ist aber auch auf andere Weltgegenden anwendbar.[25]

In einem solchen politischen System ist Korruption endemisch, da Zuwendungen nicht nach gesetzlichen Regeln verteilt werden wie in Deutschland beispielsweise Sozialleistungen, sondern ausschließlich nach Regeln politischer Zweckmäßigkeit an bestimmte Personen fließen. Stimmenkauf ist hier durchaus wörtlich zu nehmen. Gefolgsleute in näheren und fernerer Regionen des Zirkels erwarten spezifische materielle Zuwendungen für ihre politische Unterstützung, Beschäftigung im öffentlichen Dienst oder in Staatsbetrieben, Hilfe bei Verwaltungsangelegenheiten, Bewilligungen und Lizenzen aller Art.

Eine Folge dieses Patronage-Systems ist die Politisierung des öffentlichen Dienstes, einschließlich Justiz, Polizei und Militär, wo Stellen nach politischen Gesichtspunkten vergeben werden und wichtige und manchmal auch unwichtige Entscheidungen nach politischen Vorgaben oder Anweisungen getroffen werden. Beförderungen sind vom

Wohlwollen von Politikern abhängig und Justizurteile werden nach Rücksprache mit führenden Beamten und Politikern in den Ministerien gefällt.

Korruption erhält eine neue Qualität; sie wird zu einem unabdingbaren Element des politischen Systems. Weil Regierungen sich in diesem Patronagesystem durch illegitime Zuwendungen an ihre Klientele an der Macht halten, wird endemische Korruption ein Pfeiler des Machterhalts der politischen Klasse. Daraus ergibt sich die Antwort auf die zentrale Frage, warum Korruptionsbekämpfung nur in ganze wenigen Fällen erfolgreich war. Sie käme dem politischen Selbstmord vieler Regierungen gleich.

Ein solches System von Patronage schließt meist auch die Privatwirtschaft mit ein. Eine Art von Wirtschaftssystem etabliert sich, das oft als *crony capitalism* bezeichnet wird, wo *crony* hier am ehesten mit Kumpan, Spießgeselle oder „Spezi" übersetzt wird. Wo *crony capitalism* herrscht, ist Unternehmenserfolg nicht das Resultat von Wettbewerbsfähigkeit, sondern von korrupten Beziehungen zu Regierungsfunktionären. Gewinne entstehen durch staatliche Bewilligungen und Lizenzen, überteuerte Staatsaufträge, tolerierte Gesetzesübertretungen oder Steuervorteile. Typisch dafür sind Betriebslizenzen für Fernsehen oder Mobilfunk, der Zugang zu billigen Devisen oder tolerierte illegale Rodungen zur Entnahme von Edelhölzern oder zur Anlage von Plantagen, wie die berüchtigten Palmölplantagen Indonesiens, welche Südostasien jährlich mit ihrem Smog überziehen.

Die Unterscheidung zwischen Wirtschaft und Staat verschwimmt dann völlig, wenn die Regierungsmitglieder gleichzeitig die Besitzer der wichtigsten Unternehmen des

Landes sind. Während westliche Demokratien versuchen, wirtschaftliche Interessen vom Politikbetrieb auf Distanz zu halten, sind wirtschaftliche Interessen im *crony capitalism* ein integraler Teil des Politikbetriebes. Es bildet sich eine Oligarchie heraus, welche gleichzeitig Wirtschaft und Politik dominiert.

Um von solchen Zuständen eine Vorstellung zu geben: Berichten aus Russland zufolge müssen besonders Geschäftsleute mit juristischer Verfolgung oder Haft rechnen, wenn sie etwa die Gelüste staatlicher Stellen nach Bestechungsgeld nicht bedienen wollen oder wenn ein Konkurrent sich die Korrumpierbarkeit der Justiz zunutze macht und ein Verfahren gegen seinen Nebenbuhler „bestellt". Ein Unternehmer zu sein, birgt in Russland weit mehr Risiken als die rein geschäftlichen; auch deswegen fehlt es dem Land an produktiven Unternehmern.[26]

Die Herrschaft der Diebe: Wo Patronage Politik zur Kleptokratie wird

Man stelle sich ein politisches System vor, wo der Herrscher so dominant ist, dass ein kleiner Klüngel, oft bestehend aus seiner Familie, nicht nur den Machapparat kontrolliert sondern sein Land systematisch ausbeutet.

In Kambodscha, einem der korruptesten Länder der Welt, hat nach einem Bericht von Global Witness die Familie des Ministerpräsidenten Schlüsselstellungen in Politik, Militär, Polizei, Medien und Stiftungen inne. Während seiner Amtszeit habe er über seine Familie und deren Strohmänner „nahezu die gesamte Wirtschaft des armen südostasiatischen Landes unter seine Kontrolle gebracht".

Der Familie gehören Minengesellschaften, Medienunternehmen, die großen Energieversorger des Landes, Telekomfirmen, die größte Shoppingmall in der Hauptstadt,

Touristikunternehmen in Angkor, und darüber hinaus sie wird mit illegalem Kahlschlag der Urwälder und mit Landraub in Verbindung gebracht (Quelle: Global Witness 2016; Kremb 2016).

Korruption, so wurde gezeigt, ist ein ernst zu nehmendes Entwicklungshemmnis. Je mehr die Politik von klientelistischen Netzwerken in Politik und Wirtschaft durchzogen ist, desto ausgeprägter ist die Korruption und desto größer der negative Einfluss auf Investitionen und Innovationen. So Max Weber vor einem Jahrhundert: die mit einer solchen Art von Herrschaft einhergehenden „Irrationalitäten der Rechtspflege, Verwaltung und Besteuerung welche die Kalkulierbarkeit stören" sind unvereinbar mit modernen kapitalintensiven Unternehmen.[27] Gewisse politische Strukturen oder Herrschaftsformen sind unvereinbar mit Gesellschaft mit hoher Innovationskraft.

Politische Strukturen wirken entwicklungshemmend, wenn sie die Sicherheit von Person und Eigentum untergraben, staatliche und private Monopole fördern und damit die Entstehung von Wettbewerbsmärkten behindern. Zugleich beeinträchtigen sie den Aufbau der physischen und sozialen Infrastruktur wie Bildung und Gesundheit. Die Ursachen liegen darin, dass Regierungen oft wenig Interesse an Entwicklungspolitik haben, die in manchen Fällen ihre politische Machtposition untergraben würde. Diese entwicklungshemmenden politischen Strukturen stehen wiederum in enger Verbindung zu gesellschaftlichen und kulturellen Faktoren.

4.4 Kulturelle und gesellschaftliche Hemmnisse

Kultur ist, wie bereits erwähnt, eine der ältesten Erklärungen von wirtschaftlichem Erfolg und Misserfolg.[28] Investitions- und Innovationsentscheide sind über unzählige unterschiedliche Kanäle mit Kultur verknüpft. Sie beeinflusst diese Entscheide direkt und indirekt über politisches Handeln und die sich daraus ergebenden institutionellen Regeln, denen wirtschaftliches Handeln unterworfen ist. Herausgegriffen seien hier einige Aspekte von Kultur, bei denen ein Einfluss auf wirtschaftliche Entwicklung naheliegt und die auch entsprechend viel Aufmerksamkeit fanden: Religion und soziales Vertrauen. Eng mit Kultur verbunden ist der letzte Aspekt dieses Kapitels, Ethnizität.

4.4.1 Kultur und Wirtschaftsentwicklung

Ein Gespräch über das Thema Kultur und Wirtschaftsentwicklung stößt fast unweigerlich irgendwann auf protestantische oder konfuzianische oder traditionelle Werte und damit auf gesellschaftliche moralische Wertungen darüber, was erstrebenswert, gut, richtig, fair oder gerecht ist. Solche Wertvorstellungen bieten Orientierungsmöglichkeiten und kulturelle, religiöse, ethische und soziale Leitbilder und haben dadurch einen Einfluss auf wirtschaftliches und politisches Verhalten. Wertvorstellungen können sich zu Normen verhärten, deren Missachtung durch den Staat oder die Gesellschaft bestraft wird. Wenn die Sanktionierung durch den Staat vorgenommen wird, dann spricht man von formellen Normen; informelle Normen werden durch die Gesellschaft geahndet, beispielsweise mit einem Verlust an Status oder Reputation. Damit Kultur von Politik abgegrenzt werden kann, werden hier formelle Normen oder kurz Institutionen, also staatlich verordnete Regeln, von der Domäne der Kultur ausgeschlossen; im Vordergrund der Diskussion stehen hier Aspekte von Kultur, die sich nicht in Gesetzen niedergeschlagen haben.

Common Sense besagt, dass eine Kultur, die Wert auf Sparen legt, auf Arbeit und Leistungsbereitschaft, auf persönliche Verantwortung und auf produktivitätsförderndes Unternehmertum erfolgreicher ist eine, in der Arbeit als Last und Strafe betrachtet wird und materielle Erfolge eines Unternehmers grundsätzlich unredlicher Bereicherung zugeschrieben werden. Den Angehörigen einer Kultur, die Wert auf die Beobachtung der Natur und ihrer Erforschung durch Experimente legt, auf widerspruchsfreie Argumentation und damit auf Rationalität und die mit Zuversicht Wandel begrüßt, wird der Weg zur Industrialisierung leichter fallen als eine, die von religiöser Dogmatik geprägt ist und wo Traditionen wirtschaftlichen und gesellschaftlichen Wandel grundsätzlich behindern. *Common Sense* besagt auch, dass eine Kultur, die Tugenden wie das Halten von Versprechen und damit Vertragstreue fördert, deren Normen dazu anleiten, sich an den Geist wohlfahrtsmehrender Gesetze halten und ostentativen Konsum zu vermeiden, erfolgreicher ist als eine, wo die Maximierung des kurzfristigen Eigennutzes dominiert. Erfolgreicher dürften auch Kulturen sein, die von ihren Amtsträgern einfordern, dass sie nach dem Grundsatz der Gleichbehandlung der Einwohner verfahren und ihr Handeln an nachvollziehbaren Regeln orientieren als andere Kulturen, wo die politische Klasse über dem Gesetz steht und staatliches Handeln am Vorteil von Familie und politischer Klientele orientiert.

Soziales Vertrauen

Einen besonderen Platz im Pantheon entwicklungsfördernder Wertvorstellungen nimmt generalisiertes Vertrauen ein: Die Erwartung, dass sich die Mitglieder einer Gemeinschaft „auf der Grundlage gemeinsamer Normen durchgängig ehrlich und kooperativ verhalten".[29] Entscheidend dabei ist nicht das Vertrauen innerhalb der Familie, innerhalb eines Zirkels von Freunden oder innerhalb anderer persönlicher Netzwerke, sondern das Vertrauen gegenüber Personen, die einem fremd sind. Das damit verbundene Gefühl des Vertrauens in die Redlichkeit der Mitglieder der Gemeinschaft ist eine Grundlage für die Bildung stabiler formaler politischer Institutionen und stabiler wirtschaftlicher Organisationen. Es erleichtert die Kooperation zwischen den Menschen, einschließlich kommerzieller Transaktionen: die Transaktionskosten sinken, um den Jargon der Ökonomen zu benutzen.

Den Gegensatz zu einer Gesellschaft mit ausgebildetem sozialem Vertrauen bildet eine dysfunktionale Gesellschaft, repräsentiert durch ein süditalienisches Dorf, beschrieben in einer klassischen Studie von Edward Banfield (1958). Die Dorfbewohner kümmern sich ausschließlich um die Wohlfahrt ihrer Kernfamilie. Gesetze werden bloß dann beachtet, wenn eine Strafe absehbar ist. Die völlige Abwesenheit von gesellschaftlichem Vertrauen lässt keine über die Familie hinausgehende Kooperation zu. Freiwillige

Zusammenschlüsse sind keine vorhanden, da die Bewohner davon ausgehen, dass solche Aktivitäten ausschließlich dem Eigennutz der sich kooperativ gebärdenden Personen dienen. Niemand setzt sich für die Belange der Gesamtheit der Bewohner ein. Amtsträger sind offen für Bestechung, und selbst wenn jemand nicht korrupt ist, werden die übrigen Dorfbewohner annehmen, dass er es sei. Solche Vorstellungen sind eine der ideellen Grundlagen des Systems von Patronage und *crony capitalism.*

Vorstellungen über die Beschaffenheit der Welt

Obwohl traditionellerweise bei der Diskussion um die Bedeutung von Kultur und Entwicklung Wertvorstellungen im Vordergrund gestanden haben, hat eine andere Art von Vorstellung eine ebenso große Bedeutung für die politische und ökonomische Entwicklung: Vorstellungen oder Meinungen über die Beschaffenheit der Welt. Solche Vorstellungen sind, im Gegensatz zu Wertvorstellungen, empirisch überprüfbar. Sie können deshalb wahr oder zumindest gut begründet sein, können aber auch auf völlig abstrusen Vorurteilen beruhen. Dabei handelt es sich um weit verbreitete Narrative zu den unterschiedlichsten Themen: über die Ursache von natürlichen und gesellschaftlichen Phänomenen, vom Ursprung des Universums, der gesellschaftlichen Bedeutung von Religion, von Kapitalismus bis hin zum Einfluss Amerikas auf die Weltpolitik. Solch verbreitete Vorstellungen wirken auf wirtschaftliches und politisches Handeln ein. Sie prägen unsere Erwartungen über die Konsequenzen unseres Handelns und damit unsere Entscheidungen.

Ohne die Überzeugung von Südkoreas Diktator Park Chung-hee oder Botswanas Präsident Seretse Khama, dass eine Marktwirtschaft eine erfolgreiche wirtschaftliche Entwicklung einleiten würde, wären weder die dramatische Entwicklung Südkoreas noch Botswanas möglich gewesen. Auch der chilenische wirtschaftliche Erfolg wäre nicht eingetreten, wenn nicht nach dem Abgang der Regierung Pinochet ein verbreiteter Konsens darüber geherrscht hätte, dass die wirtschaftlichen Maßnahmen des Diktators erfolgreich waren und deshalb dessen wettbewerblich orientierte Wirtschaftspolitik von der demokratischen Nachfolgeregierung weitgehend übernommen wurde.

In einer Demokratie haben die Vorstellungen und Erwartungen von Wählern Einfluss auf die Art der Institutionen, die sich ausbilden. Wenn Wähler der Ansicht sind, dass Kapitalismus die Wohlfahrt senkt und die Welt unbewohnbar macht, dann werden sie politisch anders handeln als wenn sie der Meinung sind, dass regulierte Wettbewerbsmärkte den Lebensstandard erhöhen und die Voraussetzung der Lösung von Umwelt- und Ressourcenproblemen darstellen. Wenn sie der Meinung sind, dass es durch Wahlen unmöglich ist, ein System von Patronage und *crony capitalism* zu reformieren, dann sind die wahrscheinlichen Folgen Apathie und der Versuch, seine Stimme an den Meistbietenden zu verkaufen. Die Überzeugung, dass Chancengleichheit die eigene und die gesellschaftliche wirtschaftliche Entwicklung fördert, führt zu anderen politischen Überzeugungen, politischen Handlungen und schließlich zu anderen Institutionen und wirtschaftlichen Entwicklungspfaden als die Ansicht, soziale Entwicklung werde durch Gleichheit der Resultate – in

Form von gleichem Lohn für alle oder zumindest starke Angleichung der Einkommen – gefördert.

Eine Vielzahl von Studien haben versucht, Vorstellungen mit Wirtschaftsentwicklung in Verbindung zu bringen. Frühe Studien suchten einen Zusammenhang zwischen Leistungsbereitschaft und Wachstum herzustellen. Später wurden Vergleiche gemacht zwischen Gesellschaften, in denen traditionelle Autorität und ererbter sozialer Status wichtig waren, zu anderen Gesellschaften, in welchen unternehmerisches Handeln, Kapitalakkumulation und soziale Mobilität größere Bedeutung hatten. Die kontrastierenden Vorstellungen wurden dann in Verbindung zu Wachstum gebracht. Es überrascht nicht, dass in diesen und späteren Studien durchwegs positive Korrelationen zwischen der wachstumsfreundlichen Vorstellungswelt und Wachstum gefunden wurden, nicht zuletzt deshalb, weil dem *Common Sense* widersprechende Befunde kaum ernst genommen würden. Wie jedoch der Beitrag solcher Vorstellungen zu Wachstum im Einzelfall ausfällt, wird wiederum höchst unterschiedlich sein und schwer nachzuweisen sein.[30]

Drei viel diskutierte Hypothesen über den Einfluss von Kultur auf Entwicklung werden aufgegriffen: von Religion, Zivilgesellschaft und ethnischer Diversität.

4.4.2 Religion und wirtschaftliche Entwicklung

Es wird keine Religion geben, die nicht versucht, auf wirtschaftliches und politisches Verhalten ihrer Anhänger einzuwirken. So überrascht denn weder das ehrwürdige Alter der These vom Einfluss von Religion auf wirtschaftliche Entwicklung noch deren Popularität. Mehrere Einflusskanäle sind denkbar. Religiöse Ideen können das wirtschaftliche und politische Verhalten von Personen direkt beeinflussen, sie können sich indirekt in formalen Institutionen niederschlagen, beispielsweise im Rechts- und Bildungssystem, oder religiöse Organisationen treten als wirtschaftliche und politische Akteure. Auf diese Weise hat Religion Einfluss auf die Struktur der Märkte, die Innovations- und Investitionstätigkeit und damit das Wachstum der Arbeitsproduktivität.[31]

Religion und Wertvorstellungen

In Max Webers klassischer Darstellung beeinflusst eine religiöse Doktrin individuelle Wertvorstellungen und dadurch die Entwicklung des Kapitalismus. Weber suchte nach einer Erklärung für seine Beobachtung, dass zu seiner Zeit im Erwerbsleben Deutschlands Protestanten im Vergleich zu Katholiken überrepräsentiert waren. Die Antwort dazu führte zu religiösen Vorstellungen, besonders Ideen zur Erlösung nach dem Tod, des Seelenheils. Die wenigsten Mitteleuropäer werden dem heute besonders große Bedeutung beimessen. Nun war dies aber eine Frage, welche die Menschen in den Gründerjahren des Kapitalismus erheblich beschäftigte und deshalb hatte die religiöse Doktrin zur Frage, wie das Seelenheil zu erlangen war, durchaus Einfluss auf wirtschaftliches Handeln. Weber argumentierte nun, dass im Protestantismus, im Gegensatz zu anderen Religionen, ein Unternehmertum, das sich streng an ethischen Normen orientiert, nicht nur moralisch gerechtfertigt ist, sondern darüber hinaus unternehmerischer Erfolg auch ein Zeichen der Erlösung sei. Weber schreibt dieser Legitimation von unternehmerischem Handeln, verbunden mit der religiös verankerten Zurückhaltung im Konsum und dem ausgeprägtem Berufsethos, einen wesentlichen Einfluss auf die Formierung des Kapitalismus zu.

Was immer man von dieser These halten mag, entscheidend dabei ist, dass Weber versucht hat, in einer religiösen Doktrin handlungsbestimmende Aspekte zu isolieren. Hierin liegt das zentrale Problem vieler solcher Hypothesen vom Einfluss von religiösen oder ethischen Doktrinen auf die Wirtschaft, es fehlt ein plausibler Wirkungsmechanismus. Dabei genügt es nicht, einzelne Elemente einer Doktrin zu zitieren, sondern es muss gezeigt werden, dass diese tatsächlich das Alltagsverhalten beeinflussen. Diese Kritik trifft ganz besonders auf die Thesen zu, welche dem Konfuzianismus eine große Rolle beim wirtschaftlichen Erfolg Chinas zuschreiben. Zur Illustration der Willkür dieser Argumente braucht man sich nur in Erinnerung zu rufen, dass für ein Jahrhundert der Konfuzianismus zumeist als ein Grund für die wirtschaftliche Rückständigkeit Chinas betrachtet wurde – ganz abgesehen davon, dass diese ethische Doktrin für Jahrzehnte von Maos Diktatur systematisch unterdrückt war und es unklar ist, inwieweit sie in mehr als in wenigen Facetten überlebt hat.

Religion und Wissenschaft

Unzweifelhaft können religiöse Doktrinen wissenschaftlichen und technischen Fortschritt behindern. Dazu gehört das das klassische Beispiel des Widerstands der katholischen Kirche gegen astronomische Erkenntnisse.

Der in manchen Ländern geführte Kampf gegen „westliches" Wissen und dessen wissenschaftliche Methoden wird ähnliche Konsequenzen haben. Es ist bezeichnend, dass erfolgreiche Länder wie Japan oder China dieses Wissen nicht bekämpft, sondern adoptiert und in ihre Kultur integriert haben.

Zur Ablehnung von „westlichem" Wissen gesellt sich der in Subsahara-Afrika und Melanesien weit verbreitete Einfluss von Magie und Hexerei oder Schadenzauber. Das Thema war lange Zeit weitgehend tabu. In der Öffentlichkeit wird höchstens die beachtlich Zahl von Ritualmorden zur Kenntnis genommen, womit die Anhänger solcher Praktiken ihre wirtschaftliche, soziale und politische Potenz steigern wollen.[32] Okkulte Praktiken haben jedoch enorme individuelle und soziale Bedeutung.[33] Sie zerstören vielfach nicht nur die Intimität in der Familie; sondern beeinflussen auch wirtschaftliches und politisches Verhalten.[34] Soziales Vertrauen wird beschädigt und die gesellschaftliche Legitimation von sozial produktivem Unternehmertum sinkt, wenn geglaubt wird, dass wirtschaftlicher Erfolg nicht auf Leistung und glücklichen Umständen fußen, sondern auf okkulten Kräften wie Magie und Hexerei.[35]

Religion und wirtschaftliche Rahmenbedingungen
Religion beeinflusst neben Vorstellungen auch formale Institutionen. Nach Timur Kuran (2010) fiel der Mittlere Osten im Mittelalter unter anderem deshalb hinter den Westen zurück, weil islamisches Erbrecht und restriktive gesellschaftsrechtliche Vorschriften die Gründung von großen langlebigen privaten Unternehmen verhindert

haben, welche italienische Stadtstaaten wie Venedig in die Lage versetzten, in großem Stil Ersparnisse zu mobilisieren, langfristig zu planen und neue Technologien durch komplexe Organisationsformen zugänglich zu machen. Religiöse Vorschriften hätten so einen wichtigen Pfad zur wirtschaftlichen Modernisierung blockiert.

Ein anderes Beispiel für religiösen Einfluss auf die Wirtschaft ist das islamische Bankensystem, das ohne Zinsen operiert. Die Zukunft wird weisen, ob ein zinsloses Finanzsystem sich als Sackgasse der Entwicklung oder als Erfolg herausstellen wird. Es ist zugleich ein Beispiel dafür, warum es sehr schwierig ist, religiöse Einflüsse auf Vorstellungen und schließlich auf die Bildung von Institutionen nachzuweisen. Die Bedeutung des zinslosen Kreditwesens in islamischen Ländern ist nicht allein mit Religion zu erklären, denn auch religiöse Doktrinen sind wandelbar. Zum Beharrungsvermögen dieser religiösen Doktrin dürfte nicht zuletzt das Scheitern der Industrialisierung in vielen islamischen Ländern beigetragen haben.

Religiöse Organisationen stellen einen weiteren Einflusskanal von Religion auf wirtschaftliches Verhalten dar. Religiöse Organisationen haben oft wirtschaftliche Interessen ganz unabhängig von Fragen der Doktrin. So wird die Stärkung der Eigentumsrechte in Europa häufig dem Einfluss der katholischen Kirche zugeschrieben, in deren Interesse es war, ihre eigenen Besitztümer zu sichern. Um ein anderes Beispiel zu nehmen, das Wirtschaftslebens des Irans lässt sich ohne die religiösen und quasi-religiösen Organisationen schon deshalb nicht verstehen, weil ein erklecklicher Teil der Wirtschaft von religiösen Stiftungen und den islamischen Revolutionären Garden, die dem religiösen Staatsoberhaupt unterstehen, beherrscht wird.[36]

Die Einwirkungen von Religion auf Entwicklung sind vielfältig, kausale Zusammenhänge sind sehr schwer zu beweisen und entziehen sich Generalisierungen. Das dürfte ein Grund sein, warum die akademische Literatur das Thema scheut. Hinzu kommt, dass gut begründete Narrative sehr aufwendig sind, weil sie neben akademischen ein hohes Maß an Sprach- und Landeskenntnissen erfordern.

4.4.3 Soziales Vertrauen

Dass die „Stärke" der Zivilgesellschaft soziales Vertrauen fördert und zu Wachstum beiträgt, ist heute zu einem festen Dogma mutiert.[37] Dies drückt sich nicht zuletzt im Begriff Sozialkapital aus, der für die Dichte von zivilgesellschaftlichen Organisationen steht: Freiwilligenorganisationen in Form von Vereinen und Verbänden. Die Verbindung zwischen zivilgesellschaftlichen Organisationen und einer funktionierenden Demokratie wurde schon früh erkannt. Alexis de Tocqueville hatte Mitte des neunzehnten Jahrhunderts den Erfolg der amerikanischen Demokratie unter anderem mit der Vielzahl solcher Organisationen begründet. In einem enorm einflussreichen Buch nimmt Putnam (1993) dieses Thema auf. Dort führt er die heutigen politischen und wirtschaftlichen Unterschiede zwischen von Nord- und Süditalien auf die unterschiedliche Ausstattung mit Sozialkapital am Anfang des letzten Jahrhunderts zurück. Dabei gehe der Einfluss von

Sozialkapital auf wirtschaftliche Entwicklung und nicht umgekehrt. Denn wirtschaftlich seien Nord- und Süditalien am Anfang des zwanzigsten Jahrhunderts auf ähnlichem Niveau gelegen, wogegen die Zivilgesellschaft im Norden des Landes wesentlich stärker ausgebildet war. Wie bei Tocqueville sind zivilgesellschaftliche Organisationen eine Schule der Kooperation, denen Putnam nun die Unterschiede in den politischen *und* wirtschaftlichen Entwicklungen der italienischen Regionen zuschreibt.

Während Tocqueville und Putnam die gesellschaftlichen Vorzüge von zivilgesellschaftlichen Organisationen betonen, macht sie Mancur Olson für den Niedergang der Nationen verantwortlich. In seinen modernen Klassikern geht Olson davon aus, dass zivilgesellschaftliche Gruppen versuchen, ihre Interessen auf Kosten der Wohlfahrt der Gemeinschaft durchzusetzen.[38] In dem Maße wie sich solche Interessensgruppen formieren und an Einfluss gewinnen, wird die Zivilgesellschaft zu einem Entwicklungshemmnis. Wenn mehr und mehr Privilegien vergeben werden, besteht die Gefahr, dass ein Land schließlich wirtschaftlich stagniert. Olsons Argument hat eine weitere Implikation. Die Vergabe von Privilegien an gut organisierte „aktivistische" Teile der Gesellschaft schüren Verteilkonflikte und unterminieren über kurz oder lang soziales Vertrauen.

Zivilgesellschaft und soziales Vertrauen, was oft als Sozialkapital bezeichnet wird, gehen also nicht unbedingt zusammen. Die Auswirkungen von zivilgesellschaftlichen Aktivitäten auf die Wohlfahrt eines Landes hängen von der Art ihrer Tätigkeit ab. Selbsthilfeorganisationen dürften in der Regel in die Putnamsche Kategorie fallen,

Organisationen, die Privilegien oder Renten für sich oder ihre Klienten suchen, in die zweite Kategorie. Ob also die viel gepriesene Zivilgesellschaft und die vielen Nichtregierungsorganisationen (NGOs) Vertrauen fördern und Sozialkapital bilden oder soziales Vertrauen untergraben, hängt von den Umständen ab.

4.4.4   Ethnische Vielfalt

Ethnische Vielfalt wird oft als Ursache sozialer Spannungen und Konflikten betrachtet, die der Entwicklung eines Landes wesentlich geschadet haben. Man denke etwa an das Schulbuchbeispiel der schädlichen Auswirkungen der Unterdrückung des protestantischen Glaubens in Frankreich nach dem Widerruf des Edikts von Nantes in 1685 durch den Sonnenkönig Ludwig XIV. Die Beispiele ließen sich allein aus der jüngsten Geschichte fast beliebig vermehren, angefangen von der Ausweisung der indisch stämmigen Bevölkerung aus Ostafrika, den immer noch nicht überwundenen Konsequenzen der Jugoslawienkriege oder die verheerenden wirtschaftlichen Auswirkungen von Stammeskonflikten in vielen Ländern Afrikas.

Wir unterscheidet man Ethnien? Eine breite Palette von Identifikationsmerkmalen steht zur Verfügung. Die gebräuchlichsten Merkmale sind Sprache und Religion. Der ethnische Konflikt in Somalia ist jedoch beispielsweise ein Konflikt, wo weder Glaube noch Sprache eine Rolle spielen, Somalier sind Muslime und sprechen die gleiche Sprache. Ganz generell spricht man von ethnischer Vielfalt, wenn in einem Land unterschiedliche Kulturen mit andersgearteten Konventionen, Werten, Vorstellungen oder Kommunikationsstilen zusammenleben. Die Breite dieser Definition macht deutlich, dass Ethnien schwer fassbar und dass organisierte Ethnien immer auch politische Konstrukte sind, oft keineswegs die ursprünglichen Gemeinschaften, als die sie sich ausgeben.

Die Anwesenheit unterschiedlicher Ethnien auf einem Territorium bleibt selten ohne politische Auswirkungen. Die Vertrautheit mit Sprache und Sitten der eigenen Kultur führt fast unweigerlich dazu, dass die Mitglieder einer Ethnie sich vorwiegend mit ihresgleichen sozialisieren. Die Abgrenzung wird manchmal durch Rituale wie den jüdischen oder islamischen Essensvorschriften oder den hinduistischen Reinheitsgeboten verstärkt. Kulturelle und soziale Abgrenzungen setzen sich dann oft auch in der Politik fort, weil kulturelle Verbundenheit eine Grundlage für politische Mobilisierung bildet. Es entstehen ethnisch basierte politische Organisationen, welche den gesellschaftlichen und politischen Auseinandersetzungen eine entsprechend starke ethnische Dimension verleihen.

Solch ethnische Gruppierungen werden manchmal als Interessensgruppe wie andere auch wahrgenommen, die versuchen, sich verteilpolitisch möglichst gut zu stellen. Eine solche Sichtweise übersieht jedoch, dass bei ethnischen Organisationen fast immer Identitätsfragen eine Rolle spielen und deshalb Konflikte einen sehr hohen emotionalen Stellenwert einnehmen. Interessenskonflikte nehmen eine neue Dimension an, die Kooperationsbereitschaft sinkt, Verteilkonflikte werden virulenter und Konflikte um symbolische Handlungen nehmen zu. Der dänische Karikaturenstreit ist ein Beispiel.

Ethnische Gruppen und soziale Konflikte

Eine Notwendigkeit für ethnische Konflikte besteht offensichtlich nicht. Unterschiedliche Ethnien kooperieren friedlich in der Schweiz oder in Kanada. Diese Kooperation ist so lange möglich, als dass sich die Gruppen über die politischen Spielregeln des Wettbewerbs einig sind, die Verteilung von Pflichten und Rechten als fair empfinden und sich mit den staatlichen Institutionen identifizieren können. Solche Beispiele sind jedoch selten. Selbst im wirtschaftlich erfolgreichen und politisch stabilen Malaysia beruht die Kooperation der ethnischen Gruppen weniger auf Freiwilligkeit als auf der Einsicht der indisch- und chinesisch stämmigen Minoritäten, dass keine politische Alternative zur massiven „positiven Diskriminierung" zugunsten der malaysischen Mehrheitsbevölkerung besteht.

Ob und wie sich Ethnien politisch organisieren, hängt stark von den Umständen ab. Oft wird beispielsweise argumentiert, dass die kulturelle Homogenität maßgeblich zum Erfolg Botswanas beigetragen habe, denn die meisten Einwohner Botswanas sprechen dieselbe Sprache. Wie die somalische besteht jedoch auch die Bevölkerung Botswanas aus traditionellen Stammesgesellschaften, die sich in der Vergangenheit bekämpft haben. In Botswana hat aber im neunzehnten Jahrhundert die existenzielle Bedrohung durch ihre Nachbarn dazu geführt, dass die Stämme zu kooperieren begannen. Erst dadurch hat sich heutige homogene Gemeinschaft ausgebildet.

Wenn sich ethnische Organisationen bilden, verhalten sie sich manchmal so wie Banfields Familien, die ihren kurzfristigen Eigennutz maximieren. Gesellschaftliches Vertrauen ist beschränkt auf die Mitglieder der eigenen

Ethnie und entsprechend gering ist die Neigung zur Kooperation zwischen Ethnien. Durch die Mobilisierung einer Ethnie suchen Politiker den Zugriff auf Ressourcen des Staates zu maximieren, untergraben dabei die staatlichen Institutionen oder verhindern deren Entstehung. Patronage-Politik und *crony capitalism* werden dann zu einer unmittelbaren Folge von ethnischer Fragmentierung.

Damit sind wir bei einem für manche Entwicklungsländer entscheidenden Entwicklungshemmnis angelangt. Ethnien organisieren sich und suchen die Lage ihrer Mitglieder auf Kosten von Angehörigen anderer Gruppen zu verbessern, manchmal sowohl in materieller als auch symbolischer Hinsicht. Wenn diese Art ethnischer Auseinandersetzung sich mit niedrigem generalisiertem Vertrauen, hoher Korruption und Staatszerfall, Patronage-Politik und *crony capitalism* verbindet, dann wird es extrem schwer, diesen Staat zu reformieren.

4.4.5 Schlussbetrachtung: Kultur, Gesellschaft und Entwicklung

Dass Kultur sich auf Wirtschaftsentwicklung auswirkt, ist offensichtlich. In unterschiedlichen Kulturen dominieren unterschiedliche Normen, Wertvorstellungen und Ideen über die Beschaffenheit der Welt die sich auf politisches und wirtschaftliches Verhalten und schließlich auf Institutionen und auf die Investitions- und Innovationstätigkeit durchschlagen. Ebenso dürfte unbestritten sein, dass die ausgeprägte Fähigkeit, von anderen Kulturen zu lernen, Toleranz gegenüber anderen toleranten Gruppen, ein hohes Maß an sozialem Vertrauen und von Kooperationsbereitschaft Entwicklung fördert, ebenso wie eine hohe Wertschätzung von empirischem Wissen, Aufgeschlossenheit gegenüber technologischem Wandel und von Leistungsbereitschaft im Beruf.

Es fällt jedoch außerordentlich schwer, den Nachweis zu erbringen, dass eine ganz bestimmte Kultur mit ihrer Vielfalt von Normen und Vorstellungen entwicklungsfördernd oder -hemmend wirkt. Es ist beispielsweise Allgemeingut, dass chinesische Auswanderer in Malaysia oder indische Auswanderer in Ostafrika, Malaysia und Fidschi wirtschaftlich erfolgreicher waren als die indigene Bevölkerung. Daraus leitet sich die plausible These ab, dass die indisch-malaysische oder chinesisch-thailändische Kultur den Erfordernissen der modernen Wirtschaft näher steht die ursprünglich einheimische malaysische oder thailändische.

Daraus folgt jedoch nicht, dass der wirtschaftliche Erfolg der Auswanderer auf die Kultur der Herkunftsländer zurückzuführen ist. Dies lässt sich am Beispiel Fidschis leicht nachvollziehen. Die Auswanderer waren bereit, sich als eine Art Zwangsarbeiter rekrutieren zu lassen,[39] sich zu verpflichten, unter schwierigsten Bedingen extrem harte Arbeit in Zuckerrohrplantagen zu verrichten und den Verlust eines zentralen Elements persönlicher Identität zu erleiden, der Kastenzugehörigkeit.[40] Sie gehörten meist den untersten Stufen der sozialen Hierarchie an. Das war keine Gruppe mit unternehmerischem Hintergrund. Der Erfolg der indischen Bevölkerung ist vor allem den sozialen Bedingungen des neuen Heimatlandes geschuldet, nicht zuletzt der sich dort ausbildenden kastenlosen Gesellschaft. In ähnlicher Weise ist der Erfolg Singapurs nicht nur der traditionellen chinesischen Kultur zuzuschreiben, sondern einer Neuschöpfung, geboren aus den gesellschaftlichen Bedingungen auf der malaiischen Halbinsel.

Was für Kultur im Allgemeinen gilt, trifft auch auf Religion und Ethnizität zu. Auch hier ist der Nachweis nicht leicht zu führen, dass die Normen und Vorstellungen, welche eine Religion und oder Ethnie fördert, sich entwicklungshemmend ausgewirkt haben. Dabei gibt es allerdings eine Ausnahme: In vielen Ländern wurde die soziale und wirtschaftliche Entwicklung durch offene religiöse und ethnische Konflikte offensichtlich behindert.

4.5 Bedeutung von Entwicklungshemmnissen

Das Kapitel sollte auf die Vielfalt möglicher Ursachen hinweisen, welcher einer Innovationsgesellschaft als Grundlage einer Industrialisierung und damit von sozialer, wirtschaftlicher und politischer Entwicklung entgegenstehen. Dabei kann es sein, dass einzelne Faktoren genügen, um Wachstum massiv zu beeinträchtigen. Im Falle abgelegener kleiner Inselstaaten oder von Ländern, die von kollabierenden Staaten umgeben sind, kann Geografie ein solcher Faktor sein. Gleichzeitig sollte das Kapitel darauf aufmerksam machen, dass sich viele Ursachen in unterschiedlicher Weise in unterschiedlichen Zeitperioden gegenseitig in verschiedener Weise beeinflussen. Das komplexe Zusammenspiel dieser Ursachen führt dazu, dass jede Entwicklung kontingent, nicht voraussehbar, nur im Nachhinein und auch dann nur annäherungsweise erklärbar ist.

Politik ist eine zentrale Ursache von Entwicklungsproblemen. Selbst in den Fällen, wo Geografie die wichtigste Entwicklungsbarriere zu sein scheint, ist Politik ein maßgebliches Element in der Erklärung von wirtschaftlichem Erfolg oder Misserfolg. Unabhängig zu werden war ein politischer Entscheid, der in manchen Fällen nicht unbedingt vorgegeben war,[41] aber auch die Existenz von *bad neighbours* geht auf politische Handlungen zurück, allerdings auf Entscheide, die im Ausland getroffen wurden. In den meisten Fällen kann das Scheitern von wirtschaftlicher und sozialer Entwicklung jedoch auf endogene politische Ursachen zurückgeführt werden: Länder waren nicht in der Lage, institutionelle Rahmenbedingungen zu schaffen, welche Investitionen und Innovationen zuträglich waren und zu Produktivitätsgewinnen und damit sozialer Entwicklung führten. In vielen Fällen stehen der Schaffung solcher Institutionen politische Strukturen entgegen, ein hohes Maß und Patronage-Politik, ein ausgeprägter Klientelkapitalismus, der dazugehörigen korrupten Verwaltung und politisierten Justiz.

Dies wiederum führt zur Frage, warum die politischen Akteure glauben – einschließlich der Wähler in einer Demokratie – dass es moralisch richtig oder in ihrem Interesse sei, eine Politik zu betreiben oder zu unterstützen, welche die soziale und wirtschaftliche Entwicklung behindert. Teil der Antwort ist, dass Patronage und *crony capitalism* dem Machterhalt von Politikern dienen und Wähler die Vorstellung haben, dass ihren Interessen am besten durch die Unterstützung solcher Politiker gedient sei. Durch solche Vorstellungen wird ein derartiges politisches System kulturell unterfüttert und stabilisiert.

Kultur beeinflusst mit ihren Normen und Wertvorstellungen das Verhalten zu Arbeit, Sparen, sozialer Kooperation, Toleranz, Rationalität oder zu politischer Ethik. Kultur schließt auch Vorstellungen über die Beschaffenheit der Welt mit ein. Die Vorstellung, dass eine Innovationsgesellschaft wohlstandsfördernd und mit persönlichen Zielen vereinbar ist, wird zu anderem wirtschaftlichen und politischem Handeln führen als wenn geglaubt wird, sie führe zum Verlust der politischen Macht, zu persönlicher Verarmung und zu gesellschaftlichem Zerfall. Wenn geglaubt wird, dass Umverteilung Armut lindert, führt das zu anderem Verhalten, als wenn die Vorstellung herrscht, Umverteilung verfestige Arbeitslosigkeit und Armut. Nicht die tatsächliche Beschaffenheit der Welt bestimmt menschliches Handeln, sondern die Vorstellungen darüber – mögen sie nun richtig oder noch so falsch sein.

Wenn wir schließlich zur Frage zurückkehren, welche Entwicklungshemmnisse dafür verantwortlich waren, dass Pakistan und Bangladesch und Subsahara-Afrika arm geblieben sind, führt die Antwort zur Analyse eines komplexen Zusammenspiels von wirtschaftlichen, politischen und kulturellen Umständen. Dass geografische oder wirtschaftliche Faktoren dabei die entscheidende Rolle gespielt haben, ist unwahrscheinlich. Wichtiger scheinen politische Umstände gewesen zu sein, die wiederum von Normen und Vorstellungen, also kulturell geprägt waren. Hinzu kommt, dass ethnische Diversität die politischen Probleme verstärkt hat. Die Konstellation der Umstände war in jedem dieser Länder eine andere. Und weil sich diese Umstände ändern, besteht auch die berechtigte Erwartung, dass von Zeit zu Zeit ein Zusammentreffen gesellschaftlicher Bedingungen einen

Entwicklungsschub auslöst, der sich nicht nur in einem vor-
übergehenden Ressourcen- und Konsumboom erschöpft.

Endnoten

1. Gerschenkron 1962, S. 8.
2. Montesquieu 1748, Buch XVII Kap. 1 und 2.
3. Ein weiterer weit verbreiteter Volksglaube sieht in der
   durch den nordischen Winter erforderlichen Vorratshaltung eine Grundlage für Fleiß- und Sparneigung, unge-
   achtet dessen, dass saisonale Einflüsse fast universell sind
   und deshalb Vorratshaltung erfordern; so musste bei
   manchen Stämmen in der Sahelzone bis in die jüngste
   Vergangenheit die Versorgung nicht nur während der
   Dauer einiger Monate, sondern während mehrerer Jahre
   sichergestellt werden, um die regelmäßig wiederkehren-
   den Dürreperioden zu überbrücken.
4. Siehe beispielsweise Weil 2010.
5. Wie bevorzugter Zugang zum australischen Markt im
   Falle des bis vor kurzem größten Arbeitgebers in Samoa,
   einem japanischen Automobilzulieferer.
6. Es sind Staaten, die nicht lebensfähig sind und deren
   Bewohner zur Armut oder Auswanderung verdammt
   sind, es sei denn, sie gehören der politischen Klasse an.
7. Collier 2007, S. 53–63.
8. Eine ganze Reihe von Historikern und Ökonomen
   haben Thesen dieser Art vorgelegt. Die bekannteste
   davon ist neben Diamonds Theorie die These von der
   Sklaverei, welche für Afrikas Entwicklungsrückstand
   verantwortlich sei. Solche Hypothesen leiden daran,
   dass ihnen eine kontrafaktische Aussage unterliegt, die
   unwiderlegbar ist. Im vorliegenden Fall beinhalten diese

beiden Thesen nämlich die Aussage, dass bei gleicher Ressourcenausstattung die Welteinkommen weitgehend gleich verteilt wären oder aber dass ohne Sklaverei sich in Afrika bis zum zwanzigsten Jahrhundert sich rasch industrialisierende, große moderne Staaten gebildet hätten.

9. *Vicious Circles* standen in den fünfziger Jahren des letzten Jahrhunderts hoch im Kurs (Nurkse 1953, S. 1–4) und sind kürzlich als Entwicklungsfallen wieder auferstanden.

10. Ndikumana und Boyce 2001; Boyce und Ndikumana 2012.

11. Tatsächlich sind Löhne und Anstellungsbedingungen in diesen *Sweatshops* besser als die lokal vorhandenen Alternativen (Powell 2014).

12. Porter 1991.

13. Für eine ausführliche Darstellung siehe Toye (2003).

14 Den *terms of trade,* also den relativen Preisen von natürlichen Ressourcen im Vergleich zu Industriegütern.

15. Z. B. Hirschman 1958. Noch in seiner Auflage von 1968 meint Higgins, dass er von politischen Faktoren abstrahiere, nicht weil dies unwichtig sei, sondern die „Sozialwissenschaftler wenig dazu zu sagen hätten" (1968, S. 227).

16. Myrdal 1968, S. 895, 937–38.

17. Z. B. Hirschman 1981; Lal 1983.

18. Nach dem *Fragile State Index* (umbenannt von *Failed States Index*) vom *Fund for Peace* befanden sich 2014 16 Länder in der Kategorie *very high alert* und *high alert,* und 34 Länder insgesamt unter *alert.* Der Index schließt allerdings viele für unser Thema irrelevante Faktoren ein.

19. Neue Zürcher Zeitung 2002; Steinich 2014, S. 5. Aus Ägypten werden ähnliche Zustände berichtet (Economist 11. Oktober 2014, S. 68).

20. Siehe Schlötterer (2013).

21. Eine Untersuchung in Uganda ergab, dass der durchschnittliche Lehrer zwei Stunden pro Tag unterrichtet, dass nur etwa vier Prozent der Mathematiklehrer den Stoff, den sie lehren, auch beherrschen. Untersuchungen über die Anwesenheit von Ärzten und Pflegern in Indien ergaben ein ähnliches Bild.

22. Economist 6. September 2014. Ein ehemaliger Sicherheitsberater wurde angeklagt, weil aus dem Militäretat rund zwei Milliarden Euro verschwunden waren, die eigentlich für Waffen im Kampf gegen Boko Haram bestimmt gewesen waren (Signer 2015, S. 19).

23. Dabei sollte man sich von der weit verbreiteten Vorstellung verabschieden, dass die Position eines Autokraten notwendigerweise gefestigt ist. In den meisten Fällen muss auch der Autokrat sich um seinen Machterhalt bemühen.

24. Aber nicht immer. Beispiele reichen von philippinischen Landbesitzern bis hin zu nigerianischen Kriminellen, welche zumindest lokale Patronage-Politik dominieren (Bach und Gazibo 2012).

25. In Anlehnung an Max Weber wird ein solches polit-ökonomisches System manchmal als Patrimonialismus oder Neo-Patrimonialismus bezeichnet. Ähnliche Konzepte sind Personalismus oder *personal rule*. Eine gut geschriebene Einführung stammt von Sandbrook (1985). Für eine neuere Anwendung auf Ghana siehe Killick (2010, S. 465–475).

26. Triebe 2014.

27. Weber 1976, S. 139.

28. Z. B. auch bei frühen modernen Entwicklungsökonomen wie Myrdal (1968, Vol III, S. 1873).

29. Fukuyama 1995, S. 26.

30. Von McClelland (1962) zu Inglehart (1997, Kap. 7). Eine Übersicht über diese Literatur geben Spolaore und Wacziarg 2013.

31. Für eine Übersicht aus ökonomischer Sicht Noland 2005.

32. Signer 2014.

33. Umgekehrt wirken sich ökonomische Veränderungen auf die Form und Verbreitung okkulter Praktiken aus.

34. „Okkulte Glaubenssysteme sind eine wesentliche Bestimmungsgröße des Entscheidungsprozesses afrikanischer Politiker und Beamter auf allen Niveaus, vom Staatschef und seiner Regierung bis hinunter zum Dorfbürgermeister oder dem staatlichen Landwirtschaftsberater" (Kohnert 1997).

35. Geschiere 2013, 1997; Kohnert 1996; Geschiere 1997.

36. Economist 1. November 2014, S. 8.

37. Wie die meisten Modebegriffe taugt Sozialkapital mehr für Polemik als soziale Analyse. So wird Sozialkapital von manchen Sozialwissenschaftlern mit dem Grad der gesellschaftlichen Vernetzung eines Individuums gleichgesetzt. Je mehr „Spezi" man hat, desto größer das Sozialkapital. Diese Art der Vernetzung verringert jedoch soziales Vertrauen, das Vertrauen in die Kooperationswilligkeit von Fremden.

38. Olson 1965, S. 1982.

39. Sogenannte *intentured labourers.*

40. Da auf der Reise und im Einwanderungsland die Gebote des Kastenwesens nicht mehr aufrechterhalten werden konnten.

41. Beispielsweise von offensichtlich wirtschaftlich nicht lebensfähigen pazifischen Inseln. Aber auch den Bewohnern der kapverdischen Inseln ginge es – mit Ausnahme der politischen Klasse – als Teil der Europäischen Union wesentlich besser als in der gegenwärtigen Situation.

5

Entwicklungspolitik

Das Kapitel gibt eine Übersicht über eine Reihe von Politikbereichen, die die Entwicklungsdiskussion der letzten Jahrzehnte wesentlich geprägt haben. Eine ausführliche Darstellung ist jenseits dessen, was ein Kapitel oder auch ein ganzes Buch liefern kann. Zu fast jeder der hier dargestellten Reformprogramme ließen sich Bücherregale füllen. Möglich ist jedoch, auf einige wichtige Debatten und Erkenntnisse hinzuweisen.

Vier Politikbereiche werden behandelt. Begonnen wird mit dem Washington Konsens, dessen Empfehlungen trotz heftiger Kritik die Grundlage für Stabilitätspolitik geblieben sind. Als nächstes werden unterschiedliche Ansichten vorgestellt, wie ein Land sich in die Weltwirtschaft integrieren soll, durch Freihandel und durch Industrieförderung. Es folgt eine Beschreibung der Governance-Reformen und ihrer Auswirkungen in Subsahara-Afrika. Schließlich

© Springer Fachmedien Wiesbaden GmbH 2017
O. Kurer, *Entwicklungspolitik heute*,
DOI 10.1007/978-3-658-12399-4_5

werden einige Aspekte der Sozial- und Umweltpolitik und die Probleme ihrer Implementation am Beispiel von Bildung angesprochen.

5.1 Washington Consensus und Neoliberalismus

Es gibt wenig ökonomische Programme, die derart heftige Kritik ausgelöst haben wie der sogenannte Washington Konsens. Seinen Namen erhielt er vom Ökonomen John Williamson, der im Jahr 1989 in Washington D.C. eine Konferenz vorbereitete und in diesem Zusammenhang eine Liste von Reformvorschlägen zusammenstellte, von denen er glaubte, dass sie von den meisten Entwicklungsexperten geteilt würden. Der Konsens verwandelte sich rasch in das Schreckgespenst des Neoliberalismus, einem Marktfundamentalismus, der staatliche Regulierungen der Wirtschaft grundsätzlich ablehnt. Welche Politikziele des Washington Konsens haben sich als tragfähig erwiesen? Welche hielten der Kritik nicht stand?

Williamsons Vorschläge stammten nicht, wie vielfach vermutet, von IWF und Weltbank oder dem amerikanischen Finanzministerium. Sie beruhten weitgehend auf Überlegungen von Ökonomen und Politikern aus Ländern der Dritten Welt. Sie kamen vorwiegend aus Lateinamerika, aus Argentinien, Brasilien, Chile, Kolumbien und Mexiko beispielsweise.[1] Die Reformen sollten die wirtschaftliche Dauerkrise der achtziger Jahre überwinden helfen, des verlorenen Jahrzehnts des lateinamerikanischen Kontinents. Sie lassen sich in zwei Bereiche gliedern:

Herstellung wirtschaftlicher Stabilität und die Stärkung von Märkten durch regulative Reformen.

5.1.1 Wirtschaftliche oder makroökonomische Stabilität

Reformvorschläge sind keine universellen Regeln, sondern immer kontextgebunden, also auf ganz bestimmte historische Begebenheiten ausgerichtet, in diesem Fall die Krise Lateinamerikas. Sie ging einher mit hohen Haushaltsdefiziten der Regierungen, hohen Auslandsschulden, hohen Inflationsraten und periodischen Währungskrisen. Phasen von Inflation endeten in manchen Fällen in Hyperinflation, wo sich in kurzer Zeit die Preise vervielfachten und die Wechselkurse kollabierten. All das hatte erhebliche negative wirtschaftliche Auswirkungen.

Eine Ursache für die Wirtschaftskrise in Lateinamerika waren die ausufernden Haushaltsdefizite der Regierungen und die Kredite, die im Ausland zu deren Finanzierung aufgenommen worden waren; die Folge waren Schuldenkrisen. Auch die hohen Inflationsraten waren eng mit diesen Haushaltsdefiziten verknüpft. Defizite wurden oft mit dem Drucken von Geld finanziert und führten zu steigender Inflation. Die hohen Inflationsraten verstärkten außenwirtschaftliche Probleme, weil Wechselkurse selten an den sinkenden Wert der Landeswährungen angepasst wurden. Die überbewerteten Währungen verteuerten Exporte und verbilligten Importe, und es entstanden Defizite in der Handelsbilanz, die durch Kredite vom Ausland beglichen wurden. Zu einer Währungskrise kam es dann, wenn keine Kredite aus dem Ausland mehr verfügbar waren und sich ein Land die notwendigen Devisen nicht mehr beschaffen konnte, um die Importe und Kreditverpflichtungen zu bezahlen.

Eine Reihe von Zielen des Washington Konsens leitete sich aus diesem Kontext ab. Die Haushalte der Regierungen sollten wieder ins Gleichgewicht gebracht und die Inflation bekämpft werden. Dies wiederum würde die Rückkehr zu einer stabilen Währung erlauben. Neben der Sanierung des Staatshaushalts sollte ein Wechselkurs angestrebt werden, der den Export industriell gefertigter Güter stimuliert.

Eine Sanierung des Staatshaushalts erfordert entweder Ausgabensenkungen oder Steuererhöhungen. Wie zu erwarten ist, sieht der Washington Konsens beides vor. Bei Ausgabenkürzungen sollte darauf geachtet werden, dass die Armen geschont würden. Deshalb sollten die Bereiche Gesundheit und Erziehung von den Sparmaßnahmen möglichst ausgespart bleiben. Ebenso sollte darauf geachtet werden, die physische Infrastruktur zu erhalten. Im Grundsatz ist diese Vorgehensweise weitgehend akzeptiert.

5.1.2 Regulierung und Stärkung des Wettbewerbs

Neben der Stabilisierung der Wirtschaft zielte eine Reihe von Postulaten des Washington Konsens auf die Stärkung der Effektivität von Märkten ab. Dazu gehören beispielsweise sichere Eigentumsrechte, ein unbestrittenes Ziel jeder Entwicklungspolitik.

Nach der Erfahrung mit der grassierenden Inflation in den Jahrzehnten zuvor, als die Inflationsrate oft über den Marktzinsen gelegen hatte und viele Ersparnisse verloren gegangen waren, sollte ein Kapitalmarkt geschaffen werden, in dem sich moderat über der Inflationsrate liegende Zinssätze bilden können. Kaum jemand wird an diesem Ziel rütteln wollen.

Abgeschafft werden sollten Regulierungen, welche den Wettbewerb verhindern oder verzerren. Eingriffe der Regierungen sollten von allgemeinen Zielen abgeleitet werden, wie Sicherheit und Gesundheit der Bevölkerung, Umweltschutz oder die notwendige Aufsicht von Finanzinstitutionen, und nicht *ad hoc* Interventionen aufgrund zufälliger Konstellationen von Interessenspolitik sein. Auch diese Grundsätze sind weitgehend unbestritten.

Der heute noch bestehende breite Konsens über wünschenswerte wirtschaftliche Rahmenbedingen bricht jedoch bei den nächsten zwei Politikvorschlägen zusammen: Privatisierungen und die Integration in den internationalen Handel. Diese beiden Bereiche verdienen deshalb eine etwas ausführlichere Betrachtung.

5.1.3 Privatisierungen

Privatisierungen werden oft grundsätzlich infrage gestellt. Viele Menschen sind der Meinung, dass gewisse Aktivitäten in Staatsbesitz sein sollten wie Wasser- und Energieversorgung, Straßen, Eisenbahnen bis hin zu Flugverkehrsgesellschaften. Öffentliches Eigentum wird Privateigentum vorgezogen, weil dies verhindert, dass private

Unternehmer Profite erwirtschaften. Diese Haltung dominiert deutsche Talkshows: Wasser sollte nicht zur Quelle finanzieller Gewinne werden.

Die meisten Ökonomen gehen dagegen davon aus, dass für den Konsumenten die Form des Eigentums keine Bedeutung hat. Entscheidend ist nicht, ob das Wasser, das aus dem Hahn kommt, von einem privaten oder öffentlichen Unternehmen stammt, sondern dessen Qualität, Preis und Verfügbarkeit.

Diese ökonomische Sichtweise beinhaltet, dass Privatisierungen dann gerechtfertigt sind, wenn dadurch die Öffentlichkeit materiell besser gestellt ist – sei es, weil die Preise fallen, sich die Qualität der Versorgung verbessert oder der öffentliche Haushalt entlastet wird.[2] Die Haltung impliziert auch, dass Privatisierungen nicht die einzige Option sind, Problemen von Staatsbetrieben zu begegnen. Staatsbetriebe können auch reformiert werden. Ob eine solche Option tatsächlich realistisch ist, hängt von den Umständen ab. In jedem Fall erfordert ein Entscheid über eine Privatisierung oder eine Verstaatlichung die Abwägung der jeweiligen Erfolgswahrscheinlichkeiten.

Tatsächlich war die Ineffizienz vieler Staatsbetriebe in weiten Teilen der Welt legendär. Viele erwirtschafteten hohe Verluste, die vom Staatshaushalt getragen werden mussten. Die Verwaltung der Betriebe war hochgradig politisiert und aufgebläht, Stellen verkamen zu Pfründen von politisch gut vernetzten Personen. Gewerkschaften nutzten solche Unternehmen oft als Mittel zur Versorgung von Mitgliedern. Und für Politiker waren sie eine Quelle zur Finanzierung von Wahlkämpfen. Die Qualität der Leistung war oft katastrophal. Wasser von fragwürdiger

Qualität floss sporadisch und meist nur in die Wohnge-
genden der Wohlhabenden – Slumbewohner mussten sich
teures Wasser privat beschaffen. Stromausfälle waren an
der Tagesordnung. Manche staatliche Betriebe leiden auch
heute unter solchen Symptomen.[3] So soll der Mangel an
Elektrizität und Treibstoff noch vor terroristischer Gewalt
das größte Hindernis für die Entwicklung Pakistans darstellen. Stromausfälle dauern vielerorts mehrere Stunden
pro Tag.[4]

Der Washington Konsens ging davon aus, dass Privatisierungen wesentlich zur Verbesserung dieses Zustands
beitragen würden. Im Gegensatz zu staatlichen gehen private Unternehmen Bankrott, wenn sie nicht in der Lage
sind, ihre Kosten zu decken. Damit ist eine entscheidende
Beschränkung von Misswirtschaft vorhanden.

Es stellte sich dann allerdings heraus, dass Privatisierungen ihre eigenen Tücken haben. In manchen Fällen begannen die Probleme schon mit dem Akt der Privatisierung
selbst. Manche Staatsbetriebe wurden in korrupten Verfahren verscherbelt. Danach bildeten sich neue korrupte
Netzwerke zwischen Privatunternehmen und Politikern
heraus. Zumindest in Lateinamerika gibt es Stimmen, die
behaupten, dass die zur gleichen Zeit erfolgte Privatisierung und Demokratisierung zu mehr Korruption geführt
habe, weil Politiker begannen, die extrem teuren Wahlkämpfe über Einnahmen aus Korruption zu finanzieren.[5]
Die weit verbreitete Erwartung, dass das Korruptionsniveau nach der Privatisierung zurückgehen würde, weil die
Unternehmen keinen direkten politischen Eingriffen mehr
ausgesetzt wären, hat sich nur bedingt als richtig erwiesen.

Privatisierung erfordert ein hohes Maß an guter Regierungsführung, sowohl während als auch nach einer Privatisierung und Deregulierung. Steuern müssen eingetrieben und Gesetze eingehalten werden. Manche der privatisierten Unternehmen werden Monopolstellungen innehaben, was wiederum eine Aufsicht durch die Regierung erfordert. Die Wasserversorgung ist ein Beispiel dafür. Niemand wird auf den Gedanken kommen, dass private Wasserwerke die gelieferte Menge und den Preis des Wassers nach dem Prinzip der Gewinnmaximierung festsetzen können. Erfolgreiche Privatisierungen solcher Unternehmen erfordern eine verlässliche und unpolitisch agierende Marktaufsicht, die in vielen Fällen nicht vorhanden ist.

Welche Einsichten ergeben sich daraus? Privatisierung hat in manchen Fällen die Versorgung der Menschen verbessert.[6] Eine Voraussetzung für erfolgreiche Privatisierung ist jedoch ein hohes Maß an guter Regierungsführung.

Eine andere Einsicht ist subtiler. Bei Entscheiden zwischen Staats- und Privatbetrieb kann es nur darum gehen, die bessere Alternative zu wählen; eine Ideallösung gibt es oft nicht. Ein einigermaßen funktionierender Staatsbetrieb kann eine wirtschaftlich sinnvollere Lösung sein als ein schlecht reguliertes privates Monopol. Andererseits sind auch manche der Kritiken von Privatisierungen verfehlt, die sich darauf berufen, dass durch die Privatisierung kein wirtschaftlicher und sozialer Idealzustand erreicht wurde. Denn der Erhalt eines korrupten, maroden und in vielen Fällen nicht reformierbaren Staatsbetriebs ist oft eine schlechtere Alternative zur Privatisierung, auch wenn sie nicht alle Erwartungen erfüllt. Zur Wahl stehen mehr oder weniger gute Lösungen, nicht ein Idealzustand.

Wie erklärt sich die große Zahl von Privatisierungen der letzten Jahrzehnte? Die wohl populärste Erklärung ist die, dass sie ein Resultat des Einflusses des Neoliberalismus und der ihr verfallenen Entwicklungsagenturen wie dem Internationalen Währungsfond (IWF) seien. Das Argument ist deshalb nicht sehr stichhaltig, weil die Auflagen von Geberländern, IWF und Weltbank fast durchwegs ignoriert wurden, wenn sie den Interessen der lokalen Politiker zuwider liefen.[7]

Was motivierte Regierungen, Staatsbetriebe in großer Zahl zu veräußern? Erwartete Wohlfahrtsgewinne werden manchmal eine Rolle gespielt haben. Wahrscheinlich wichtiger war meist, dass der Verkauf von Staatsbetrieben Geld in leere Staatskassen spülte. Schließlich entstanden massive Gewinne für die Käufer, wenn die Unternehmen unter ihrem Wert verkauft wurden. Die politische Klasse trat in solchen Fällen manchmal sowohl als Verkäufer als auch als Käufer in Erscheinung und eignete sich Staatsbetriebe zu vorteilhaften Bedingungen an. Je nach Lage der Dinge können die Regierenden deshalb ein Interesse an Privatisierungen oder dem Erhalt von Staatsbetrieben haben. In jedem Fall liegen die Gründe für Privatisierungen weniger im Ausland als in den Ländern selbst.

5.1.4 Was bleibt vom Washington Konsens?

Warum die herbe Kritik am Washington Konsens, wenn doch die Ziele wie makroökonomische Stabilität, die Etablierung eines gut regulierten Finanzmarkts, die Integration in die Weltwirtschaft, die Stärkung von Wettbewerb und selbst Privatisierung nicht offensichtlich zu großer Aufregung Anlass geben? Zwei Möglichkeiten bieten sich an. Entweder ist die Opposition weniger gegen die Prinzipien als gegen die Durchführung der Reformen gerichtet, oder sie wendet sich gegen einen wesentlich radikaleren Marktfundamentalismus als den hier beschriebenen Konsens.

Betrachten wir das Thema der Kürzungen der Staatsfinanzen in einem Land, in dem seit Jahrzehnten die Zahl der Schul- und Universitätsabsolventen stieg und der Privatsektor mehr oder weniger stagnierte. Dadurch entstand ein massiver Druck auf Regierungen, Schul- und Universitätsabsolventen im öffentlichen Dienst zu beschäftigen. Ägyptens Regierung unter Gamal Abdel Nasser (1952–1970) ging so weit, Universitätsabsolventen das Recht auf Beschäftigung im öffentlichen Dienst einzuräumen. In einer derart aufgeblähten Verwaltung gehen viele Beschäftigte keinerlei produktiver Tätigkeit nach. Anschauungsmaterial findet sich auch näher bei uns in Europa: eine Reise nach Griechenland genügt. Die finanziellen Auswirkungen sind auch offensichtlich; die Staatsausgaben bestehen weitgehend aus Personalkosten, für andere Aufgaben bleibt wenig finanzieller Spielraum.

Während weitgehend Einigkeit über das abstrakte Ziel bestand, den Staatshaushalt zu sanieren, regt sich nun Widerstand gegen die Mittel dazu, zu denen die Entlassung von vielen Beschäftigten im öffentlichen Dienst gehört. Das ist auch nicht verwunderlich, wenn man sich vor Augen hält, dass der Privatsektor meist wenig entwickelt ist und ein großer Teil der regelmäßig Beschäftigten beim Staat arbeitet. In Anbetracht der wenigen alternativen Beschäftigungsmöglichkeiten entstehen durch

Entlassungen oder auch nur Einstellungsstopps größere soziale Probleme. Eine Verkleinerung des Verwaltungsapparats kann für Politiker das Ende ihrer Karriere bedeuten.

Ähnliche Auseinandersetzungen finden jeweils über Abbau von Subventionen statt, selbst wenn sie vor allem den gehobenen Einkommensschichten zugute kommen. So ist die Subventionierung von Kraftstoffen nur in wenigen Fällen, wie kürzlich in Indonesien, dank politischem Willen und günstigen Umständen abgeschafft worden. In anderen Ländern, wie Nigeria oder Ägypten, verheeren sie weiter die Staatsfinanzen.[8]

Ebenso wenig herrscht Einigkeit darüber, wie die Integration in den Welthandel zu gestalten ist. Zwar ist heute unbestritten, dass die Abschottung vom Weltmarkt fatal und die Integration in die Weltwirtschaft eine Voraussetzung von Entwicklung ist. Umstritten bleibt jedoch, ob dies durch Freihandel geschehen soll oder ob Regierungen den Prozess der Integration steuern sollen. Da es sich hier um eine grundsätzliche Auseinandersetzung handelt, wird im nächsten Abschnitt ausführlich darauf eingegangen.

Eine andere Variante der Probleme der Implementierung wirtschaftspolitischer Zielsetzungen zeigte sich im Finanzbereich. Die Schaffung von Finanzmärkten, über die sich Staat und Unternehmen finanzieren, ist im Grundsatz unbestritten. Solche Märkte sollten durch eine umfassende Reformagenda geschaffen werden: die Privatisierung von Banken, die Anwendung indirekter Instrumente zur geldpolitischen Kontrolle und der Entwicklung von Aktien- und Anleihemärkten. Eine solche Reform setzt jedoch eine effektive Finanzaufsicht voraus. Die mangelhafte Überwachung durch schwache Staaten führte zu teilweise katastrophalen Ergebnissen wie den Raubzügen von Finanzdienstleistern, deren Vorstände vorwiegend Kredite an Familien und Bekannte vergaben und bald zahlungsunfähig wurden. Es zeigt sich auch hier, dass eine Marktwirtschaft nur funktionsfähig ist, wenn ein entsprechender Regulierungsrahmen vorhanden ist.

Während also an den Grundsätzen des Washington Konsens weitgehend festgehalten wird, räumt selbst die Weltbank in einer viel zitierten Passage ein, ihre Zielsetzungen zu mechanistisch verfolgt zu haben, nach dem Grundsatz, Haushaltsdefizite und Inflation zu minimieren und Privatisierung und Finanzmarktliberalisierung zu maximieren.[9] Übereinstimmung in Grundsätzen führt nicht zur Übereinstimmung in aktuellen Politikmaßnahmen.

Eine Kritik anderer Art stammt von Joseph Stiglitz, einem der prominentesten und schärfsten Kritiker des Washington Konsens. Diese sei nicht gegen den Washington Konsens von John Williamson gerichtet, sondern gegen die Politik der internationalen Finanzinstitutionen und des US-Finanzministeriums. Diese Institutionen hätten angestrebt, „die Rolle der Regierung zu beschneiden oder sogar zu minimieren".[10] Obwohl diese Kritik polemisch überhöht ist, trifft es doch zu, dass gewisse Reformen durchgeführt wurden, die weit über den Washington Konsens hinausgingen. Das wichtigste Beispiel dazu ist die sofortige Abschaffung von Kapitalverkehrskontrollen. Dass freier Kapitalverkehr für alle Entwicklungsländer sinnvoll ist, wird nach den vielen Finanzkrisen der letzten Jahrzehnte vielfach bezweifelt. Immerhin ist bemerkenswert, dass auch Stiglitz den Washington Konsens, wie er von Williams formuliert wurde, in seinen Grundzügen gutheißt.

Wie haben sich die tatsächlich durchgeführten Reformen der neunziger Jahre ausgewirkt? Sie sind notwendigerweise von Region zu Region und Land zu Land unterschiedlich. Denn erstens unterschieden sich die getroffenen Maßnahmen und zweitens trafen sie auf unterschiedliche Kontexte. Immerhin räumt ein anderer führender Kritiker des Washington Konsens ein, dass die auf 1990 folgenden zwei Jahrzehnte „kein Desaster für wirtschaftliche Entwicklung waren". Im Gegenteil, vom Standpunkt globaler Armut aus betrachtet erwiesen sie sich „als die erfolgreichsten, die die Welt je gesehen hat."[11]

Der wirtschaftliche Boom erfasste fast ganz Asien, einschließlich zum ersten Mal in seiner Geschichte Indien. In den meisten Ländern Lateinamerikas dagegen waren die Wachstumsraten in den neunziger Jahren enttäuschend. Unklar ist, ob dies den Reformprogrammen anzulasten ist.[12] Chile, das Aushängeschild des Washington Konsens, ist das wirtschaftlich und sozial erfolgreichste Land Lateinamerikas. Argentinien ruinierte sich, indem es gegen die Prinzipien des Washington Konsens verstieß. Vor allem durch einen überhöhten Wechselkurs als Folge der Anbindung seiner Währung an den Dollar im Jahr 1991 erlebte es einen katastrophalen wirtschaftlichen und politischen Kollaps um die Jahrtausendwende.[13] Zur gleichen Zeit leitete Fernando Henrique Cardoso zuerst als Finanzminister (1993–1994) und später als Präsident (1994–2004) Brasiliens ein Reformprogramm ein, welches die Grundlagen für den zwanzig Jahre anhaltenden brasilianischen Entwicklungserfolg legte. So unterscheiden sich denn die Erfahrungen mit den tatsächlich durchgeführten Reformen erheblich. Mit einiger Sicherheit lässt sich auch sagen, dass die durch die Reformen gewonnene makroökonomische Stabilität Lateinamerika vor den Auswirkungen der Finanzkrise im Jahr 2008 weitgehend bewahrt hat.[14]

Nicht zum Erfolg geführt haben die endlosen Runden von Krediten, Auflagen und Schuldenvergaben in Subsahara-Afrika. Allerdings darf man nun nicht einem anderen liebevoll gepflegten Mythos zum Opfer fallen, dass nämlich der Neoliberalismus der neunziger Jahre einen funktionierenden Staat mit einem guten Gesundheits- und Bildungssystem zerstört habe. Bereits Ende der achtziger Jahre traf man in weiten Teilen dieser Region auf zerfallende Infrastruktur, dysfunktionale Spitäler, Gesundheitsposten ohne Medikamente und Personal, baufällige Schulen ohne Lehrmaterialien, wo weitgehend nomineller Unterricht stattfand. Die Reformprogramme waren eine Reaktion auf einen kollabierten Staat, nicht die Ursache des Staatszerfalls.

Die Probleme der Implementierung von Reformen haben gezeigt, dass eine gut funktionierende Marktwirtschaft starke Institutionen voraussetzt. Diese Einsicht gab dem Diskurs um Entwicklungspolitik eine neue Richtung. Die Qualität von Regierung und Verwaltung, von *Good Governance* wurde um die Jahrtausendwende zum dominanten Thema der Entwicklungspolitik.[15] Bevor dies thematisiert wird, soll noch auf die Frage eingegangen werden, wie sich ein Land in den Welthandel integrieren soll.

5.2   Integration in den Welthandel

Die Integration in den Welthandel geschieht über zwei Wege: Warenaustausch und Auslandsinvestitionen. Der erste Teil des Abschnitts betrachtet Handelspolitik am

Beispiel der ostasiatischen Tigerstaaten, der zweite Teil Auslandsinvestitionen und den chinesischen Entwicklungspfad.

5.2.1 Handelspolitik: Freihandel und Protektionismus

Der Washington Konsens steht für Freihandel und empfiehlt deshalb eine kontinuierliche Reduzierung der Handelsbarrieren. Demgegenüber steht, wie bereits dargestellt,[16] der auf Friedrich List (1789–1846) zurückgehende Protektionismus. Die Industrieunternehmen der Entwicklungsländer sollen für einige Zeit vom Welthandel abgeschottet werden. Sie sollen erst dann dem internationalen Wettbewerb ausgesetzt werden, wenn sie gelernt haben, mit fortgeschrittenen Technologien und Organisationsformen umzugehen: wenn sie international wettbewerbsfähig geworden sind.

Zwei protektionistische Strategien werden hier dargestellt: Industrialisierung durch Importsubstitution und durch Industriepolitik. Industrialisierung durch Importsubstitution bedeutet, dass Unternehmen geschützt durch Handelsbarrieren anfänglich für den lokalen Markt produzieren, bis sie im Wettbewerb bestehen können. Diese Politik ging üblicherweise mit tief gehender Planung der Industrieentwicklung einher. Der zweite und heute am meisten diskutierte protektionistische Weg zur Integration in den Welthandel ist Förderung von Exporten durch einen sogenannten Entwicklungsstaat.

Importsubstitution
Warum nicht lokal produzieren, was bisher von außen kam? Diese Frage ist uralt und die Antwort lag auf der

Hand: Handelsbarrieren sollen einheimische Produzenten vor auswärtiger Konkurrenz schützen. Wenn nun der Gedanke hinzukommt, dass lokale Produzenten hinter dem Schutzwall von Handelsbarrieren lernen können, wettbewerbsfähig zu werden, sind alle Elemente der Begründung von Importsubstitution vorhanden. Dabei bleibt, zumindest bei Friedrich List, das Ziel des Freihandels bestehen. Handelsbarrieren sollen vorübergehend sein und wieder aufgehoben werden, nachdem die einheimische Industrie gelernt hat, sich im internationalen Handel zu behaupten.

Importsubstitution ist kostspielig. Konsumenten werden gezwungen, teure heimische Produkte von zumeist geringerer Qualität zu konsumieren. Diese Belastung kann nur dann gerechtfertigt werden, wenn der gesellschaftliche Nutzen diese Kosten übersteigt. Das wiederum setzt voraus, dass diese Industrien nach einiger Zeit tatsächlich zu gleichen Preisen und gleicher Qualität wie die Konkurrenz kostendeckend produzieren können. Friedrich List glaubte fest daran, dass dies zumindest im Deutschland des neunzehnten Jahrhunderts der Fall sein würde.

Die Wirklichkeit ist mit diesen Vorstellungen recht rüde umgegangen. Industrialisierung durch Importsubstitution wurde zu einer Standardempfehlung nach dem Zweiten Weltkrieg. Aber statt international wettbewerbsfähig zu werden, haben sich die meisten dieser Unternehmen damit begnügt, hinter Zollmauern qualitativ minderwertige Produkte zu hohen Kosten zu produzieren. Der Washington Konsens war nicht zuletzt eine Reaktion auf diese Fehlentwicklung. Importsubstitution führte zwar anfänglich zu hohen Wachstumsraten, endete aber schließlich in

Zahlungsbilanzproblemen,[17] Stagnation und Schuldenkrisen. Lateinamerikas verlorenes Jahrzehnt der achtziger Jahre ist weitgehend eine Konsequenz dieser verfehlten Handelspolitik.

Zwei Gründe sind hauptsächlich für den Mangel an Wettbewerbsfähigkeit verantwortlich. Die Märkte in Entwicklungsländern sind oft klein, und entsprechend gering ist die Zahl der Wettbewerber. Wo wenig oder kein Wettbewerb herrscht, fehlt der Anreiz, die Produktivität und die Qualität der Produkte zu erhöhen. Monopole neigen, so die alte Einsicht Adam Smiths, zu wenig unternehmerischer Dynamik.

Hinzu kam, dass es politisch schwer durchsetzbar war, Unternehmen ihre Privilegien zu entziehen und im Extremfall zu schließen, wenn sie sich nicht am Markt behaupten können. Eine Koalition aus Unternehmern, Managern, Arbeitnehmern, Gewerkschaften und den Politikern, die deren Interessen vertraten, verstand es, dies zu verhindern, nicht zuletzt durch ihren den Einfluss auf die Medien.

Die Kosten des Scheiterns der Politik der Importsubstitution wurden dadurch erhöht, dass ein System umfassender Planung eine große Zahl von Industrien gleichzeitig förderte. Das wiederum hatte mit einer Kombination von theoretischen und praktischen Vorstellungen zu tun. Bei diesen Überlegungen spielte die Annahme eine wichtige Rolle, dass in vielen Entwicklungsländern nicht genügend Kaufkraft vorhanden sei, um Industriebetriebe auszulasten.[18]

Das Argument der mangelnden Kaufkraft ist jedoch nur relevant, wenn sie nicht durch Exporte kompensiert werden kann. Diese Möglichkeit wurde deshalb ausgeschlossen, weil die Vorstellung herrschte, der Welthandel würde nach dem Zweiten Weltkrieg stark durch Handelshemmnisse eingeschränkt werden.[19] Diese Fehleinschätzung führte dann dazu, dass sich Lateinamerika gerade zu dem Zeitpunkt der Importsubstitution verschrieb, als die weltweite Nachfrage von industriell gefertigten Gütern einen fast zwanzig Jahre dauernden Boom erlebte. Für eine Industrialisierung wäre das eine ideale Voraussetzung gewesen.

Das Scheitern der Politik der Importsubstitution führt wieder zurück zur alten Einsicht, dass ein kontinuierlicher Prozess von Investitionen und Innovationen Wettbewerb erfordert. Die zweite Einsicht ist die, dass nur ein „starker" Staat in der Lage ist, Fehlentwicklungen zu korrigieren und Unternehmen zu reformieren oder zu schließen, welche das Ziel der internationalen Wettbewerbsfähigkeit nicht erreichen.

Exportorientierung – Beispiels Südkorea

Zur gleichen Zeit, als das Scheitern der Importsubstitution augenscheinlich wurde, zeichneten sich die Erfolge der vier „Tiger-Staaten" Ostasiens ab, die eine Strategie der Exportorientierung verfolgt hatten: Südkorea, Taiwan, Singapur und Hong Kong. Allerdings gingen die Erfolge von Südkorea und Taiwan nicht mit Freihandel einher, sondern ebenfalls mit gezielten Eingriffen in die Wirtschaft.

Konzentrieren wir uns hier auf den Erfolg Südkoreas, dem paradigmatischen Fall dieser ostasiatischen Erfolgsgeschichten. Bei der Teilung Koreas nach dem Ende des Zweiten Weltkriegs lagen die industriell am weitesten fortgeschrittenen Regionen in Nordkorea. Es folgten die Zerstörungen des Koreakriegs (1950–1953). Danach gehörte Südkorea zu den ärmsten Ländern der Welt. Außerdem war die Regierung extrem korrupt, der Patronage-Politik und dem Klientelkapitalismus verhaftet. 1961 wurde sie durch einen Militärputsch von Park Chung-hee (1917–1979) gestürzt. Er verstand es, in kurzer Zeit entscheidende Teile der Administration wesentlich zu stärken und durch eine Politik der Industrialisierung den Lebensstandard innerhalb von zehn Jahren zu verdoppeln.

Im Gegensatz zu vielen anderen Regierungen setzte Park auf die Privatindustrie als Wachstumsmotor. Gefördert wurde eine kleine Zahl von Unternehmen, aus denen sich die großen koreanischen Mischkonzerne oder *chaebols* wie Samsung entwickelten. Von ihnen wurde verlangt, wirtschaftliche Vorgaben zu erfüllen, vor allem Exporterfolge vorzuweisen. Als Gegenleistung erhielten sie Unterstützung durch die Regierung bei der Beschaffung von Kapital und Technologie, sowie Schutz vor ausländischer Konkurrenz. Gleichzeitig forcierte der Staat den Aufbau der Infrastruktur auf Kosten des Ausbaus von Sozialleistungen. Gewerkschaften wurden unterdrückt, um zu verhindern, dass Wettbewerbsvorteile durch starke Lohnerhöhungen erodiert wurden. Am Anfang der industriellen Entwicklung standen die Exporte der Textilindustrie, bei denen Südkorea die Vorteile der niedrigen Löhne ausspielen konnte. Innerhalb eines Jahrzehnts wurden anspruchsvollere Produktionsprozesse in Angriff genommen. 1973 beispielsweise wurde mit dem Bau des ersten Öltankers begonnen. Weniger als zehn Jahre später war die koreanische Schiffbauindustrie die größte der Welt.[20]

Eine große Rolle beim Erfolg Südkoreas spielte sicherlich die Exportorientierung. Exporte können nur zu Weltmarktpreisen und Weltmarktqualität abgesetzt werden. Zwar können Unternehmen, wie das teilweise auch in Korea der Fall war, Verluste auf dem Weltmarkt durch Gewinne auf dem geschützten Binnenmarkt ausgleichen. Die Möglichkeiten sind jedoch begrenzt. Deshalb erfordert Exportorientierung ein hohes Maß an Qualitäts- und Kostenkontrolle. Exportierende Unternehmen, um ein anderes gängiges Konzept zu gebrauchen, sind im Gegensatz zu lokal agierenden Monopolen harten Budgetrestriktionen ausgesetzt.

Was motivierte Park, systematisch Entwicklungspolitik zu betreiben? Eine entscheidende Voraussetzung für Parks Handeln war seine Überzeugung, dass ein „Wirtschaftswunder", wie es Deutschland nach dem Zweiten Weltkrieg erlebt hatte, auch in Korea stattfinden könne. Zugleich war für ihn wirtschaftlicher Erfolg ein Mittel zur nationalen Selbstbestimmung. Die Industrialisierung stärkte die wirtschaftliche und militärische Position Südkoreas gegenüber einem aggressiven Nordkorea, und verminderte die Abhängigkeit von dem als unzuverlässig wahrgenommenen Verbündeten Amerika. Außerdem sollte der steigende Lebensstandard die Legitimation der Regierung erhöhen. Die Vorstellungen, dass eine Industrialisierung möglich und wünschenswert war, setzte Park in praktische Politik um. Er überwachte die wirtschaftspolitischen Maßnahmen unter großem Aufwand persönlich. Südkoreas Erfolg ist deshalb auch auf seine Führungsqualitäten und seine starke politische Position zurückzuführen, die es ihm erlaubten, diese Maßnahmen zur

Industrialisierung vom Einfluss gesellschaftlicher Interessensgruppen abzuschotten.

Wie bei allen Entwicklungserfolgen ist auch derjenige Koreas das Resultat des Zusammenspiels vieler Faktoren. So spielte die japanische Hinterlassenschaft eine bedeutende Rolle.[21] Trotz der Diskriminierung koreanischer Beamter, Manager und Unternehmer war während Japans Besatzung eine der Grundlagen für die Industrialisierung geschaffen worden. Korea hatte die ersten Schritte in Richtung Industrialisierung schon vor dem Zweiten Weltkrieg bereits hinter sich; die Ursprünge der Textilindustrie gehen beispielsweise auf die japanische Kolonialzeit zurück. Das Erziehungswesen mit seiner langen Tradition hatte eine weitere Grundlage für die Industrialisierung gelegt. Oft wird der Misserfolg Subsahara-Afrikas am wirtschaftlichen Erfolg Südkoreas gemessen, ohne zu berücksichtigen, wie sehr sich die Ausgangslage unterschied.

Zur günstigen Ausgangslage trug auch die Landreform nach dem Ende des Bürgerkrieges bei. Sie erhöhte das Einkommen der Landbevölkerung und beseitigte damit eine wichtige Ursache sozialer Konflikte. Zu den internen Faktoren, welche die rasante Entwicklung begünstigten, kamen externe Einflüsse. Amerikanische Entwicklungshilfe hatte den raschen Wiederaufbau der Infrastruktur nach dem Koreakrieg ermöglicht, und ohne das hohe Wachstum der Weltwirtschaft und die Öffnung vieler internationaler Märkte wäre die exportorientierte Strategie nicht erfolgreich gewesen.

Hätten die ostasiatischen Tiger-Staaten ohne staatliche Unterstützung den gleichen Industrialisierungsgrad erreicht? Das ist deshalb nicht auszuschließen, weil viele

Industrialisierungsprojekte gescheitert sind. Eine Verbesserung der Governance-Strukturen allein hätte die Investitions- und Innovationstätigkeit auch ohne Industriepolitik unterstützt. Die Verlagerung japanischer Industrie nach Korea aufgrund der unterschiedlichen Lohnstrukturen hätte wahrscheinlich ohne Fördermaßnahmen stattgefunden. Dennoch glauben die meisten Beobachter, dass die Industrieförderung ein notwendiges Element der Erfolgsgeschichte war. Zwar hätte sich die Textilindustrie wahrscheinlich auch in einem Regime von Freihandel ausgebildet. Es ist jedoch schwer vorstellbar, dass technisch anspruchsvolle Industrien wie Schwerindustrie, Stahlproduktion und Schiffbau beispielsweise, ohne staatliche Hilfe entstanden wären.

Konzept des Entwicklungsstaats

Die Erfahrungen Koreas gingen in das Konzept des Entwicklungsstaats ein. Ein Entwicklungsstaat verfügt über genügend Macht, Autonomie und Kapazität, um erfolgreich Industrieförderung zu betreiben.[22] Eine besondere Rolle spielt die Autonomie des Staates. Damit ist gemeint, dass der Staat sich gegen die Einflüsse von Familie oder Interessensgruppen durchsetzen kann. Zugleich kooperiert die Regierung eng mit der Privatindustrie und überlässt es diesen Unternehmen, wie sie vereinbarte wirtschaftliche Ziele erreichen.[23] Solche Vorstellungen von „Staatsautonomie" verorten den Entwicklungsstaat im autokratischen Bereich des politischen Spektrums.

Wie so oft in der Geschichte der Sozialwissenschaften ist auch das Konzept des Entwicklungsstaats angewandter *Common Sense*. Industrieförderung kann nur erfolgreich sein, wenn klare Vorstellungen darüber vorhanden sind, welche Industrien sich erfolgreich entwickeln können und welche Förderungsmaßnahmen hohe Erfolgsaussichten haben. Darüber hinaus muss eine Regierung diese Maßnahmen politisch abstützen, und Unternehmer, Manager und die staatliche Verwaltung müssen in der Lage sein, die entsprechenden Maßnahmen umzusetzen.

Es überrascht nicht, dass der Entwicklungsstaat keine neue Erfindung ist. Michel Porter erzählt die Geschichte einer der erfolgreichsten deutschen Industrien vor der Digitalisierung, der deutschen Druckmaschinenindustrie. Sie geht zurück auf einen deutschen Erfinder, der am Anfang des neunzehnten Jahrhunderts nach England auswanderte, um seinen Plan zum Bau einer verbesserten Druckerpresse zu verwirklichen, für den er in Deutschland keine Unterstützung fand. Nach Meinungsverschiedenheiten mit Geldgebern kehrte er nach Deutschland zurück. Dies lockte nicht nur deshalb, weil es seine Heimat war und eine Flaute in England den Markt für Druckmaschinen trockengelegt hatte, sondern auch weil der König von Bayern sich aktiv um die Ansiedlung von Industrien bemühte. Das neu gegründete Unternehmen erhielt Hilfe bei der Einrichtung und dem Kauf einer Produktionsstätte, finanzielle Hilfestellung und Steuerbefreiung für die ersten Jahre, Befreiung von Zöllen auf importierte Maschinen und Rohstoffe, Befreiung von der Wehrpflicht für die Arbeiter des Unternehmens. Die Regierung gewährte außerdem einen zehnjährigen Schutz auf alle Erfindungen. Das Unternehmen war die Keimzelle für die deutsche Druckmaschinenindustrie; alle anderen wichtigen Unternehmen dieser Industrie sind von Mitarbeitern oder

Mitarbeitern von Ablegern dieser Keimzelle gegründet worden.[24] Der bayerische Staat des frühen neunzehnten Jahrhunderts wird posthum zum Entwicklungsstaat.

Das Konzept des Entwicklungsstaats hilft, die Grenzen der Industrieförderung aufzuzeigen. Gerade in den ärmsten Entwicklungsländern mangelt es an Regierungen, die der Entwicklungspolitik verpflichtet sind, an der notwendigen Kapazität der Verwaltung und an Unternehmern, die Erfahrungen mit industriellen Projekten haben. Und selbst in Ländern wie Malaysia und Indonesien, wo man vermutet hätte, dass solche Voraussetzungen vorhanden wären, ließ der Erfolg ihrer Industriepolitik sehr zu wünschen übrig.[25]

Entwicklungsstaaten?

Der kenianische Präsident Daniel arap-Moi versuchte 1986, eine einheimische Automobilindustrie aufzubauen. Millionen wurden für die Herstellung von fünf Prototypen ausgegeben. Das Projekt wurde aufgegeben. Dann sollten hohe Importzölle ausländische Unternehmen ins Land locken. Trotz hoher Zölle beschränken sich deren Aktivitäten fast nur auf Endmontage. Gegenwärtig sucht nun auch Uganda, eigene Fahrzeuge zu entwickeln. Gemäß dem *Economist* soll nach größeren Misserfolgen bei der Entwicklung eines eigenen Elektroautos und eines solarbetriebenen Busses ein staatliches Unternehmen 305 konventionelle Kleinlastwagen herstellen, die für 32.000 US$ verkauft werden – bei Produktionskosten von 100.000 US$ pro Stück. Obwohl weder in Kenia noch in Uganda die geringsten Voraussetzungen für die Entstehung einer wettbewerbsfähigen Automobilindustrie bestehen, werden im Namen des Entwicklungsstaats große Summen dafür ausgegeben (30. April 2016).

Trotz all dieser Vorbehalte gibt es wahrscheinlich kein Land, das sich ausschließlich auf Marktkräfte verlässt und keine Industrieförderung irgendwelcher Art betrieben hat. Deren Ursprünge liegen schon vor der industriellen Revolution. Bereits der Finanzminister des Sonnenkönigs Ludwigs des XIV, Jean Baptiste Colbert, suchte neue Industrien in Frankreich anzusiedeln. Venezianisches Glas und flämische Textilien sollten durch einheimische Produktion ersetzt werden. Die eingesetzten Mittel haben sich seit diesem Zeitalter des Merkantilismus auch nicht wesentlich verändert. Neue Industrien werden durch Zölle, Einfuhrquoten, Steuerprivilegien, Regierungsaufträge, staatlich geschützte Monopole, vergünstigte Kredite, technische Standards, Exporthilfen, Währungsmanipulationen, Ausbildung von Arbeitskräften, Bereitstellung von Infrastruktur oder durch staatliche Forschung und Entwicklung gefördert. Heute werden solche Förderungsmaßnahmen oft im Rahmen von *export processing zones* oder Freihandelszonen gewährt, deren Zahl sich in den letzten Jahrzehnten vervielfacht hat.[26]

Welche Erfolge lassen sich damit erzielen? Hier kommt Gerschenkrons alte Überlegung des Kopierens wieder zum Tragen. Allerdings hat sich die Terminologie geändert. Heute spricht man von einer technologischen Grenze, wo komplexe Organisationen die höchstentwickelten Produkte mit den modernsten Produktionsprozessen produzieren. Entwicklungsländer bewegen sich hinter dieser Grenze und können deshalb Produktivitätsgewinne durch Kopieren und Adaptieren erzielen.

Je weiter entfernt ein Land von dieser Grenze entfernt ist, desto größer ist der potenzielle Produktivitätsgewinn und desto höher die potenzielle Wachstumsrate. So werden die in der Vergangenheit beispiellos hohen Wachstumsraten Japans, Südkoreas und Chinas verständlich. Je mehr sich ein Land dieser technologischen Grenze nähert, desto geringer werden die potenziellen Produktivitätsgewinne und Wachstumsraten. Einmal bei der technologischen Grenze angekommen, müssen technologische und organisatorische Fortschritte selbst erarbeitet werden. Die potenzielle Wachstumsrate sinkt im Lauf der Zeit selbst bei optimaler Wachstumspolitik. China wird sich auf weiter fallende Wachstumsraten einstellen müssen, wie Südkorea das davor hat tun müssen.

Von Industriepolitik zur Marktorientierung

Je mehr sich ein Land der technologischen Grenze nähert, desto schwieriger wird die Aufgabe, zukunftsträchtige Industrien auszumachen. Entsprechend größer werden die Risiken, Fehlentscheide zu treffen. So sind manche Ökonomen der Ansicht, dass Industrieförderung nur in der Frühphase der Entwicklung sinnvoll ist.[27] In späteren Phasen wird Entwicklungspolitik vor allem optimale marktwirtschaftliche Rahmenbedingungen schaffen müssen, welche nationalen und internationalen Unternehmen ihre Innovations- und Investitionstätigkeit erleichtern.

Südkorea illustriert diese Stufen der Entwicklung von Industriepolitik zu Marktorientierung. Am Ende der Ära Park im Jahr 1979 war Korea immer noch ein recht armes Land mit einem Einkommen um ein Fünftel des US-amerikanischen. Zugleich befand sich Korea in einer Krise. Makroökonomische Ungleichgewichte hatten sich gebildet, Korruption hatte zugenommen, und mit der Größe und Komplexität der Wirtschaft sank die Effektivität von

Regierungsinterventionen. Der Entwicklungsstaat war an seine Grenzen gekommen. Erst der darauf folgende Entwicklungsschub hob den Lebensstandard Koreas auf etwa zwei Drittel des US-amerikanischen, etwa demjenigen Spaniens. Dieser Entwicklungsschub, von einem Land im Bereich der mittleren Einkommen zu einem Lebensstandard eines modernen Industriestaats an der technologischen Grenze, erfolgte in einer Demokratie und einer marktorientierten Umgebung.

5.2.2 Auslandsinvestitionen

Können Auslandsinvestitionen den Transfer von Technologie und Know-how zu kontinuierlichen Produktivitätssteigerungen führen? Vorbehalte gegen Auslandsinvestitionen sind weit verbreitet. Sie beruhen meist auf der Vermutung, dass Auslandsinvestitionen andere soziale und wirtschaftliche Konsequenzen haben als Investitionen einheimischer Unternehmen. Denn wenn das nicht der Fall wäre, würden sich speziell auf ausländische Unternehmen ausgerichtete Regeln erübrigen.

An erster Stelle stehen ausländische Unternehmen in der Kritik, welche ein integrierter Teil von Patronage-Politik und *crony capitalism* eines Landes sind. Die Kooperation zwischen ausländischen Unternehmen und afrikanischen Eliten führte zu einer Plünderungsmaschine, welche manch afrikanische Gesellschaft um ihre Ressourcenrenten betrog. Eines der am besten dokumentierten Fälle sind die Geschäftsverbbindungen von Angola mit China in den letzten Jahrzehnten, bei denen Ölkonzessionen vergeben

werden und im Gegenzug chinesische Firmen die Infrastruktur aufbauen, Waffen liefern und die lokale politische
Klasse darin unterstützen, Milliarden an Ressourcenrenten
zu stehlen.[28] Ähnlich krass ging ein Verbund ausländischer
Unternehmer und lokaler Politik auf manchen pazifischen
Inseln und in Ostasien ans Werk, welche illegal Hölzer
exportierten oder Wälder für Plantagen rodeten. Da eine
der Ursachen dieser Phänomene in der Natur der lokalen
Politik und dem Zusammenbruch der Verwaltungsstrukturen liegt, wird verbesserte Regierungsführung notwendig
sein, um Abhilfe zu schaffen, ein Thema, das uns im nächsten Abschnitt beschäftigen wird. Konzentrieren wir uns hier
auf Auslandsinvestitionen, die in Ländern vorgenommen
werden, in denen *crony capitalism* eine untergeordnete Rolle
spielt.

Auslandsinvestitionen können ganz unterschiedliche
Formen annehmen. Dabei wird meist zuerst an den Aufbau von Produktionseinheiten im Ausland gedacht, ein
Werk zur Produktion von Automobilen in Thailand beispielsweise oder eine Coca-Cola-Abfüllanlage. Auslandsinvestitionen umfassen aber ebenso die Übernahme von
Unternehmen oder den Ankauf von Aktien eines Unternehmens, wenn der Käufer danach maßgeblichen Einfluss
auf die Geschäftsführung nimmt. Inwiefern unterscheiden
sich die Aktivitäten solcher Unternehmen von ihren einheimischen Äquivalenten?

Ausländische wie inländische Unternehmen werden
nur solche Investitionen tätigen, von denen sie sich einen
Gewinn versprechen. Oft wird argumentiert, dass diese
inländischen Gewinne eher im Land *reinvestiert* werden.
Das mag manchmal der Fall sein, Investitionsentscheide

werden jedoch nicht primär vom Wohnort des Besitzers abhängen, sondern von den wirtschaftlichen Möglichkeiten eines Landes. Auch ist nicht zu erwarten, dass ausländische Unternehmen grundsätzlich schlechtere Steuerzahler sind als inländische Unternehmen,[29] geringere Löhne entrichten, die Umwelt stärker belasten und in größerem Maße in Korruption verwickelt sind. Eher das Gegenteil ist der Fall, zumindest bei ausländischen Unternehmen, die in reichen Industriestaaten beheimatet sind.

Das heißt jetzt wiederum nicht, dass jede dieser Auslandsinvestition die Arbeitsproduktivität steigert und die Innovationskraft des Landes erhöht. Wenn eine Übernahme darauf abzielt, die Monopolmacht eines Unternehmens zu stärken, wird die wirtschaftliche Dynamik einer Wirtschaft tendenziell sinken. Aber selbst wenn keine Beschränkung des Wettbewerbs erfolgt, kann es durchaus sein, dass Auslandsinvestitionen zu keiner Stärkung der Innovationskultur beitragen.

Produktivitätsgewinne durch Spillover-Effekte

Auslandsinvestitionen werden die Arbeitsproduktivität vor allem durch ihre Ausstrahlung auf andere Marktteilnehmer beeinflussen, durch sogenannte Spillover-Effekte. Zwar bringen ausländische Investitionen üblicherweise neue Technologie und neue Organisationsformen ins Land und vermitteln ihren Arbeitnehmern neue Fähigkeiten. Entscheidend für längerfristige Entwicklung ist jedoch nicht dieser einmalige Effekt, sondern der Einfluss auf die Innovationskultur, ob sich Innovationen verbreiten und zu weiteren Innovationen Anlass geben. Solche Spillover entstehen, wenn ausländische Unternehmen im Land Forschung und

Entwicklung betreiben, sich Zulieferbetriebe ansiedeln, eine Zusammenarbeit mit lokalen Forschungsinstitutionen entsteht oder sich das gewonnene Wissen durch ausscheidende Mitarbeiter in andere Betriebe verbreitet.

Diese Kriterien spielen nicht nur bei der Beurteilung von Auslandsinvestitionen eine Rolle. Spillover-Effekte sind ebenso relevant bei der Beurteilung von Unterstützung lokaler Firmen. Insofern ist die Industriepolitik für ausländische und inländische Unternehmen in vielerlei Hinsicht identisch.

Wie unterschiedlich Auslandsinvestitionen sich auswirken können, zeigt ein Vergleich zwischen der Automobilindustrie Thailands und Pakistans, die beide von ausländischen Unternehmen beherrscht werden. In Thailand entwickelt sich eine blühende Automobilindustrie. Sie hatte ihre Ursprünge in einer Periode der Importsubstitution, modernisierte sich dann nach der Marktöffnung im Jahr 1991 und wurde international wettbewerbsfähig. In Pakistan hingegen produzieren ausländische Unternehmen hinter Zollmauern überteuerte und veraltete Modelle und haben längst aufgehört, zur Modernisierung des Landes beizutragen.[30]

Das Beispiel Thailands zeigt, dass Auslandsinvestitionen einen wesentlichen Beitrag zur Entwicklung eines Landes leisten können. Trotzdem hätte sich bis vor nicht allzu langer Zeit kaum jemand vorstellen können, dass Auslandsinvestitionen eine führende Rolle in einem Industrialisierungsprozess spielen würden. Dies änderte sich mit der Modernisierung Chinas. Spillover-Effekte von Auslandsinvestitionen waren eine tragende Säule der wirtschaftlichen Entwicklung. Chinas Entwicklungspfad unterschied sich dadurch fundamental von demjenigen Japans und der vier ostasiatischen Tiger, deren rasantes Wirtschaftswachstum von einheimischen Unternehmen getragen wurde.

Allerdings wird der chinesische Entwicklungspfad kaum nachzuahmen sein. Nur ein Land mit einem extrem großen und lukrativen Markt wird ausländische Konzerne dazu zu bewegen können, Technologie und Know-how zu transferieren im Bewusstsein, dass diese legal oder illegal kopiert und dazu verwendet werden, einheimische Wettbewerber aufrüsten, die dann über kurz oder lang die angestammten Märkte dieser Konzerne bedrohen.

5.2.3 Freihandel versus Industriepolitik

Die Antwort auf die Frage, wie sich ein Land in den Welthandel einbringt, bleibt weiterhin umstritten. Völlig aufgegeben wurde die Vorstellung, dass Autarkie gute Entwicklungschancen bietet. Heute liegen die vorherrschenden Ansichten zwischen radikalem Freihandel und systematischer Förderung privater Unternehmen im Rahmen eines autokratischen Entwicklungsstaats.

Der heute dominante Standpunkt ist wahrscheinlich der, dass Industrieförderung in Entwicklungsländern ein effektives Instrument zur Entwicklungsförderung sein kann, vor allem in den frühen Phasen wirtschaftlicher Entwicklung.

Bis gegen Ende des letzten Jahrtausends wurden Spillover-Effekte durch Auslandsinvestitionen als sehr begrenzt eingestuft. Diese Vorstellungen wurden durch den wirtschaftlichen Erfolg Chinas drastisch widerlegt, denn ohne den Transfer von Technologie und Know-how durch Auslandsunternehmen hätte das rasante chinesische Wachstum nicht stattgefunden.

Sowohl eine erfolgreiche Industrieförderung und als auch die Ausbeutung von Spillover-Effekten setzt allerdings voraus, dass Regierung und Verwaltung über einen hohen Grad an Kompetenz verfügen und nicht allzu korrupt sind. Diese Voraussetzung ist in den wenigsten der ärmsten Länder gegeben. Dies bringt uns zum nächsten Thema: Governance.

5.3   Governance

Zur gleichen Zeit, als der Washington Konsens ausformuliert wurde, begann eine zweite intellektuelle Strömung die Welt der Entwicklungspolitik zu verändern: Die Hinwendung zu *Good Governance* oder gute Regierungsführung.[31] Im Unterschied zum Washington Konsens, der unmittelbar nach seiner Formulierung heftiger Kritik ausgesetzt war, wird die Bedeutung von *Good Governance* auch heute nicht infrage gestellt.

Das ist auch keineswegs überraschend, wenn man sich vor Augen hält, was mit Governance gemeint ist. Governance beschreibt die Art und Weise, wie ein Land regiert wird.[32] Das schließt ein, wie Regierungen an die Macht kommen und wie sie diese Macht ausüben. Damit deckt Governance den gesamten Bereich des Politikgeschehens ab. Nun ist die Einsicht nicht gerade neu, dass politische Vorgänge jene institutionellen Rahmenbedingungen mitgestalten, die schließlich auf das Produktivitätswachstum einwirken. Seit zwei Jahrhunderten stand diese Einsicht im Vordergrund der Erklärung von Entwicklung.

Warum kam es zu dieser entwicklungspolitischen Wende zu einem Zeitpunkt, zu dem die analytischen

Konzepte längst formuliert und die Probleme von Staatszerfall und Korruption seit Jahrzehnten als wichtiges Entwicklungshemmnis identifiziert worden waren? [33]

Die Aufwertung der Governance-Thematik wird oft
mit dem Ende des Kalten Krieges in Verbindung gebracht.
Während des Kalten Krieges hatten die jeweiligen Protago-
nisten ihre Klienten unabhängig von Machtmissbrauch und
Korruption unterstützt. Nach dessen Ende lag es nun im
Interesse dieser Geldgeber, auch politische Reformen einzufordern und Korruption zu bekämpfen, um die wirtschaftliche und soziale Entwicklung dieser Länder zu fördern.

In die gleiche Zeit fällt auch das offensichtliche Scheitern unterschiedlichster planwirtschaftlicher Experimente. Mit Planwirtschaft einher ging Protektionismus
und der Versuch, die Industrialisierung durch staatliche
Produktionsbetriebe, Banken und andere Dienstleis-
tungsunternehmen voranzutreiben. Deren katastrophale
Ineffizienz war einer der Gründe für das Scheitern der
planwirtschaftlichen Vorstellungen. Selbst überzeugte
Vertreter alternativer Wirtschaftssysteme wandten sich
schließlich von solchen Experimenten wie Nyereres Tansania ab. Nachdem Planwirtschaft sich als ungeeigneter
Entwicklungspfad erwiesen hatte und damit als Alternative zu Marktwirtschaft weggefallen war, hatte sich der
intellektuelle Diskurs permanent verschoben. Zur Debatte
stand und steht nicht mehr die Grundsatzfrage Planwirtschaft oder Marktwirtschaft. In den Vordergrund rückten
nun pragmatische Fragen: nach den Grenzen freien Handelns und damit von Vertragsfreiheit, der Abgrenzung von
öffentlichen und privaten Aufgaben und der Gestaltung
des Regulierungsrahmens von Märkten.

Dabei sollte diese Wendung zu Governance nicht überbewertet werden. Die Vorschläge des Washington Konsens zu makroökonomischer Stabilität, zur Fiskal- und Handelspolitik, zur Regulierung von Märkten, zu Privatisierungen bis hin zur Eigentumssicherheit *sind* Governance-Reformen. Bei allen handelt es sich um institutionelle Reformen oder Reformen der wirtschaftlichen Rahmenbedingungen.[34] Neu aufgenommen in diesen Katalog wurde lediglich die Kapazität der Bürokratie.

Good Governance schließt jedoch ein Element ein, das weit über die wirtschaftlichen Rahmenbedingungen hinausgeht: Demokratie. Bei den gängigen Definitionen von Governance wird Demokratie nicht beim Namen genannt,[35] aber es werden deren wichtigsten Attribute aufgeführt: Partizipation, Verantwortlichkeit, Rechenschaftspflicht, Transparenz, freie Meinungsäußerung, Versammlungsfreiheit und Freiheit der Medien.

Die folgende Diskussion von Governance hebt die zentrale Bedeutung der Kapazität der Verwaltung hervor, evaluiert den Erfolg der Reformen von *Governance* mit Subsahara-Afrika als Schwerpunkt und endet mit einer Darstellung der Verknüpfung von Demokratie und Entwicklung.

5.3.1 *Good Governance*: Kapazität der staatlichen Bürokratie

In manchen Ländern reicht die Kapazität der staatlichen Bürokratie nicht aus, um grundlegende Aufgaben wahrzunehmen: Sicherheit von Person und Eigentum zu gewährleisten, essenzielle staatliche Dienstleistungen zu erbringen oder auch nur sich selbst zu verwalten. In solchen Fällen sind Kriminalitätsraten oft so hoch, dass nicht nur die

Angehörigen der Oberschicht, sondern auch die der Mittelklasse hinter Stacheldrahtzäunen in *gated communities* leben. Die Versorgung mit sozialer und physischer Infrastruktur ist rudimentär, in den Schulen wird kaum Wissen vermittelt und die Elektrizitätsversorgung bricht regelmäßig zusammen. Verwaltungsstrukturen sind so schwach, dass selbst im verhältnismäßig gut regierten Ghana der Budgetprozess zum „rituellen Vorgang" wird, weil der Bezug zwischen Staatshaushalt und realen Ausgaben so gering ist.[36]

Kapazität der Verwaltung

In einer Verwaltung mit hoher Kapazität sind institutionelle Regeln die Grundlage des Handelns von Amtsträgern. Institutionell vorgegebene Aufgaben werden innerhalb eines angemessenen Zeitrahmens zu möglichst geringen Kosten erfüllt. Dies gilt gleichermaßen für die Vergabe eines Führerscheins, die Erteilung eines öffentlichen Auftrags oder für den Bau einer Straße.

Eine niedrige Kapazität der Verwaltung bedeutet, dass Handlungen nicht durch Institutionen bestimmt werden, sondern im Ermessen von Amtsträgern liegen. Üblicherweise werden sie dann ein Resultat von Eigeninteressen von Beamten oder von Privatinteressen einflussreicher Personen und Netzwerken.

Folgen niedriger Kapazität

Die niedrige Kapazität der Verwaltung äußert sich in einer oder mehreren der folgenden Symptome: Politisierung, Korruption und Ineffizienz. Administrative Entscheide werden nach politischen Vorgaben getroffen, die Verwaltungen sind mit Personal besetzt, das weder dazu ausgebildet ist, noch die Mittel hat, um seine Funktionen wahrzunehmen. Darüber sind die Beamten oft mit einem Wust widersprüchlicher Vorschriften und unklarer und überlappender Kompetenzen konfrontiert. Korruption ist endemisch. Viele der Angestellten haben ihre Stellen durch Bestechung oder den Einfluss korrupter Netzwerke erhalten und betrachten die Beschäftigung beim Staat als Pfründe.

Politisierung, Korruption, fehlende Mittel, überbordende und widersprüchliche Regulierungen sowie unklare Kompetenzen führen im Extremfall zum Kollaps öffentlicher Dienstleistungen, beschrieben am Anfang dieses Abschnitts, zu den Amtsstuben voll leerer Sessel und leeren Kassen, den Fahrzeugen, die nicht betriebsbereit sind, den ritualisierten bürokratischen Vorgängen, den schlecht unterhaltenen Straßen und Gebäuden, den undichten Leitungen der Wasserversorgung und Kanalisation, den Schulen, in denen Mathematiklehrer nicht rechnen können und in denen keine Lehrmaterialien vorhanden sind, oder einem öffentlichen Gesundheitsdienst, der eine Gefahr für Leib und Leben darstellt und nur von den Ärmsten in Anspruch genommen wird.

Was für die Bürokratie als Ganzes gilt, gilt auch für die Justiz. Eine Voraussetzung dafür, dass Entscheide aufgrund der Sachlage und der gesetzlichen Vorgaben getroffen werden, ist die Unabhängigkeit der Richter von den Weisungen der Regierung. Die Abwesenheit von Politisierung allein genügt jedoch nicht, um eine effektive Justiz zu schaffen. Auch in einem unabhängigen Justizsystem können Gesetze missachtet werden. Richter können inkompetent oder korrupt sein, nach Gutdünken entscheiden und Entscheide um Jahre oder Jahrzehnte verschleppen.

So war die pakistanische Justiz zwar in der Lage, einen Präsidenten zu stürzen, gilt aber gleichzeitig als hochgradig korrupt; und manche Angeklagte warten für Jahre und Jahrzehnte auf Urteile.

Die Auswirkungen niedriger Kapazität sind je nach der Art der Probleme und der betroffenen Wirtschaftszweige unterschiedlich. Selbst bei schlechtester Governance kann ein gewinnträchtiges Ressourcenprojekt attraktiv bleiben, das sich seine eigene Infrastruktur schafft, für die eigene Sicherheit sorgt, qualifiziertes Personal aus dem Ausland rekrutiert, eigene Kliniken und Schulen unterhält, lokal für politische Unterstützung sorgt und auf die Unterstützung der Regierung des Heimatlandes zählen kann. Anders ist die Lage für den großen Teil der Wirtschaft. Die meisten Industrie- und Dienstleistungsbetriebe sind auf die Kooperation des Staats und die lokale Infrastruktur angewiesen.

Eine niedrige Kapazität der Verwaltung kann deshalb ein wesentliches Entwicklungshemmnis darstellen. Entscheidend ist dabei, dass bei fortschreitender Industrialisierung die Kapazität der Verwaltung und Justiz zunimmt. Dies gilt sowohl für Länder mit niedrigem Einkommen als auch für Länder mittleren Einkommens. Brasilien ist ein Beispiel für ein Schwellenland, in dem Korruption weit verbreitet ist, in dem Verwaltungskosten exorbitant hoch sind, und die physische und soziale Infrastruktur wie Straßen und auch Schulen jahrelang stark vernachlässigt worden sind. Trotzdem galt Brasilien während langer Zeit als Star unter den Entwicklungsländern, bis es mit dem Ende des Rohstoffbooms von seinen Governance-Problemen eingeholt wurde.

5.3.2 Wie erfolgreich waren Governance-Reformen?

Der breite Konsens, dass *Bad Governance* ein Entwicklungshemmnis darstelle, führte zu einem starken Zufluss an Fördermitteln zur Stärkung von Verwaltung und Justiz in Entwicklungsländern. *Capacity building* war angesagt. Die Gelder flossen in die Schulung von Mitarbeitern des öffentlichen Dienstes, Entpolitisierung, die Bekämpfung von Korruption, die Vereinfachung und Verbesserung der Qualität von Gesetzen bis hin zur Regulierungen von Märkten. Mit welchem Erfolg?

Der Fokus der Beurteilung liegt hier auf Subsahara-Afrika, der Region mit den größten Entwicklungsproblemen, wohin in den letzten Jahrzehnten die meisten Mittel geflossen sind. Die Indikatoren deuten darauf hin, dass sich in den letzten 15 Jahren an der Kapazität der Verwaltung insgesamt wenig geändert hat.[37]

Eine regionale Betrachtung unterschlägt jedoch die sehr unterschiedlichen Erfahrungen. Abb. 5.1 gibt einen Eindruck über die Entwicklung der Kapazität der Verwaltung und Justiz der größeren Länder der Region. Die vertikale Achse zeigt die Einordnung in eine weltweite Rangliste. Demnach haben nur 30 % aller Länder bessere Indikatoren als das erfolgreiche Botswana, und 70 % aller Länder stehen schlechter da als Botswana. Anders sieht es bei Nigeria aus: 90 % aller Länder haben höhere Werte als Nigeria und nur 10 % ein niedrigeres Niveau an diesen Messwerten für Governance.[38]

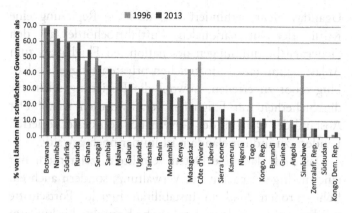

Abb. 5.1 Qualität der Governance in Subsahara-Afrika. (Daten: Weltbank)

5.3.3 Governance in Subsahara-Afrika

Welche Schlussfolgerungen lassen sich aus diesen Zahlen ziehen? Die Hälfte der hier betrachteten afrikanischen Länder sind im untersten Viertel dieses Rankings angesiedelt sind. Auffällig sind jedoch die Unterschiede: Botswana befindet sich in der gleichen Kategorie wie die Türkei oder Polen, im Kongo dagegen hat sich die Verwaltung praktisch aufgelöst.

Einige Länder konnten ihr Ranking wesentlich verbessern: Ghana, Ruanda, Uganda und Sambia. Diesen Verbesserungen stehen wiederum andere Länder gegenüber, die deutlich an Boden verloren haben: Côte d'Ivoire, Togo, Madagaskar, Zimbabwe. Dabei sollte nicht übersehen werden, dass selbst die verbesserte Regierungsführung

Ugandas nicht verhindert hat, dass die Regierung eine Kritik der internationalen Luftfahrtbehörde an den Sicherheitsbestimmungen des nationalen Flughafens zum Anlass nahm, einer erfolgreichen privaten Fluggesellschaft Flugverbot zu erteilen, obwohl die Regierung selbst für die Sicherheit am Flughafen verantwortlich war.[39] Der Abstand der Qualität der Governance von besser regierten Ländern zu Industrieländern ist immer noch gewaltig.

Das Bild, das diese Daten vermitteln, zeigt nicht nur eine niedrige Kapazität der Verwaltung, sondern auch ein hohes großen Maß an Instabilität. Erzielte Fortschritte werden durch soziale und politische Konflikte bis hin zum Bürgerkrieg rasch wieder zunichte gemacht. Die Gesundung des Staatshaushalts, eine Voraussetzung für eine hohe Kapazität der Verwaltung, erweist sich oft als vorübergehend. So wurden Ghanas Erfolge durch den Rohstoff-Fluch innert kurzer Zeit wieder infrage gestellt. Die zusätzlichen Einnahmen durch Ressourcen gingen einher mit einer stark steigenden Staatsverschuldung, verursacht nicht zuletzt durch starke Erhöhungen der Gehälter der Staatsangestellten.[40] Mit dem Zerfall der Ölpreise meldete sich die Finanzkrise wieder zurück.

Das gleiche Bild der Stagnation der wirtschaftlichen Rahmenbedingungen ergibt sich auch aus anderen Indikatoren. Einer der bekanntesten ist *Ease-of-Doing-Business-Index*.[41] Obwohl die Weltbank, der Verfasser des Index, immer neue Erfolge meldet, zeigt eine nähere Betrachtung, dass bei den Ländern mit den größten Entwicklungsproblemen keine signifikanten Fortschritte zu verzeichnen sind.

Der Schluss drängt sich auf, dass trotz Milliardenbeträgen, die für die Verbesserung der Governance nach Afrika geflossen sind, sich die wirtschaftlichen Rahmenbedingungen insgesamt nicht merklich verbessert haben. Zwar haben einige Länder deutliche Fortschritte gemacht, dies wird aber kompensiert durch den Rückfall anderer Staaten.

5.3.4 Weshalb haben sich die wirtschaftlichen Rahmenbedingungen nicht verbessert?

Weshalb haben sich die wirtschaftlichen Rahmenbedingungen nicht verbessert? Kulturelle Erklärungen bieten sich an. So wurde für lange Zeit das Vorurteil gepflegt, dass die Grenze zwischen gebilligtem Handeln und Korruption von Kultur zu Kultur sehr unterschiedlich sei. Bestechung und Nepotismus verwerflich zu finden, sei eine westliche Eigenart, andere Kulturen hätten diesbezüglich andere Vorstellungen. In der Form hat sich die These vom kulturellen Relativismus nicht bestätigt. Es gibt kulturübergreifend eine große Übereinstimmung darüber, welche Praktiken als korrupt wahrgenommen und verurteilt werden. Handlungen, die Europäer mehrheitlich als korrupt empfinden, werden auch von der Mehrheit der Menschen aus Subsahara-Afrika verurteilt. Dazu gehören Bestechung und politische Einflussnahme zugunsten von Familie oder Ethnie. Vom modernen Staat wird unparteiisches Handeln erwartet, in Deutschland wie in Afrika.[42]

Überzeugendere Erklärungen liefert die politische Ökonomie. Wie bereits erläutert, haben Regierungen dann kein Interesse an Reformen, wenn diese ihre politische Macht, ihren sozialen Status und ihr Einkommen untergraben. Dies kann der Fall sein, wenn Reformen Kosten verursachen, die Erfolge aber erst nach einer gewissen Zeit sichtbar werden. Es ist immer dann der Fall, wenn sich die politische Macht auf Patronage-Politik und *crony capitalism* beruht, wenn also die eigene Anhängerschaft durch staatliche Privilegien alimentiert wird und diese Alimentierung durch Reformen gefährdet wird. Die korrupte Verwaltung ist in diesem Fall verzahnt mit der politischen Struktur.

Der Widerstand gegen Reformen geht von allen Gruppen und Netzwerken aus, die von Patronage-Politik und Klientelkapitalismus profitiert haben. Dazu gehören nicht nur die Politiker, welche durch Korruption an die Macht kamen und sich illegal bereichert haben, deren Familien und Gefolgschaft. Widerstand ist auch von Unternehmen zu erwarten, welche vor dem Wettbewerb geschützt wurden, von gewissen Sektoren des Personals im öffentlichen Dienst und in Staatsbetrieben, die um ihre Privilegien fürchten, sowie von Medien, die gegen gute Bezahlung Regierungspropaganda verbreitet haben. Sie alle haben große Anreize, Reformen zu hintertreiben.

Aber selbst wenn eine Regierung gewillt ist, Reformen einzuleiten, steht sie enormen Herausforderungen gegenüber. Die Schwierigkeiten beginnen damit, dass meist alle Aspekte der Administration und Justiz reformbedürftig sind. Es können aber nicht alle Bereiche gleichzeitig in Angriff genommen werden. So haben selbst erfolgreiche Reformer nach einer Amtsperiode oft wenig Erfolge vorzuweisen.

Typischerweise können politischen Widerstände gegen Reformen nur in Zeiten akuter wirtschaftlicher Krisen gebrochen werden. Es steht sogar die These im Raum, es gäbe keinen bekannten Fall, wo ein Reformprogramm in Zeiten von zufriedenstellendem Wachstum, von stabilen Preisen und einer soliden Zahlungsbilanz in Angriff genommen worden sei.[43] Reformen erfolgten erst, nachdem alle Kreditmöglichkeiten ausgeschöpft wurden und keine finanziellen Mittel mehr vorhanden waren, den Staatshaushalt zu finanzieren. Tansania ist ein Musterbeispiel. Als das Land 1986 auf den Reformpfad einschwenkte, hatte es das Krisenstadium längst überschritten und war in der Phase der Zerstörung angelangt, in der normale ökonomische Beziehungen praktisch verschwunden waren.[44]

Erfolgreiche Governance-Reformen sind eng verknüpft mit dem Wandel der politischen Strukturen und Kulturen, der Erwartungen der Bevölkerung an die Politiker und der Bildung stabiler politischer Organisationen. Demokratie, so die Hoffnung, könnte einen solchen Wandel mit sich bringen, der schließlich auch zu wirtschaftlichen Rahmenbedingungen führt, welche eine Industrialisierung fördern.

5.3.5 Demokratie als Element von *Good Governance*

Tatsächlich sind Befürworter der Demokratie der Meinung, dass ein politisches System mit politischem Wettbewerb und der Möglichkeit, Regierungen abzuwählen, jedem anderen politischen System überlegen sei.[45] Trotz der Unvollkommenheit von Demokratien, so die Erfahrung der letzten hundert Jahre, würden freie Wahlen ein gewisses Maß an Verantwortlichkeit mit sich bringen, eine unerlässliche Voraussetzung guter Regierungsführung. Durch freie Meinungsäußerung, Versammlungsfreiheit, Medienfreiheit und damit der Möglichkeit der offenen Kritik an der Regierungsführung würde die Grundlage für diese Verantwortlichkeit gelegt.

Demokratie, Autokratie und Entwicklung
Wie lässt sich eine solche Aussage mit dem offensichtlichen Demokratieversagen mancher Länder vereinbaren? Demokratie hat oft Patronage-Politik und *crony capitalism* oder eine andere dysfunktionale Verteilpolitik hervorgebracht, von Süditalien zu Griechenland zu Papua Neu Guinea. Papua Neu Guinea ist deshalb interessant, weil es eines der ganz wenigen Länder der Dritten Welt mit einer seit der Unabhängigkeit ungebrochenen demokratische Tradition ist, mit freien Wahlen, einer freien Presse und politischem Wettbewerb. Wahlen haben jedoch regelmäßig Politiker an die Macht gebracht, die für Patronage-Politik und Korruption stehen.

Solche Beispiele widerlegen jedoch nicht die These von der Überlegenheit der Demokratie, weil keineswegs vorausgesetzt werden kann, dass Diktaturen zu besserer Regierungsführung geführt hätten. Ob Papua Neu Guinea oder Griechenland unter einer Autokratie erfolgreicher gewesen wären, ist zumindest fraglich. Die These von der Überlegenheit von Demokratien wird jedoch ernsthaft durch Autokratien infrage gestellt, die einen Entwicklungsschub auslösten, der von einer Demokratie kaum hätte übertroffen werden können. Phasen in der Entwicklung der ostasiatischen Tiger, Südkorea, Taiwan, Hong

Kong und Singapur gehören in diese Kategorie, aber auch die Entwicklung Chinas in den letzten drei Jahrzehnten.

Die These von der Überlegenheit der Demokratie wird auch da infrage gestellt, wo Autokratien nach einer Periode demokratischer Misswirtschaft wirtschaftliche und politische Institutionen aufgebaut haben, die den nachfolgenden Demokratien zugute kamen. Das Ghana Jerry Rawlings ist ein solcher Fall, und Hoffnungen ruhen gegenwärtig auf den Diktaturen Äthiopiens und Ruandas.

Vor diesem Hintergrund ist der verbreitete Anspruch zu verstehen, dass ein Übergang zu einer liberalen Demokratie die soziale und wirtschaftliche Entwicklung behindern würde. Schlagworte wie „Entwicklungsdiktatur"[46] machten in Afrika schon kurz nach der Unabhängigkeit die Runde, von „Einparteiendemokratien", „gelenkten Demokratien" und „partizipativen Demokratien".[47] Die auf asiatischen Erfahrungen begründete Theorie vom Entwicklungsstaat schlägt in die gleiche Bresche: Ein „autonomer Staat" soll den politischen Wettbewerb im Dienste wirtschaftlicher Entwicklung einschränken. Eine neuere Variation ist Zakarias' „illiberale Demokratie", wo mehr Demokratie und damit mehr Offenheit zu schlechteren politischen Entscheidungen führt, wenn dadurch Lobbyisten und Interessensgruppen gezielter ihren Einfluss geltend machen können: „Je offener ein System, desto leichter lässt es sich durch Geld, Lobbyisten und Fanatiker durchdringen".[48]

Wie können solche Ansprüche beurteilt werden? In den meisten Fällen zeigt sich rasch, dass die selbst ernannten Entwicklungsdiktaturen mehr mit Selbstbereicherung als mit Entwicklung beschäftigt sind. Hinzu kommt, dass die kontrafaktische Beweisführung meist scheitert. Selbst bei wirtschaftlich recht erfolgreichen Autokratien wie Suhartos Indonesien wird sich nur schwer nachweisen lassen, dass eine liberale Demokratie wirtschaftlich weniger erfolgreich gewesen wäre.

Ob Autokratien oder Demokratien erfolgreichere Entwicklungspolitik betreiben, wird von den lokalen Umständen abhängen. Dies bedeutet, dass mit dem Ziel, Demokratie zu fördern, das klassische Feld der Entwicklungspolitik, die Förderung der materiellen Lebensbedingungen, verlassen wurde. Demokratie ist ein eigenständiges Entwicklungsziel, begründet durch die These, dass mehr politische Partizipation und größere Selbstbestimmung die Lebenszufriedenheit und somit die Wohlfahrt der Bevölkerung erhöhe.[49]

Demokratie als Entwicklungsziel

Die Einführung von Demokratie als Entwicklungsziels bedeutet, dass sich Zielkonflikte zwischen Demokratie und materieller Wohlfahrt ergeben können. Singapur ist ein Fall, bei dem der Konflikt zwischen Demokratie und Wohlfahrt von den Wählern zugunsten materieller und sozialer Entwicklung entschieden wurde. Über Jahrzehnte wählten sie die Partei, die für Wohlstand sorgte und die politischen Rechte einschränkte.

Zielkonflikte werden auch in anderen Bereichen von Demokratieförderung sichtbar. Oft wird eine Politik der Dezentralisierung mit der Förderung von Demokratie begründet. Auch hier gilt, dass es von den lokalen Umständen abhängt, ob Dezentralisierung zu mehr Entwicklung führt. In Indonesien war das nicht der Fall. Die

Folge waren extrem teure lokale Wahlkämpfe, die durch Korruption und Patronage finanziert wurden. Zugleich wurden Reformen erschwert, weil gut organisierte lokale Interessen in der Lage waren, ihre Pfründe zu verteidigen.[50] Die sinkende Kapazität der Verwaltung äußerte sich an den üblichen Symptomen, Stellenbesetzungen durch Patronage, Korruption in der Vergabe von öffentlichen Aufträgen und der Tolerierung von illegalen Rodungen in gigantischem Ausmaß. Dezentralisierungen können durchaus erfolgreich sein, aber nur wenn die Voraussetzungen für *Good Governance* auf lokaler Ebene gegeben sind.

Demokratie im Sinne freier Wahlen ist weder eine notwendige noch eine genügende Bedingung für wirtschaftliche Entwicklung. Für wirtschaftlichen Erfolg entscheidender als Wahlen dürften die liberalen Attribute der Demokratie sein: Verantwortlichkeit, Rechenschaftspflicht, Transparenz von Regierung und Bürokratie und die Unabhängigkeit der Medien. Denn es ist unwahrscheinlich, dass eine politische Klasse, die keiner öffentlichen Kritik ausgesetzt ist, die Selbstdisziplin hat, Korruption in engen Grenzen zu halten und dem *crony capitalism* zu entgehen, sich also nicht die Filetstücke der Wirtschaft anzueignen.

5.3.6 Governance: Zwischen Reformen und Kontingenz

Gerade in den ärmsten Ländern der Welt mit der schlechtesten Regierungsführung hat sich die Governance in den letzten Jahrzehnten kaum verbessert. Auch die Milliarden an Unterstützung, die dafür nach Afrika geflossen sind, hatten darauf keinen merklichen Einfluss.

Eine Verbesserung der wirtschaftlichen Rahmenbedingungen, einschließlich Kapazität von Verwaltung und Justiz, setzt einen politischen Wandel voraus, der die vorherrschende Patronage-Politik und den Klientelkapitalismus zurückdrängt.

Die Welle der Demokratisierung am Ende des letzten Jahrtausends hat diesbezüglich Hoffnungen geweckt. Die Erwartungen, dass demokratische Regierungen eine systematische Entwicklungspolitik betreiben würden, haben sich jedoch ebenfalls nur in Einzelfällen bewahrheitet.

Mittlerweile ist diese Welle weltweit und in Afrika wieder abgeflaut.[51] Auch heute werden in Subsahara-Afrika nur die Staaten Südafrikas – Südafrikanische Union, Namibia und Botswana – als „frei" bezeichnet.[52]

Wenn es nicht gelingt, die wirtschaftlichen Rahmenbedingungen und die Governance in weiten Teilen Afrikas zu verbessern, ist eine Industrialisierung nicht zu erwarten. Zwar waren die Wachstumsraten im letzten Jahrzehnt beachtlich. Afrika-Pessimisten sind jedoch der Ansicht, dass dieses Wachstum kaum mehr als einen Ressourcenboom reflektiert. Afrika-Optimisten halten dagegen, dass die Steigerung des Konsums und die Einführung neuer Technologien, vor allem im IT-Bereich, eine „afrikanische Renaissance" eingeläutet haben, eine wirtschaftliche und soziale Transformation, die sich schließlich sich auch in einer verbesserten Governance niederschlagen würde.[53] Die Daten scheinen den Pessimisten Recht zu geben, der Boom des letzten Jahrzehnts hat wenig Industrialisierung mit sich gebracht.[54]

Dennoch: Die Zukunft dieser Länder ist kontingent, bestimmt vom unvorhersehbaren zufälligen Zusammentreffen von vielen wirtschaftlichen, sozialen und politischen Umständen. Sich daraus ergebende Konstellationen politischer Kräfte können von Zeit zu Zeit Regierungen hervorbringen, welche willens und in der Lage sind, erfolgreich Governance-Reformen durchzuführen. So ist in Nigeria die Regierung Buhari mit dem Versprechen angetreten, Korruption zu bekämpfen und die Kapazität der Regierung zu steigern. Niemand zweifelt am Willen des Regierungschefs. Ob es ihm gelingt, Nigeria ein Stück weit zu *Good Governance* hinzuführen, wird die Zukunft zeigen.

5.4   Sozialpolitik und Umweltpolitik

Der Washington Konsens war auf wirtschaftspolitische Reformen ausgerichtet, vor allem auf makroökonomische Stabilität und Regulierung der Wirtschaft. Mit *Good Governance* traten Reformen politischer Institutionen hinzu, die Kapazität der Administration, Korruption und die Verantwortlichkeit der Regierung. Sozialpolitik, vor allem Bildung und Gesundheit, waren spätestens nach der Unabhängigkeit der Kolonien ein wichtiger Teil der Entwicklungspolitik.[55] Mit dem größeren Gewicht der Armutspolitik gewann Sozialpolitik weiter an Bedeutung, bis sie nach der kürzlich von der UNO verabschiedeten *2030 Agenda für nachhaltige Entwicklung* zusammen mit Umweltpolitik zur dominanten Aufgabe der Entwicklungspolitik geworden ist.[56]

Entwicklung, so wie das in diesem Buch verstanden wird, ist gleichbedeutend mit Wohlfahrtssteigerung. Welche Handlungen die Wohlfahrt steigern, ist eine normative oder subjektive Frage. Zwar kann die Sozialwissenschaft einiges dazu sagen, welche Ziele erreichbar und welche Mittel zielführend sind. Schlussendlich bleibt es eine subjektive Entscheidung, ob und in welchem Maße die Regierung materiellen Wohlstand fördern, Bildungsangebote verbessern, Gesundheit erhalten, Einkommensungleichheiten reduzieren, Gender-Ungleichheit abbauen oder die Umwelt konservieren oder verändern soll. Entwicklungspolitik kann also alles umfassen, was Hilfsorganisationen und Regierungen als der Wohlfahrt zuträglich erachten und durch Entwicklungsagenturen gefördert werden soll, bis hin zu Anti-Raucherkampagnen, der Verminderung von Verkehrsunfällen und der Verbesserung des Status' von Hausarbeit.[57]

Die normative Zielsetzung, die der traditionellen Entwicklungsökonomie und Entwicklungspolitik zugrunde liegt, ist die der Steigerung von Produktivität und Einkommen für die Bevölkerung. Damit sollen die Mittel geschaffen werden, um die Wohlfahrt der Menschen allgemein und damit auch die soziale Lage der Menschen zu verbessern.

Die klassische Entwicklungspolitik setzt voraus, dass Produktivitätssteigerungen tatsächlich zu sozialem Fortschritt führen. Dass es gute Gründe dafür gibt und dass dies längerfristig durchwegs der Fall war, wurde bereits erörtert.[58] Steigendes Einkommen führt zu mehr Bildung und besserer Gesundheit. Zudem gibt es kaum ein effektiveres Mittel, Gendergleichheit zu fördern, als Frauen die Möglichkeit zu geben, eigenes Einkommen zu erwirtschaften. Dass zunehmende materielle Produktion globale Umweltprobleme vergrößert, ist unzweifelhaft der Fall, wobei auch hier kaum jemand so weit geht, dass Armut deshalb nicht bekämpft werden dürfe. Zugleich ist es sehr wahrscheinlich, dass nur eine Innovationsgesellschaft in der Lage ist, Umweltproblemen wie der globalen Erwärmung zu begegnen.

Andererseits wird oft gesagt, dass die Verfolgung sozialer Programme und Umweltzielsetzungen auch die wirtschaftliche Entwicklung fördere: Weniger Armut oder mehr Einkommens- und Gendergleichheit würden Produktivität, Spar-, Investitions- und Innovationstätigkeit fördern.

Bei einer Reihe von primär auf Armut ausgerichteten Programmen ist das durchaus der Fall. Dazu gehören beispielsweise Mikrokredite. Solche Kleinstkredite gehen vorwiegend an Frauen, die damit die Möglichkeit haben, Anschaffungen zu tätigen, die ihr Einkommen erhöhen. Man stelle sich beispielsweise die Anschaffung von Nutztieren vor.[59] Landreformen können die Produktivität von Kleinbauern steigern. Die Übertragung von Hauseigentum an die Bewohner illegaler Siedlungen in Großstädten sollte solche Effekte haben. Die neuen Eigentümer hätten leichter Zugang zu Krediten und würden mehr in ihre Häuser und in Kleinstunternehmen investieren.[60]

Während diese und andere Programme die Produktivität der Armen beeinflussen und somit Armut lindern können, so führten sie nicht zu einem Einstieg in die Industrialisierung, einer merklichen Zunahme von Beschäftigung im formellen Sektor. Aus Mikrokrediten entwickelten sich wenig blühende kleine oder mittlere

Unternehmen. Die Übertragung von Eigentumsrechten hat nicht den erwarteten wirtschaftlichen Boom ausgelöst. Und nur unter ganz besonderen Bedingungen, wie sie beispielsweise in Korea und Taiwan herrschten, generierten Landreformen Einkommen über der Armutsgrenze und leisteten einen wesentlichen Beitrag zur Industrialisierung des Landes.[61]

Die Sozialprogramme müssen in der Regel durch andere soziale Konsequenzen als ihren Beitrag zum materiellen Wohlstand des Landes gerechtfertigt werden. Zusätzliche Gesundheitsdienste tragen unzweifelhaft zur Wohlfahrt der Bevölkerung und zu ihrer Leistungsfähigkeit bei. Allein der Schritt zu einer Innovationsgesellschaft ist dadurch noch lange nicht getan. Ebenso muss Umverteilung mit normativen Vorstellungen von Verteilgerechtigkeit oder mit vorteilhaften politischen oder sozialen Auswirkungen begründet werden, nicht weil damit die Produktivität steigt. Denn es gibt kaum Hinweise, dass Ungleichverteilung Investitionen und Innovationen generell behindert oder dass Umverteilung generell wachstumsfördernd ist – das Gegenteil kann der Fall sein.[62]

Bei einem Element der Sozialpolitik scheint Bezug zu Wachstum jedoch offensichtlich, eindeutig und signifikant: Bildung. Ohne den Ausbau des Bildungswesens hätte eine Industrielle Revolution weder in Europa noch in den ostasiatischen Ländern stattfinden können. Aus diesem Grund wird dieser Zusammenhang im Rest des Kapitels ausführlicher betrachtet.

5.4.1 Bildung

Der Ausbau des Bildungswesens in Entwicklungsländern war derart massiv, dass der durchschnittliche Haitianer oder Bangladeschi heute länger zur Schule geht als der durchschnittliche Franzose oder Italiener in 1960.[63] Dies ist nicht nur dem Ausbau der Bildungsinstitutionen geschuldet, sondern auch den Anreizen, die geschaffen wurden, damit Familien ihre Kinder zur Schule schicken. Das wahrscheinlich bekannteste Programm dieser Art ist die brasilianische *Bolsa Familia*. Arme Familien erhalten finanzielle Zuwendungen. Wenn sie Kinder haben, sind die Beihilfen an die Bedingung geknüpft, dass ihre Kinder regelmäßig die Schule besuchen und dass sie geimpft werden. Damit will *Bolsa Familia* Armut auch langfristig bekämpfen, indem die Grundlagen beruflicher Fähigkeiten gelegt werden.

Für lange Zeit wurden höhere Einschreibquoten an Schulen mit steigenden beruflichen Fähigkeiten gleichgesetzt. So kam es dann für viele überraschend, dass statistische Studien keinen Zusammenhang zwischen dem Ausbau der Bildungseinrichtungen und dem wirtschaftlichen Erfolg der Entwicklungsländer erkennen konnten.[64]

Zwei Mechanismen sind vorstellbar, welche diesen mangelnden Zusammenhang erklären. Bildungseinrichtungen können Vorstellungen vermitteln, welche die Entfaltung einer Innovationsgesellschaft beschädigen, oder sie vermitteln keine Fähigkeiten, welche die berufliche Entwicklung fördern.

Bildung beeinflusst normative und faktische Vorstellungen zu Gesellschaft, Politik und Wirtschaft. Sie beeinflusst Einstellungen zu Eigenverantwortung und persönlichen Lebenszielen und -chancen, zu gesellschaftlichen Idealen und Wegen, diese Ideale zu erreichen. Es werden Vorstellungen über die Bedeutung von Arbeit, wirtschaftlicher und sozialer Kooperation oder über Ziele, Möglichkeiten und Grenzen politischen Handelns geprägt. Bildung ist somit einer der Determinanten unserer Vorstellungswelt, unserer Kultur, die Entwicklungsprozesse beschleunigen oder behindern kann.[65]

Während der Einfluss von Kultur auf wirtschaftlichen Erfolg schwierig nachzuweisen ist, ist das nicht der Fall bei den beruflichen Fähigkeiten. Hier ist der Bezug direkt und eindeutig. Verdeutlicht wird dies durch das Modewort Humankapital, die Summe der beruflichen Fähigkeiten einer Person oder einer Gesellschaft als Ganzes. Wie bei Sachkapital ist deren Erwerb aufwendig. Und wie bei anderen Investitionen auch soll sich Humankapital später in höherer Produktivität und höherem Einkommen niederschlagen. Humankapitalbildend ist jedoch nicht nur Berufsbildung im engeren Sinn. Die wichtigsten Elemente von Humankapital sind wahrscheinlich die, die in der Grundschule vermittelt werden: Lesen, Schreiben, Rechnen.

Wann führt Schulbesuch *nicht* zu steigender Produktivität? Das ist erstens der Fall, wenn keine beruflich relevanten Fähigkeiten vermittelt oder sie im Berufsleben nicht eingesetzt werden.

Tatsächlich ist es so, dass in vielen Ländern ein großer Teil der Schüler die Schule als funktionale Analphabeten und ohne jegliches Verständnis für Arithmetik verlassen.

Die katastrophale Qualität der Schulen und Universitäten in den Ländern mit den größten Entwicklungsproblemen, den Problemländern Subsahara-Afrikas und Teilen Südasiens, war seit langem bekannt. Sie konnten ab dem Zeitpunkt nicht mehr ignoriert werden, als nach Beginn der Jahrtausendwende die ersten Resultate internationaler Testvergleiche vorlagen.

Als Illustration mögen Beispiele indischer Grundschulen dienen

Indien ist ein Land, in dem neben hervorragenden Ausbildungsstätten in weiten Teilen desolate Zustände herrschen. So im Bundesstaat Uttar Pradesh, wo nur etwa einer von 25 Fünftklässlern in der Lage ist, das folgende arithmetische Problem zu lösen: $200 + 85 + 400 = 600 +$ _____. Weniger als 10 % der gleichen Schülergruppe waren sich bewusst, „dass ein Viertel eines Schokoladeriegels weniger groß ist als ein Drittel eines Schokoladeriegels". Nach einer landesweiten Untersuchung „waren 60 % der Kinder, die es bis in die achte Klasse geschafft hatten, nicht in der Lage, mithilfe eines Lineals die Länge eines Bleistifts zu bestimmen". Ähnliche Resultate finden sich bei der Lesefähigkeit, so war im bereits erwähnten Bundesstaat ein Fünftel aller Kinder nach mehreren Jahren Schulbesuch nicht in der Lage, einfache Wörter zu lesen.

Solche Beispiele sind „aus Pakistan, Tansania, Südafrika und anderen Ländern rund um den Globus bekannt geworden". So stieg die Zahl der Grundschüler in Tansania massiv an, gleichzeitig fiel die Zahl derjenigen, welche die Abschlussprüfung mit ausreichend oder besser bestand. Die Zunahme von Schulbesuch führte zu einem Rückgang an Bildung. Auch wird geschätzt, dass 1997 nur einer von 10 Schülern Ghanas Mathematikkenntnisse hatte, die über der Schwelle internationaler Minimalstandards lagen (Pritchett 2013, 29, 14, 87, 57).

Bis heute ist es üblich, die Probleme damit zu bekämpfen, dass Mittel erhöht werden, die in das Bildungswesen fließen. Gehälter der Lehrer und Administratoren werden erhöht, die Weiterbildung der Lehrer wird ausgebaut, die Unterstützung des Unterrichts durch technische Dienste wird gestärkt, Klassen werden verkleinert, die Unterrichtsräume werden besser ausgestattet und mehr Lehrmittel werden zur Verfügung gestellt.

Dass damit kaum Erfolge erzielt wurden,[66] überrascht nur auf den ersten Blick. Denn die Bildungseinrichtungen sind ein Teil der öffentlichen Verwaltung und leiden unter denselben Governance-Problemen wie andere Bereiche auch. Das Bildungssystem ist oft Teil des korrupten Patronagenetzwerks, in dem Mittel versickern und die Beschäftigten weder gewillt noch in der Lage sind, ihre Aufgaben zu erfüllen.[67] Mehr Mittel werden Governance-Probleme dieser Art nicht lösen, ebenso wenig wie das andere beliebte Heilmittel, Dezentralisierung. Dezentralisierung ohne Strukturreform verschiebt die Governance-Probleme nur auf die lokale Ebene.

Wie jede Governance-Reform erfordern auch Reformen des Bildungswesens einen tief greifenden strukturellen Wandel, von Organisationsstrukturen und -kulturen, über Motivation und Fachkenntnisse der Lehr- und Verwaltungskräfte, bis hin zu Aufsicht und Kontrolle. Letzteres ist wiederum von politischem Wandel abhängig, vom Rückgang von Korruption und Patronage-Politik, von Zunahme von Verantwortlichkeit und Transparenz.

Der marode Zustand des Bildungswesens in manchen Entwicklungsländern wirft die Frage auf, ob nicht private Träger unter staatlicher Aufsicht die Qualität der

Ausbildung der Kinder besser gewährleisten würden. Wie üblich ist diese Frage umstritten. Um beim Beispiel Indien zu bleiben: Obwohl Einigkeit darüber besteht, dass sich große Teile des indischen Bildungssystems, vor allem im ländlichen Raum, in einem desolaten Zustand befinden, wollen weite Kreise am bisherigen staatlichen System festgehalten.[68]

Die niedrige Qualität der Bildung ist ein Faktor, der den mangelnden Zusammenhang zwischen Schulbesuch und materiellem Fortschritt erklärt. Ein zweites Element ist die Struktur des Bildungssystems. Dazu gehört das weit verbreitete Problem, dass eine große Zahl von arbeitslosen oder unterbeschäftigten Absolventen geistes- und sozialwissenschaftlicher Studiengänge einem Mangel an Absolventen technischer Berufe gegenübersteht.

Dies macht sich besonders in einem Land bemerkbar, das sich dank guter Governance sozial und wirtschaftlich entwickelt und somit einen rasch steigenden Bedarf an technisch orientierten Fachkräften hat. In einer solchen Lage ist Kap Verde, eines der gut regierten Länder Afrikas. Trotz vieler arbeitsloser Absolventen von Universitäten besteht ein Fachkräftemangel. Das wiederum führt dazu, dass viele qualifizierte Arbeitnehmer aus dem Ausland angeworben werden.[69]

Die Qualität von Grund- und Mittelschulen beeinflusst offensichtlich die Ausbildung an Universitäten, einschließlich ihrer Dozenten. Es beginnt damit, dass nur wenig Studierende überhaupt in der Lage sind, konzeptionell anspruchsvolle Studiengänge zu absolvieren, vor allem naturwissenschaftliche und technische Studiengänge, die moderate oder fortgeschrittene Kenntnisse an Mathematik voraussetzen. Dies setzt sich im Bildungswesen darin fort, dass viele Lehrer an Grund- und Mittelschulen den Schulstoff, den sie vermitteln sollten, selbst nicht beherrschen.

5.4.2 Bildung, Governance und Entwicklung

Bildung ist ein Bereich der Sozialpolitik, der wesentlich auf die Entwicklung der materiellen Lebensbedingungen einwirkt. Dass die beeindruckende Zunahme der Schuljahre in den Entwicklungsländern sich nicht in der Wirtschaftsleistung niederschlägt, ist auch der niedrigen Qualität der Schulen geschuldet, die von der großen Mehrheit der Bewohner besucht werden.

Den meisten Menschen, die in diesen Ländern leben, fehlen deshalb die unabdingbaren Voraussetzungen für anspruchsvolle Tätigkeiten. Damit ist die Mehrheit der Bevölkerung buchstäblich zur Armut verdammt. Da die unteren Einkommensgruppen vom wirtschaftlichen Fortschritt am wenigsten erfasst werden, steigt damit auch die Einkommensungleichheit. Die katastrophale Lage der Ausbildung an Grundschulen ist deshalb nicht nur eine wesentliche Ursache von Armut, sondern auch von Ungleichheit.

Qualitätsprobleme sind nicht beschränkt auf die ärmsten Länder der Welt. Auch Länder wie Brasilien, Türkei oder Indonesien kämpfen mit massiven Qualitätsproblemen in allen Bereichen des Bildungswesens. Dass die durchschnittliche Qualität der Ausbildung in ärmeren Ländern unter derjenigen von hoch entwickelten Industrieländern mit ihrer besseren Ausstattung und Governance liegt, kommt nicht unerwartet. Auch hier gilt jedoch, dass für Entwicklung nicht das Niveau entscheidend ist, sondern die Veränderungen. Die Tragik liegt darin, dass trotz der Milliarden an Entwicklungshilfe, die in den letzten Jahrzehnten in die Ausbildungssysteme der Entwicklungsländer geflossen sind, das Niveau nicht gestiegen zu sein scheint.

Das Bildungswesen weist wiederum auf die zentrale Bedeutung von *Good Governance* für wirtschaftliche und soziale Entwicklung hin. Ohne dass sich in Subsahara-Afrika oder in den südasiatischen Problemländern die Kapazität der Bürokratie erhöht und Korruption abgebaut wird, ist eine wirtschaftliche und nachhaltige soziale Entwicklung schwer vorstellbar.

5.5   Entwicklungspolitik im Überblick

Grundlage jeder nachhaltigen sozialen Entwicklung sind Produktivitätssteigerungen und die dadurch erzielten Einkommenssteigerungen, geschaffen durch einen Prozess der Industrialisierung, der durch Unternehmen getragen wird, die nationalem oder internationalem Wettbewerb ausgesetzt sind und sich dort behaupten können. Diese Entwicklung setzt eine Wirtschafts- und Sozialpolitik voraus, welche die Rahmenbedingungen oder Institutionen schafft, dass Unternehmer die dazu notwendigen Investitionen und Innovationen generieren.

Das Kapitel gab einen Überblick über eine Reihe von viel diskutierten Bereichen der Entwicklungspolitik oder *Good Governance* im weitesten Sinn. Dazu gehören

Reformen der wirtschaftlichen Rahmenbedingungen, von Sozial und Umweltpolitik und von Bürokratie und politischen Strukturen.

In den ärmsten Ländern der Welt ist es nicht gelungen, stabile entwicklungsfördernde Institutionen zu schaffen. Zwei Jahrzehnte Förderung von *Good Governance* haben wenig Spuren hinterlassen.

Governance-Reformen dürften vor allem deshalb nicht erfolgt sein, weil solche Reformen nicht im Interesse der Regierenden liegen. Dieser Interpretation zufolge scheiterten die Reformen meist an Patronage-Politik und Klientelkapitalismus. Das wiederum bedeutet, dass Entwicklung in diesen Ländern politischen Wandel voraussetzt. Die Hoffnung, dass Demokratisierung diesen Wandel bewirkt, wurde weitgehend enttäuscht.

Seit einiger Zeit hat sich die Aufmerksamkeit der Entwicklungspolitik zugunsten umwelt- und sozialpolitischer Themen verlagert. Produktivitätswachstum ist im Zyklus der entwicklungspolitischen Modetrends ganz unten an der Prioritätsliste angekommen. Governance-Reformen bewegen sich in die gleiche Richtung.

Allerdings ist ohne Produktivitätswachstum weder die Finanzierung von Sozial- noch Umweltpolitik langfristig gesichert. Noch werden zusätzliche Mittel durch mehr Entwicklungshilfe die sozial- und umweltpolitischen Probleme der ärmsten Länder lösen können. Ohne Governance-Reformen werden sich die zum Teil desaströsen Zustände im Bildungs- und Gesundheitswesen nicht wesentlich verbessern, und es bleibt weitgehend ungeklärt, wie umweltpolitische Maßnahmen verwirklicht werden sollen. Der Aufbau der physischen und sozialen

Infrastruktur ist ohne eine lokale Verwaltung, die in der Lage ist, Politikmaßnahmen zu implementieren, und eine Regierung, die diese Maßnahmen beschließt, nicht zu schaffen. Man ist versucht, Goran Hydens Bonmot zu zitieren: „No short cuts to progress": Es gibt keine Abkürzungen zu einem hohen Entwicklungsstand, der an Produktivitätssteigerungen und einem gewissen Maß an *Good Governance* vorbeiführt.

Endnoten

1. Edwards 2014, S. 34–35.
2. Manchmal wird argumentiert, dass Privatisierungen von Wasser auf Kosten der Armen erfolge, weil sie dafür einen höheren Preis als vor der Privatisierung zu zahlen hätten. Da die Preisgestaltung in der Hand der Regierung liegt, ist das Argument nicht überzeugend.
3. So verschlangen in den Jahren 1999–2001 fünf große Staatsbetriebe ein Drittel des gesamten Haushalts von Ghanas Zentralregierung (Killick 2010, S. 464).
4. Pabst 2015.
5. Economist 14. März 2015.
6. Siehe beispielsweise (Birdsall, de la Torre und Caiceda 2008, S. 156).
7. Siehe zum Beispiel Killick (1998).
8. Economist 14. Juni 2014.
9. World Bank 2005, S. 11.
10. Stiglitz, undatiert.
11. Rodrick 2006, S. 975.
12. Birdsall, de la Torre und Menezes 2010.
13. Oft wird Argentinien als Aushängeschild des Washington Konsens betrachtet, weil die Reformen in Abstimmung

mit dem IWF unternommen wurden. Tatsächlich verstieß die Politik des festen Wechselkurses und der steigenden Staatsschulden gegen dessen fundamentale Prinzipien.

14. De Gregorio 2014.

15. Mit dem Weltbankbericht 1998 mit dem Titel: *Beyond the Washington Consensus: Institutions Matter.*

16. Siehe Abschn. 4.2.

17. Es ist nicht offensichtlich, dass Importsubstitution mit Zahlungsbilanzproblemen einherging. Die Befürworter von Importsubstitution hatten gedacht, die Handelsbilanz würde sich verbessern, weil im Inland produzierte Produkte importierte Produkte ersetzen würden. Diese Rechnung ging deshalb nicht auf, weil auch im Land hergestellte Produkte Importanteile aufweisen und mit zunehmender Binnenproduktion deshalb die Importe anschwellen.

18. Rosenstein-Rodan, der Vater der Theorie des *Big Push,* illustriert dies am Beispiel einer Schuhfabrik, die in einem Land ohne Industrie eröffnet wird. Absatzprobleme entstehen, weil die lokale Nachfrage für Schuhe gering ist. Wenn jedoch alle Industriebereiche gleichzeitig gefördert werden und sich gleichzeitig entwickeln, dann besteht genügend Nachfrage für Schuhe, weil die Arbeiter der anderen Industrien Schuhe kaufen werden (1943, S. 205–206).

19. Ein klassischer Text dazu ist der von Export-Pessimismus geprägte Bericht von Raúl Prebisch (1950).

20. Die Geschichte wird erzählt von Amsden 1989, insbesondere S. 37, 269.

21. Castley, 1997, S. 19–20, 39–42.

22. Die einflussreichsten Beschreibungen des Entwicklungsstaats stammen von Evans (1995) und Leftwich (1995).

23. Evans spricht hier von *embedded autonomy.*

24. Porter 1991, S. 205–207.
25. Studwell 2013, S. 104–122.
26. Economist 4. April 2015.
27. Baumol, Litan und Schramm 2007.
28. Eine Geschichte erzählt von Burgis (2015).
29. Zwar haben multinationale Unternehmen mehr Möglichkeiten des Transfer-Pricing, das ist jedoch nicht die einzige Möglichkeit, die Steuerlast zu verringern.
30. Economist 9. Mai 2015.
31. World Bank 1992, Vorwort; siehe auch 1989.
32. Für unterschiedliche Definitionen siehe Grindle 2007, S. 556–557, für die der Weltbank Kauffmann, Kray und Mastruzzi 2010.
33. Institutionalisten wie Douglass North (1990), welche der Debatte wichtige Impulse gaben, standen in einer langen Reihe von Exponenten dieser Sichtweise.
34. Grindle 2007, S. 556–557.
35. Beispielsweise in der Definition und den Indikatoren von Demokratie der Weltbank (Kauffmann, Kray und Mastruzzi 2010).
36. Killick 2010, S. 471.
37. Ibrahim Index of African Governance 2014.
38. Der Index basiert auf den Governance Indikatoren der Weltbank: Er fasst die Indices *Government Effectiveness, Rule of Law* und *Control of Corruption* zusammen.
39. Haefliger 2015.
40. Urech 2015.
41. Aus Umfragen werden Zeitaufwand und Kosten für eine Reihe von Aktivitäten ermittelt: der Registrierung eines neuen Unternehmens, des Baus eines Lagerhauses einschließlich Bewilligungen und Anschlüssen für Wasser und Elektrizität, der Registrierung von Landeigentum, der Kosten der Steuerformalitäten, von Export- und

Importformalitäten, einen Rechtsanspruch durchzusetzen und den Kosten, ein Insolvenzverfahren abzuwickeln. Hinzu kommen die Steuerbelastung, der Schutz von Minderheitsgesellschaftern und der Zugang zu Krediten.

42. Kurer 2005.

43. Bates und Krueger 1993; zitiert von Edwards 2014, S. 127–128.

44. Edwards 2014.

45. Ryan 2013, S. 136.

46. Ein Begriff, den italienische Marxisten vor dem Ausbruch des Ersten Weltkriegs geprägt haben (Sklar 1983, S. 11).

47. Sklar 1983, S. 14–15.

48. Zakaria 2007, S. 166.

49. Z. B. Fukuyama 2014, S. 189.

50. Pisani 2014, S. 145–147.

51. „Partizipation" im Ibrahim Index (2014).

52. Freedom House 2015.

53. Für eine kurze Einführung in die Debatte siehe Devarajan 2013.

54. Economist 2. November 2015, 35.

55. Einen guten Einblick am Beispiel von Burma und dem späteren Indonesien gibt Furnivall (1948).

56. Siehe Abschn. 7.2.

57. UN, 2015, 3.5, 3.6, 5.4.

58. Siehe Abschn. 2.2.6.

59. Eine kurze Evaluation findet sich in Phillips 2013, Kap. 3.

60. De Soto 1989, 2000.

61. Der Erfolg hing wesentlich davon ab, dass Bauern in Korea über das notwendige Know-how verfügten, das Land zu bearbeiten. Gleichzeitig trugen die Entschädigungen an koreanische Landbesitzer zu Kapitalbildung und Unternehmertum bei, das wiederum vom steigenden Einkommen der Bauern gestärkt wurde. Diese Voraussetzungen

sind nicht gegeben, wenn beispielsweise landlose Arbeiter Zugang zu Land aus Latifundien erhalten.

62. So kommen Neves und Silva (2014, S. 1) zum Ergebnis, dass der Zusammenhang zwischen Ungleichheit und Wachstum wahrscheinlich in unterschiedlichen Umständen unterschiedlich ist.

63. Pritchett, Woolcock and Andrews 2013, 16, siehe auch Tab. 2.4.

64. Pritchett 2001.

65. Siehe Abschn. 4.4.

66. Pritchett, 2001, 2013, S. 100, 109–110.

67. Drèze und Sen errechnen, dass ein Kind in Indien nur etwa 50 Tage pro Jahr unterrichtet wird (2013, S. 119).

68. Drèze und Sen 2013.

69. African Development Bank 2012, S. 49–51.

6

Entwicklungshilfe

Das Kapitel konzentriert sich auf zwei Fragen: Hat Entwicklungszusammenarbeit zur Entwicklung beigetragen oder hat sie gar schlechte Regierungsführung zementiert und so die Entwicklung der ärmsten Länder behindert? Klare Antworten darauf wird es nicht geben. Es scheint jedoch der Fall zu sein, dass die Erfolge von Entwicklungshilfe weitgehend auf soziale Bereiche beschränkt waren und nachhaltige Erfolge auch dort von verbesserter Governance abhängen.

Entwicklungshilfe oder Entwicklungszusammenarbeit? Der Begriff Hilfe deutet auf eine Abhängigkeit der Entwicklungsländer von den Industrieländern hin. Dieser Eindruck soll mit Entwicklungszusammenarbeit vermieden werden, obwohl mit einer terminologischen Änderung eine Abhängigkeit natürlich nicht aus der Welt geschafft werden kann.

© Springer Fachmedien Wiesbaden GmbH 2017
O. Kurer, *Entwicklungspolitik heute*,
DOI 10.1007/978-3-658-12399-4_6

Entwicklungshilfe ist nicht humanitäre Hilfe. Sie sucht die Lebensbedingungen in den Entwicklungsländern langfristig zu verbessern. Katastrophenhilfe oder humanitäre Hilfe hingegen kommt bei Notlagen zum Einsatz und ist kurzfristig angelegt.

Öffentliche Entwicklungshilfe ist seit dem Jahr 2000 stark angestiegen, von 50 auf 150 Mrd. US$ pro Jahr. Hinzu kommen private Geldspenden von etwa weiteren 40 Mrd. US$ Rund ein Viertel davon fließt nach Subsahara-Afrika, in die Region mit den niedrigsten Entwicklungsindikatoren.

Um die Bedeutung von Entwicklungshilfe abzuschätzen, wird sie oft in Bezug zur Größe des Staatshaushalts eines Landes gesetzt. Bei der Hälfte der Länder Subsahara-Afrikas, für die Daten vorhanden sind, entspricht sie mehr als 40 % des Staatshaushalts.[1] Obwohl nur ein Teil dieser Gelder an den Regierungshaushalt fließt, hat sie eine große Bedeutung für die Finanzierung öffentlicher Aufgaben.

Eine andere Möglichkeit, sich eine Vorstellung von der Bedeutung von Entwicklungshilfe zu machen, ist mithilfe der von weiten Kreisen gestellten Forderung nach einem Marshallplan für Afrika. Dabei übersteigt die Hilfe, die nach Subsahara-Afrika geflossen ist, die Marshallplan-Hilfe um ein Mehrfaches.[2] Zudem floss sie während eines wesentlich längeren Zeitraums. Die Erkenntnis, die sich daraus ergibt, ist also nicht die, dass Afrika einen Marshallplan braucht, sondern dass die den Marshallplan weit übersteigende Hilfe wenig zur Entwicklung Afrikas beigetragen hat.

6.1 Warum Entwicklungshilfe?

Traditionell war Entwicklungshilfe darauf ausgerichtet, die materielle Wohlfahrt in Entwicklungsländern zu steigern. Entwicklungshilfe wurde für notwendig erachtet, weil davon ausgegangen wurde, es herrsche Kapitalknappheit und deshalb könnten die für wirtschaftliche Entwicklung notwendigen Investitionen im öffentlichen und privaten Bereich nicht finanziert werden. Entwicklungshilfe sollte diese Kapitalknappheit beheben. Dass die These von Kapitalknappheit nicht zutrifft, wurde bereits gezeigt.[3] Gelder für Investitionen wären in Afrika durchaus vorhanden gewesen.

Die vehementeste Attacke gegen diese These vom Kapitalmangel wurde schon in den siebziger Jahren des letzten Jahrhunderts von Peter Bauer vorgetragen. Mittel für Investitionen stünden durchaus zur Verfügung, nicht zuletzt auf internationalen Finanzmärkten. Die von internationalen Organisationen und Geberländern zur Verfügung gestellten verbilligten Kredite würden in Projekten enden, welche den Schuldendienst nicht tragen könnten, was weitere Kredite nach sich zöge und so in einem Teufelskreis der Verschuldung enden würde.[4] Bauer machte sich damit zur Hassfigur bei den Befürwortern von Entwicklungshilfe und produzierte eine der wenigen richtigen Prognosen in der Ökonomie: Entwicklungskredite trugen maßgeblich zur Schuldenkrise der folgenden Jahrzehnte bei.

Nun ließe auch Bauers Kritik Raum für Kredite durch internationale Organisation und Geberländer, wenn das internationale Finanzsystem versagt. Es spricht auch nichts gegen die Senkung von Kreditkosten durch Verbilligung von Krediten. Ob die heute vergebenen Kredite tatsächlich die Einnahmen generieren werden, die zu ihrer Bedienung notwendig sind, wird die Zukunft zeigen. Da diese Einnahmen von der unvorhersehbaren zukünftigen wirtschaftlichen und politischen Entwicklung eines Landes abhängen, mag dies bezweifelt werden. Bauers Teufelskreis der Verschuldung ist auch für die Zukunft kein abwegiges Szenario.

Bauers Kritik an Entwicklungskrediten lässt auch Raum für Entwicklungshilfe in Form von Zuschüssen, die nicht rückzahlbar sind und heute etwa 80 % der gesamten Entwicklungshilfe ausmachen. Diese fließt in Form von Budgethilfe an die Regierungen der Entwicklungsländer oder an internationale, nationale oder private Entwicklungshilfeorganisationen, die damit Projekte und Programme finanzieren.

6.2 Erfolge von Entwicklungshilfe

Entwicklungshilfe kann darauf ausgerichtet sein, den Wohlstand durch Produktivitätsfortschritte und Einkommenserhöhungen zu erzielen, durch Hilfsprojekte die soziale Lage der Menschen direkt zu beeinflussen, oder die Umwelt in den Entwicklungsländern zu verbessern.

Hat Entwicklungshilfe zur materiellen Besserstellung der Menschen in der Dritten Welt beigetragen? Die Frage ist heiß umstritten. Statistiker versuchen, einen Zusammenhang zwischen der Höhe von Entwicklungshilfe und Einkommensentwicklung festzustellen. Wenn Entwicklungshilfe wirksam ist, dann sollte sich das in den Einkommenssteigerungen der Empfängerländer widerspiegeln. Dafür gibt es wenig Anhaltspunkte. Demnach wäre die auf Einkommenserhöhung abzielende Entwicklungshilfe wirkungslos verpufft. Anschauungsmaterial für diese These gibt es genug, auch in Europa: die Milliarden, die nach Süditalien, nach Bosnien oder in den Kosovo geflossen sind. Zudem haben andere Länder wie China ohne nennenswerte Entwicklungshilfe den Weg in die Industrialisierung gefunden. Entwicklungshilfe ist weder eine genügende noch eine notwendige Bedingung für Entwicklung.

Mikro-Makro-Problem

Es ist keineswegs so, dass Entwicklungshilfe *keine* Erfolge vorzuweisen hätte. So wird von Befürwortern von Entwicklungshilfe darauf hingewiesen, dass manche Projekte in zuverlässigen Review Prozessen als erfolgreich eingestuft worden seien. Ein sogenanntes Mikro-Makro-Problem wird postuliert. Danach sollen die Erfolge auf der Projektebene, der Mikro-Ebene, sich nicht in den Wachstumszahlen auf Länderebene, der Makro-Ebene, nachweisen lassen. Dabei räumen selbst die Befürworter von Entwicklungshilfe ein, dass die Auswirkungen auf Einkommenswachstum gering waren.[5]

Die Befürworter von Entwicklungshilfe gehen jedoch noch einen Schritt weiter. Was in der Vergangenheit war, kann sich ja in der Zukunft ändern. Aus Fehlern kann man lernen. Entwicklungshilfe brauche nur besser gestaltet zu werden. Dieser Optimismus hat in der

Vergangenheit dazu geführt, dass eine Phase der Neugestaltung von Entwicklungshilfe die andere ablöste. Nach 50 Jahren des Lernens hat sich allerdings bei Vielen eine gewisse Skepsis gegenüber dem Vorhandensein potenzieller Lernerfolge breit gemacht. Sie sehen grundsätzliche Probleme am Werk, die verhindern, dass Entwicklungshilfe die Einkommensentwicklung wesentlich fördern kann.

Entwicklungspolitik im Zeitablauf seit den 1950er Jahren

- Die Förderung von großen Infrastruktur- und Industrieprojekten der 50er Jahre wurde während der 60er Jahre auf technische Unterstützung zur Förderung von Humankapital ausgedehnt.
- In den 70er Jahren folgte der Fokus auf direkte Armutsbekämpfung durch Projekte in Landwirtschaft, Gesundheit, Erziehung und Stadtentwicklung.
- Mit den makroökonomischen Ungleichgewichten der 80er Jahre rückten Stabilität und Strukturanpassungsmaßnahmen in den Vordergrund.
- Um die 90er Jahre wurde Good Governance, die Stärkung von Institutionen, zum zentralen Thema der Entwicklungspolitik.
- Um 2000 rückten nach Jahrzehnten Infrastrukturprojekte, Landwirtschaftspolitik und Industriepolitik wieder nach oben auf der Agenda der Entwicklungszusammenarbeit.[6]

Eine solche schematische Betrachtung übersieht viele Initiativen, wie der gescheiterte Versuch, Kleinfirmen durch staatliche Kredite zu fördern, oder Jeffrey Sachs' Lösung des Entwicklungsproblems durch Millenniumsdörfer. Durch die

gleichzeitige Verbesserung von Grundschulbildung, Gesund-
heitsdiensten, Wasserversorgung, sanitären Anlagen und landwirtschaftlicher Beratung sollten die Dörfer auf einen höheren
nachhaltigen Wachstumspfad geführt werden. Auch diese
Lösung des Entwicklungsproblems kam und ging.[7]

Millenniums-Entwicklungsziele

Selbst wenn Entwicklungshilfe wenig zur Einkommens-
förderung beigetragen hat, spricht das immer noch nicht
gegen den Teil der Entwicklungshilfe, der auf soziale Ziele
und Umwelterhalt ausgerichtet ist. Dabei wird oft auf den
Erfolg der Millenniums-Entwicklungsziele hingewiesen,
die um die Jahrtausendwende formuliert wurden. Ein
Novum stellte dar, dass messbare Ziele bis 2015 erreicht
werden sollten.[8]

Die Millenniums-Umweltziele wurden weitgehend verfehlt. Zwar konnte der Ausstoß ozonabbauender Stoffe
praktisch eliminiert werden. Wälder werden aber weiter
unvermindert abgeholzt, die Biodiversität schrumpft, und
CO_2 Emissionen stiegen unvermindert an.

Anders bei den sozialen Zielen: Armut, Bildung,
Gesundheit, sanitäre Einrichtungen und Gender-Gleich-
heit. Sie wurden entweder erreicht oder es wurden wesentliche Fortschritte erzielt. Die Zahl der extrem Armen
fiel im Zeitrahmen von 1990 bis 2015 um mehr als die
Hälfte. Universeller Grundschulbesuch wurde fast erreicht.
Die Kindersterblichkeit- und Müttersterblichkeitsrate
fiel zwar nicht um die vorgegebenen zwei Drittel, aber
immerhin um die Hälfte. Ähnliche Resultate wurden bei
HIV/AIDS Neuinfektionen und Todesfällen sowie der

Bekämpfung von Malaria erzielt. Die Halbierung der Personenzahl ohne Zugang zu sauberem Wasser gelang ebenfalls. Die Ziele bei Gendergleichheit wurden im Bereich der Schulbildung erreicht, nicht jedoch am Arbeitsmarkt.

Diese substanziellen Verbesserungen können jedoch nicht alle der Entwicklungshilfe zugeschrieben werden. Manche Verbesserungen wären auch ohne Entwicklungshilfe eingetreten, durch wirtschaftliche Entwicklung beispielsweise. Die Schwierigkeiten der Zuordnung von Erfolgen illustrieren China und Bangladesch.

China hat mit Abstand den größten Beitrag zur Erreichung der Millenniums-Ziele geleistet, ohne bedeutende Beträge an Entwicklungshilfe erhalten zu haben. Die soziale Entwicklung ist auf die Produktivitätsentwicklung zurückzuführen, nicht auf Entwicklungshilfe.

Anders liegt der Fall in Bangladesch, eines der ärmsten, korruptesten und am allerschlechtesten regierten Länder der Welt.[9] Gleichzeitig ist das Land einer der größten Empfänger von Entwicklungshilfe. Zwar sind in den letzten fünfzehn Jahren auch die Einkommen in Bangladesch merklich gestiegen, und damit hätte sich allein durch das Produktivitätswachstum die soziale Lage verbessert. Die Entwicklung der sozialen Indikatoren liegt aber wesentlich über dem, was durch die Erhöhung des Einkommens zu erwarten gewesen wäre. Entwicklungshilfe, so die meisten Beobachter, hat die soziale Lage in Bangladesch wesentlich verbessert.

Wie ist dieser Erfolg der Entwicklungshilfe zu erklären? Bangladesch, so wird gesagt, ist führend in der Nutzung von NGOs als Vehikel sozialer Entwicklung. Dabei konnten sich NGOs auf Gesundheitsbereiche konzentrierten, wo sie einigermaßen unbehindert von der Ineffizienz und Korruption des staatlichen Gesundheitssystems agieren konnten. Dieser Vorgehensweise sind jedoch Grenzen gesetzt. Weitere soziale Fortschritte werden eine Verbesserung der Qualität des staatlichen Gesundheitswesens und damit Governance-Reformen erfordern. Dabei wurden jedoch kaum Erfolge erzielt.[10]

Hinzu kommt eine weitere Grenze. Die kontinuierliche Verbesserung der sozialen Indikatoren erfordert kontinuierlich steigende Mittel. Diese müssen lokal oder durch fortwährend steigende Entwicklungshilfe generiert werden. Eine fast ausschließlich von außen finanzierte und gesteuerte soziale Entwicklung wird finanziell, aber auch organisatorisch und politisch, an ihre Grenzen stoßen.

6.3 Warum sind die Erfolge von Entwicklungshilfe begrenzt?

Wie erklären sich die geringen Auswirkungen von Entwicklungshilfe auf Einkommen? Entwicklungshilfe, so wird gesagt, verpuffe oft wirkungslos. Die Fundamentalkritik an Entwicklungshilfe geht darüber hinaus und findet, dass Entwicklungshilfe entwicklungshemmend sein kann und in Problemregionen wie Subsahara-Afrika auch tatsächlich war.

6.3.1 Entwicklungshilfe verpufft

Die traditionelle Kritik an Entwicklungshilfe ist die geringe Wirksamkeit. Mangelnde Effektivität kann viele

Ursachen haben, angefangen bei teuren administrativen Apparaten in den Geberländern und hohen Kosten der Projektadministration in den Empfängerländern.

Ebenso offensichtlich sind potenzielle Probleme bei der Auswahl von Projekten. Vor allem Geberländer werden dafür kritisiert, dass politische und kommerzielle Erwägungen mit entscheiden, wohin Entwicklungshilfe fließt. So kann Entwicklungshilfe zu einer Vergütung für Länder werden, die bereit sind Emigranten, die sich illegal in Industrieländern aufhalten, zurückzunehmen.

Doch nicht nur westlichen Regierungen erschweren die optimale Zuteilung von Entwicklungshilfe, sondern auch von Corporate Governance-Probleme der Hilfsorganisationen. Sie betreiben Entwicklungshilfe im Auftrag von Steuerzahlern und Spendern. Die Auftraggeber sind aber nicht in der Lage, die Qualität der Arbeit von Entwicklungsagenturen zu beurteilen – nur hie und da rüttelt ein Skandal die Öffentlichkeit auf. Das wäre dann irrelevant, wenn man sich auf den Idealismus und das Verantwortungsbewusstsein der Hilfsorganisationen verlassen könnte.

Wie jede andere Organisation unterliegen jedoch auch sie, angefangen von den Vereinigten Nationen bis hin zu NGOs, Michels' „ehernem Gesetz der Oligarchie".[11] Nach Michels orientieren sich Führungsgruppen in Organisationen zunehmend an eigenen Interessen, vor allem dem Erhalt und dem Ausbau der Organisation selbst. Obwohl dies kein Gesetz ist, geschweige denn ein eisernes, so kann doch nicht ohne weiteres vorausgesetzt werden, dass Hilfsorganisationen gegen ihre eigenen Interessen handeln. Dieser Mangel an einem funktionierenden System von Verantwortlichkeit führt dann im Extremfall dazu, dass offensichtlich sinnlose Programme jahrzehntelang weitergeführt werden.[12]

Dabei hilft es vielfach wenig, bei Auswahl und Design auf die lokale Bevölkerung zu hören, weil es sich bei den „Betroffenen" oder der „Zivilgesellschaft" meist um gut vernetzte Personen oder Gruppen handelt. Entwicklungshilfe wird leicht zum Spielball lokaler Politik, manipuliert durch Vertreter von lokalen Regierungen und Interessen, oft in Form von NGOs. Das Verhalten zivilgesellschaftlicher Gruppen entspricht eben oft nicht Tocquevilles Selbsthilfegruppen, sondern eher Olsons Interessensgruppen auf der Suche nach Status, Einfluss und Pfründen.[13]

Projektplanung und -evaluation
Selbst altruistische Projektplaner mit Kenntnis „wahrer" Bedürfnisse wären immer noch nicht in der Lage, alle Probleme der Projektplanung zu lösen. Projekte können eine Abwägung von Bedürfnissen erzwingen,[14] und Planer haben mit Unternehmern gemein, dass sie mit Ungewissheit konfrontiert sind. Viele der bestdurchdachten Projekte scheitern daran, dass zukünftige Entwicklungen nicht voraussehbar sind. Dies ist selbst bei relativ einfachen Projekten der Fall. Zwar lässt sich die Konstruktion und Kapazität einer neuen Brücke oder eines neuen Krankenhauses recht genau planen, ungewiss bleibt, wie die zukünftige Auslastung sein wird und welche Leistungen tatsächlich in der Zukunft erbracht werden. Diese Ungewissheit nimmt bei komplexen weitreichenden Planungen rapide zu. Scheitern ist ein unvermeidlicher Teil von Entwicklungshilfe.

Es liegt nahe, zu versuchen, Voraussagen über Erfolgs-aussichten zu verbessern. Eine Voraussetzung dazu sind Projektevaluationen. Zwar war lange bekannt, dass Projekte oft nur so lange Erfolg haben, wie ausländische Entwicklungshelfer vor Ort aktiv sind, und dass sie danach innert kurzer Zeit aufgegeben werden. Trotzdem sind Langzeitevaluationen lange Zeit fast vollständig vernachlässigt worden. Heute haben Evaluationen aller Art hingegen Konjunktur. Sie dienen als Nachweis, dass Hilfsgelder sinnvoll eingesetzt worden sind, und aus den Erfahrungen der Vergangenheit sollen Lehren für zukünftige Einsätze gezogen werden können.

Seit einiger Zeit steht ein Evaluationsverfahren im Vordergrund, das sich naturwissenschaftlicher Methoden bedient, wie sie beispielsweise in der Medizin üblich sind.[15] Eine Gruppe von Menschen wird einer bestimmten Maßnahme ausgesetzt ist, eine zweite Gruppe, die Kontrollgruppe, dagegen nicht. Der Erfolg der Maßnahme wird dann am Unterschied der Krankheitsbilder der beiden Gruppen sichtbar. Bei der Entwicklungshilfe sieht das dann etwa so aus: Man nehme zwei Dörfer die sich möglichst gleichen, lege ein Mikrokreditprogramm in Dorf A auf, nicht aber in Dorf B. Man messe dann den Erfolg der Mikrokredite daran, wie viel stärker das Einkommen oder der Schulbesuch in Dorf A relativ zu Dorf B gestiegen ist.

Solche Ergebnisse sind jedoch nicht übertragbar. Gleiche Ergebnisse sind weder in Dörfern eines anderen Landes, noch einer anderen Region und nicht einmal in Nachbardörfern zu erwarten. Und selbst wenn das Experiment in den beiden Dörfern in der Zukunft wiederholt würde, wären die Ergebnisse wahrscheinlich sehr unterschiedlich. Im Gegensatz zu den Experimenten in der Medizin können die vielen Einflussfaktoren und deren Interaktionen im Zeitablauf, die das Ergebnis des Experiments bestimmen, nicht annähernd erfasst werden. So ist jedes Ergebnis kontingent, einzigartig und hat wenig generelle Aussagekraft.[16]

Interessenskonflikte und Korruption in Entwicklungsorganisationen

Auch die beste Planung kann Interessenskonflikte nicht aus der Welt schaffen, weder zwischen Entwicklungsorganisationen und deren Partnerinstitutionen in den Entwicklungsländern noch innerhalb dieser Organisationen. Einer dieser Konflikte äußert sich im Widerstand vieler Regierungen der Dritten Welt gegen die Stärkung von Institutionen. Wenn sich Regierende durch Patronage-Politik und *crony capitalism* an der Macht halten, werden sie kaum zu begeisterten Befürwortern von guter Regierungsführung. Sie werden weder zielführend Korruption bekämpfen noch sich für Rechtsstaatlichkeit, Transparenz und Verantwortlichkeit einsetzen. Dieser Konflikt führt zu ausgefeilten Scharaden, wo afrikanische Diktatoren sich feierlich zu *Good Governance* bekennen und sich dieses Bekenntnis entsprechend honorieren lassen. Positive Folgen für Governance hat das keine (Abb. 6.1).

Hinzu kommt, dass sich Korruption ins System geschlichen hat. Das Thema Korruption wurde für Jahrzehnte aus der Entwicklungsdiskussion verdrängt. Wie bei Unternehmen auch ist bei Entwicklungsorganisationen Korruption meist ein Mittel, die Ziele der Organisation zu

Abb. 6.1 ... ich habe nur Transparenz, null Toleranz gegenüber Korruption und gute Regierungsführung erwähnt ... (Quelle: GADO, http://gadocartoons.com/)

verwirklichen, um politische, administrative oder gesellschaftliche Widerstände zu überwinden. Dabei entstehen Effizienzverluste durch irreguläre Selektionsentscheide bei der Projektauswahl oder durch Qualitätseinbußen. Monetäre Verluste ergeben sich durch überhöhte Preise, Veruntreuungen, oder direkte oder indirekte Zuwendungen an Beamte oder andere Vermittler. Solche Verluste können durchaus erheblich sein; sie wurden um die Jahrtausendwende in Indonesien bis auf 30 % der Gesamtkosten der Projekte geschätzt.[17]

In Anbetracht der Widerstände vieler Regierungen gegen *Good Governance* liegt es auf der Hand, dass Hilfsorganisationen versuchen, Leistungen an Bedingungen

zu knüpfen: Verbesserung der wirtschaftlichen Rahmenbedingungen, Stärkung der Kapazität von Verwaltung
und Justiz oder die Erhöhung von Verantwortlichkeit
der Regierung. Solche Auflagen wurden seit Jahrzehnten
gemacht,[18] führten aber kaum je dazu, dass Hilfsgelder
längerfristig entzogen werden.

Einige Gründe liegen bei den Entwicklungsorganisationen selbst. Diese müssen sich rechtfertigen, wenn Gelder
nicht ausgeben werden.[19] Zudem stellt der Abbruch von
Programmen und Projekten einen sichtbaren Misserfolg
dar. Auch tut man sich schwer, sich aus einem Feld zurück-
zuziehen, wo man jahrelang tätig war und langfristige Pläne
hat. Andere Ursachen liegen weniger in Michels ehernem
Gesetz und mehr in humanitären Überlegungen. So kann
es sein, dass auch schon ein partieller Rückzug von Entwicklungshilfeorganisationen soziale Probleme schafft. Solche Überlegungen führten dazu, dass *conditionality,* wie
die Gewährung von Hilfeleistung unter Auflagen genannt
wird, wenig Einfluss auf das Verhalten der Regierungen der
Empfängerländer hatte.[20] Das lässt sich anhand von Korruption illustrieren: Mit zunehmender Korruption scheint
die Entwicklungshilfe eher zu steigen als zu sinken.[21]

Ein anderer Ansatz soll Interessenskonflikte zumindest
entschärfen. Lokale Behörden sollen „Eigentümer" der
Projekte werden, oder, wie der Slogan heißt, *ownership*
übernehmen. Damit sie „Eigentümer" werden, sollen die
Projekte und Programme im Land selber ausgearbeitet
werden. Dabei ist unumstritten, dass Projekte nur dann
Erfolg haben, wenn die Beteiligten auf lokaler Ebene sie
als sinnvoll erachten und sich damit identifizieren können.
Ownership kann dazu einen Beitrag leisten.

Fundamentale Interessenskonflikte lassen sich mit *ownership* jedoch nicht aus der Welt schaffen. Ein *Ownership*-Programm wird einen Minister kaum davon überzeugen können, Korruption effektiv zu bekämpfen, wenn dies seinen fundamentalen Interessen widerspricht. Wenn solche Interessenskonflikte bestehen bleiben, schafft das Anreize, Anträge so zu formulieren, dass sie den Erwartungen der Hilfsorganisationen entsprechen. Damit ist das *ownership*-Programm ausgehebelt.

Conditionality und *ownership* können nicht verhindern, dass Entwicklungshilfe versickert, wenn die von den Hilfsorganisationen angestrebten Ziele von lokalen Behörden und zivilen Gruppen nicht geteilt werden. Besonders offensichtlich ist dies bei *capacity building*. Capacity building geht davon aus, dass die lokalen Behörden die Institutionen zwar stärken wollen, aber unfähig sind, selbstständig Reformprogramme zu formulieren. Es wäre jedoch realistischer, davon auszugehen, dass afrikanische Politiker durchaus in der Lage wären, Organisationsstrukturen neu zu gestalten und Korruption zu bekämpfen, wenn sie dies für aussichtsreich und in ihrem Interesse hielten. Daraus ließe sich zumindest eine Erklärung dafür ableiten, warum die Hilfe bei *capacity building* kaum Erfolge zeitigte.

All diese Faktoren beeinträchtigen, in kleinerem oder größerem Maß, die Wirksamkeit von Entwicklungshilfe, wobei hier nur die Angebotsseite betrachtet wird. Es ist oft fraglich, ob überhaupt genügend aussichtsreiche Projekt vorhanden sind, um die vorhandenen Mittel sinnvoll einzusetzen. Immerhin entstehen durch den Verlust an Wirksamkeit der eingesetzten Mittel, der hier beschrieben wurde, den Entwicklungsländern keine direkten Nachteile.

6.3.2 Fundamentalkritik an Entwicklungshilfe

Die Fundamentalkritik geht einen Schritt weiter. Entwicklungshilfe behindert Entwicklung. Subsahara-Afrika ginge es heute besser ohne Entwicklungshilfe. Wie kann Entwicklungshilfe schädlich sein?

Ökonomen greifen dabei wieder auf die *Dutch Disease* zurück. Der Zufluss von Entwicklungshilfe kann die Wettbewerbsfähigkeit eines Landes untergraben, weil dadurch Wechselkurse und Löhne steigen.

Entwicklungskredite können zu Schuldenproblemen führen. Kredite erlauben es, Einnahmen heute zu erzielen und die Bedienung der Schulden künftigen Regierungen zu überlassen. Durch Korruption verschwinden Gelder spurlos, oder die einmal aufgebaute Infrastruktur zerfällt vorzeitig, die Schulden bleiben. Bauers Szenario, dass die zukünftigen Erträge eines Projekts den Schuldendienst nicht abdecken, ist keineswegs abwegig. So wird erst die Zukunft wird zeigen, ob Äthiopiens gewaltige Investitionen in die Infrastruktur des Landes die notwendigen Einkommen generieren werden, um die aufgenommenen privaten und öffentlichen Kredite zu finanzieren.[22] Ebenso unklar ist, ob die heute von der Weltbank vergebenen Kredite für Schulen, Gesundheitseinrichtungen oder institutionellen Reformen tatsächlich den Weg zu Wirtschaftswachstum, zur Schaffung von neuen Arbeitsplätzen, zu höheren Einkommen und besseren Lebensbedingungen ebnen oder eben in Schuldenfallen enden.

Mosambik: Schulden und Entwicklung

Mosambik war nach dem Ende des Bürgerkriegs im Jahr 1992 lange Zeit ein Vorzeigeland der Entwicklungshilfe. Das hat sich in den letzten Jahren drastisch geändert. Unter anderem wurde ein Auslandskredit aufgenommen, um eine Fischereiflotte anzuschaffen, die von einem staatlichen Unternehmen betrieben werden sollte: Kostenpunkt 850 Mio. Dollar. Nicht nur waren die Boote absurd teuer, mit dem Kredit wurden auch andere Anschaffungen getätigt und die Fischerboote verbringen heute ihre Zeit fast vollständig vertäut am Dock. Als die Fischereigesellschaft ankündigte, sie könne die Kredite nicht bedienen, übernahm der Staat die Anleihen (Economist 16. Juli 2016).

Außerdem leidet das Land unter einer Dürre, und der Bürgerkrieg ist wieder aufgeflammt. Zu alledem wurde noch festgesellt, dass die Regierung in der Vergangenheit ohne Wissen seiner Geldgeber einen Milliardenkredit aufgenommen hatte. Zwar verfügt das Land über hohe Öl- und Gasreserven, die aber noch nicht erschlossen sind. So stolpert das Land in die Zahlungsunfähigkeit – trotz oder wegen seines Ressourcenreichtums.

Durch Entwicklungshilfe fallen in den Entwicklungsländern erhebliche administrative Kosten an. Die hohen Kosten sind teilweise eine Folge der extremen Fragmentierung von Entwicklungshilfe. In vielen Ländern sind hunderte von Hilfsorganisationen tätig, die tausende von Projekten betreuen. Sie alle interagieren in mit der lokalen Verwaltung und den zuständigen Ministerien. Hohe Kosten entstehen auch bei der Einwerbung von Entwicklungshilfegeldern. So müssen Antragssteller extrem hohe bürokratische Hürden nehmen, um die umfassenden planerischen Anforderungen der Geldgeber zu erfüllen.[23]

Zwei Beispiele für die Fragmentierung von Entwicklungshilfe:

In Vietnam führen 56 bilaterale, 19 multilaterale Agenturen und etwa 350 internationale NGOs etwa 8000 Entwicklungsprojekte durch. Tansania produziert jährlich rund 2400 Berichte an Hilfsorganisationen und empfängt etwa 1000 Einsatzteams (sogenannte *missions*) von Geberländern (Phillips 2013).

Entwicklungshilfe belastet die Kapazität der Verwaltung auch dadurch, dass qualifizierte Mitarbeiter von den vielen im Land agierenden ausländischen Hilfsorganisationen abgeworben werden. So wird aus einer schlecht bezahlten, aber dringend benötigten kompetenten medizinischen Fachkraft ein hochbezahlter Administrator einer NGO. Ein anderes Beispiel für die Belastung lokaler Verwaltungen durch Entwicklungshilfe sind die zehntausende Regierungsbeamten, die von Konferenz zu Konferenz reisen, von Workshop zu Workshop. Solche Reisen sind prestigeträchtig und lukrativ, denn es werden hohe Unterhaltspauschalen bezahlt. Sie führen aber oft zu keinen Gewinnen an Humankapital.

Die Fundamentalkritik an Entwicklungshilfe stützt sich jedoch nicht hauptsächlich auf diese konventionellen Kosten-Nutzen-Argumente. Der Entwicklungszusammenarbeit wird zur Last gelegt, dass sie Eigeninitiative, politischen Wandel sowie administrative und politische Reformprozesse behindere. Entwicklungshilfe, die mit dem Anspruch angetreten sei, *Governance* zu verbessern, habe zur Verfestigung von *Bad Governance* beigetragen. Welche Mechanismen sollen dies bewirken?

Das Dilemma des Samariters besteht darin, dass Hilfe Selbsthilfe anspornen, aber auch untergraben kann. Ein Dorf könnte zwar selbst einen Brunnen bauen, wartet aber, bis Entwicklungshilfe die Aufgabe übernimmt. Dörfliche Selbsthilfegruppen lösen sich auf oder transformieren sich in Gruppen auf der Suche nach Entwicklungsgeldern.[24] Der Unterhalt von Infrastruktur wird vernachlässigt, und die dafür bereitgestellten Mittel werden zweckentfremdet, bis der Kollaps von Straßen, Brücken und Gebäuden die Intervention internationaler Geldgeber notwendig macht. Auch in diesem Fall geht es um mehr als die Verschleuderung von Hilfsgeldern. Der Zustand der Infrastruktur ist fast dauerhaft beklagenswert, und die mit dem Unterhalt beauftragten Behörden verharren in Korruption und Apathie.

Entwicklungshilfe kann nicht nur Selbsthilfe unterminieren; sie stabilisiert und stärkt das Patronagesystem. Projekte werden sich meist nicht ohne lokale Vermittler aus Politik, Verwaltung und Gesellschaft erfolgreich realisieren lassen. Diese Zusammenarbeit wird in vielen Fällen Zuwendungen an diese Vermittler erfordern, nicht unbedingt in Form von offenen Bestechungen oder Veruntreuungen, sondern von lukrativen Geschäftsbeziehungen. Vermittler erhalten Zugang zu den für lokale Verhältnisse extrem gut dotierten Stellen bei Hilfsorganisationen, oder sie agieren als Lieferanten, Transportunternehmer oder Berater. Damit werden Entwicklungsorganisationen ein integraler Teil des Patronagenetzwerkes und des Klientelkapitalismus. Der Zufluss von Ressourcen aus Entwicklungshilfe stärkt die Regierung und das politische System als Ganzes und zementiert *Bad Governance.*[25]

Ohne internationale Unterstützung und Entwicklungshilfe, so die Fundamentalkritik, hätten die meisten Regierungen in Subsahara-Afrika entweder Reformen einleiten müssen, oder sie wären kollabiert.[26] Durch einen politischen Umbruch hätten sich neue politische Konstellationen ergeben und damit die Chance, dass sich reformorientierte Regierungen gebildet hätten. Denn politischer Umbruch, so die Erwartung, wird von Zeit zu Zeit Regierungen an die Macht bringen, welche einen Prozess von kultureller, gesellschaftlicher und politischer Transformation einleiten oder verstärken, der zu Entwicklung führt.

6.4 Grenzen der Entwicklungshilfe

Kehren wir zurück zu den zentralen Fragen: Hat Entwicklungshilfe zur Entwicklung beigetragen oder hat sie gar schlechte Regierungsführung gestärkt und damit die Entwicklung der ärmsten Länder behindert?

Entwicklungshilfe hat wesentliche Verbesserungen im Gesundheitswesen bewirkt. Offen bleibt die Frage, ob Entwicklungszusammenarbeit sich positiv auf Einkommens- und Produktivitätssteigerungen ausgewirkt hat oder, anders ausgedrückt, ob sie Voraussetzungen für eine nachhaltige Verbesserung der Lebensbedingungen geschaffen hat. Statistische Studien und die der Entwicklungszusammenarbeit innewohnenden Probleme deuten darauf hin, dass dies nicht der Fall war.

Die Gründe sind vielfältig. Weil sie dem System der Entwicklungszusammenarbeit inhärent sind, ist nicht zu erwarten, dass ein „Lernprozess" oder eine weitere

„Neuerfindung" von Entwicklungshilfe sie wesentlich verringert. Zwar gibt es radikale Vorschläge, die viele dieser Schwierigkeiten aus dem Weg räumen würden, wie Direktzahlungen an Bedürftige in der Dritten Welt. Solche Vorschläge werden jedoch kaum auf die Zustimmung der Entwicklungshilfeorganisationen stoßen.

Einer der wichtigsten Ursachen für das Scheitern von Entwicklungshilfe lag darin, dass sie nicht in der Lage war, Regierungen zur Verbesserung der Governance zu bewegen. Das ist zum einen auf den Widerstand der Regierungen zurückzuführen, die sich mit Patronage-Politik und Klientelkapitalismus an der Macht halten und sich Reformen widersetzen, die ihre Macht untergraben: von der Bekämpfung von Korruption und größerer Transparenz bis hin zu einer unabhängigen Justiz. Zum anderen ist es dem Unwillen der Entwicklungsorganisationen geschuldet, *conditionality* einzufordern.

Die fundamentale Kritik an Entwicklungshilfe geht einen Schritt weiter: Die Hilfe verpuffe nicht nur wirkungslos, sondern habe die Entwicklung der Dritten Welt sogar beeinträchtigt, indem sie Selbsthilfe und politischen Wandel untergraben habe.

Diese Kritik ist insoweit überzeugend, als Entwicklungshilfe tatsächlich mitgeholfen hat, korrupte Regimes zu stabilisieren. Offen bleibt die Frage, ob die Abwesenheit von Entwicklungshilfe tatsächlich den gewünschten politischen Wandel hervorgerufen hätte. Während die Befürworter von Entwicklungshilfe lange Zeit deren positiven Auswirkungen überschätzt haben, besteht nun die Gefahr, dass die Fundamentalkritik die negativen Auswirkungen überbewertet. Es ist durchaus wahrscheinlich, dass ohne

Entwicklungshilfe Afrikas politische Geschichte nicht wesentlich anders verlaufen wäre.

Ob die armen Länder der Armut entrinnen, wird davon abhängen, ob sie in der Lage sind, eine Industrialisierung einzuleiten. Dazu müssen Unternehmen entstehen, die mit Hilfe von Kapital und fortgeschrittener Technologie die Produktivität der Arbeitnehmer steigern. Solche Unternehmen entstehen und expandieren jedoch nur dann, wenn eine Regierung an der Macht ist, die Entwicklungspolitik betreibt. Die dazu erforderliche politische Transformation ist wiederum verwoben mit gesellschaftlichen und kulturellen Veränderungen. Zu einem solchen Wandel kann Entwicklungshilfe keinen entscheidenden Beitrag leisten.

Endnoten

1. 2012 waren dies Tansania, Senegal, Benin, Sierra Leone, Uganda, Mosambik, Kap Verde, Côte d'Ivoire, Mali, Burkina Faso, Ruanda, Sao Tomé und Príncipe, Zentralafrikanische Republik und Liberia.
2. Van de Walle 2001, S. 7–8.
3. Abschn. 4.2.1.
4. Bauer 1976, S. 127.
5. Für eine Übersicht und Evaluation der hunderten von Studien siehe Philipps 2013, Kap. 3.
6. Phillips 2013, S. 16–19.
7. Munk 2013.
8. United Nations 2015.
9. Gemäß Transparency International und den Indikatoren der Weltbank.

10. Siehe Mahmud, Asadullah und Savoia 2013.

11. Michels 1925.

12. Der Klassiker dazu ist Hancock (1989). Eberhard Reusse liefert eine hervorragende Darstellung der Probleme von Entwicklungshilfe durch einen Insider (2002).

13. Abschn. 4.2.1.

14. Beim Bau von Staudämmen beispielsweise.

15. Die sogenannten Randomised Impact Evaluations (RIEs).

16. Siehe Abschn. 1.3.

17. Cremer 2000: Kap. 6, Abschn. 8.1; Ravelo 2012.

18. Konditionalität wurde ein wesentlicher Bestandteile der Programme des IWF in den 80er Jahren.

19. Weil damit die Mittelabflussvorgaben nicht erfüllt werden.

20. Dabei hilft eine andere elaborierte Scharade in der Entwicklungspolitik. Empfänger erfüllen Formalien, denen jede praktische Bedeutung fehlt (Pritchett, Woolcock and Andrews 2013).

21. Alesina und Weder 2002.

22. Kapp 2014.

23. Beispielsweise Poverty Reduction Strategy Papers (PRSPs), ein System extensiver Planung, das die Kapazitäten vieler Entwicklungsländer überfordert (Phillips, 2013; Grindle 2002, 2007).

24. Booth und Cammack 2013, Kap. 5.

25. Van de Walle 2001, S. 5.

26. Van de Walle 2001, S. 59–60. Auch der Zerfall der Qualität der Bildungseinrichtungen in Subsahara-Afrika, begleitet von massivem Zufluss an Entwicklungshilfegeldern, deutet darauf hin, dass Entwicklungszusammenarbeit nicht die Lösung, sondern ein Teil des Governance-Problems geworden ist.

7

Wohlfahrt, Entwicklung, Wachstum. Zwischen Planung und Zufall

Wir haben eine Reise hinter uns, die mit der Industrialisierung in England vor 200 Jahren begann und im Zeitalter der Globalisierung endet. Zwei Jahrhunderte lang hat sie das Leben jeder Generation von neuem umgepflügt. Die Industrialisierung hat sich rasch nach Westeuropa und Nordamerika verbreitet und den Industrienationen ungeahnten Wohlstand gebracht, die Arbeitsbelastung halbiert und die Lebensdauer verdoppelt. Erst in der zweiten Hälfte der 20. Jahrhunderts haben einige asiatische Länder zu den alten Industrienationen aufschlossen, andere gehen durch einen unterschiedlich schnellen Industrialisierungsprozess, wieder andere verharren seit langem im Bereich der mittleren Einkommen und einige sind arm geblieben.

Das Zeitalter der Globalisierung hat fast allen Entwicklungsländern große Wohlfahrtsgewinne gebracht. Selbst in den ärmsten Ländern, die kaum von der Industrialisierung

© Springer Fachmedien Wiesbaden GmbH 2017
O. Kurer, *Entwicklungspolitik heute*,
DOI 10.1007/978-3-658-12399-4_7

erfasst wurden, haben sich die Lebensumstände fast überall wesentlich verbessert. Auch die weltweite Ungleichheit, entgegen der weit verbreiteten Meinung, ist eher gefallen als gestiegen.

David Humes vor über 200 Jahren formulierte Erwartung, dass sich Wohlstand rasch verbreiten würde, ist jedoch nicht eingetroffen. Dabei waren Humes Vorstellungen keineswegs unvernünftig. Wissen über Technologien und Organisationsformen verbreiten sich, Produktionsmethoden lassen sich kopieren, niedrige Löhne versprechen hohe Gewinne, locken Investoren ins Land und regen einheimisches Unternehmertum an. Innovationen und Investitionen, verbunden mit mehr Wissen, führen zu Produktivitätssteigerungen, verbesserten Lebensumständen und sollten schließlich zur Konvergenz der Einkommen führen.

Auch war es nicht so, dass die Politikmaßnahmen zur Förderung des Wohlstands der Nationen nicht seit der Klassik bekannt gewesen wären. Sichere Eigentumsrechte, Handels- und Gewerbefreiheit, Erhaltung von Wettbewerb, Integration in die Weltwirtschaft bis bin zur Bereitstellung öffentlicher Güter und der Regelung von Marktversagen waren Teil des klassischen Kanons. Seitdem sind Forderungen nach der Förderung einheimischer Industrie durch staatliche Interventionen und die Schaffung makroökonomischer Stabilität hinzugekommen. Dass diese Handlungsempfehlungen an die Gegebenheiten der Länder angepasst werden müssen, war auch schon früher bekannt. Und dass die Anwendungen dieser Grundsätze einen großen Spielraum für Meinungsverschiedenheiten zulassen, wurde an den Beispielen von internationalem Handel und Privatisierungen gezeigt.

7.1 Konvergenz der Lebensbedingungen

Warum ging, entgegen den Erwartungen der Ökonomen, die Konvergenz so schleppend vor sich? Die geografische Lage oder das Klima können dazu beigetragen haben. Manche Länder Afrikas und kleine abgelegene Inselstaaten leiden unter solchen Nachteilen. In den meisten Ländern liegt die Ursache dauerhafter Armut jedoch in lokalen sozialen, politischen und kulturellen Gegebenheiten.

Als am weitesten verbreitete Ursache für wirtschaftliche Stagnation gilt seit der Klassik ein Staat, der Eigentumsrechte missachtet und dessen Kapazität zu gering ist, um öffentliche Güter bereitzustellen. *Bad Governance* hat in Subsahara-Afrika und Ländern wie Bangladesch und Pakistan seit Jahrzehnten allen Reformbemühungen getrotzt und die für eine Industrialisierung notwendige Investitions- und Innovationstätigkeit effektiv verhindert.

Warum hat sich die Governance nicht verbessert? Eine Erklärung ist Patronage-Politik und *crony capitalism*. Dieses politische System erlaubt den Regierenden nicht nur, riesige private Vermögen anzuhäufen, sondern stärkt auch ihren Machterhalt, da ihre Anhänger mit Einkommen und Privilegien versorgt werden können. Wenn Patronage- oder Klientelbeziehungen alle Bereiche des Staates durchdringen und korrumpieren, richten sich politische und administrative Handlungen nicht nach gesetzlichen Vorgaben oder gesellschaftlichen Interessen, sondern den persönlichen Bedürfnissen der politischen Klasse und ihrer Anhänger. Reformen scheitern am Widerstand der Regierenden, deren Reichtum, die Macht und Einfluss sie gefährden.

Obwohl Klientelbeziehungen und die internationale Gemeinschaft Patronagesysteme stützen, bleibt eine immanente Instabilität. Dem System mangelt es schon deshalb an Legitimität, weil es wirtschaftlich nicht erfolgreich und hochgradig korrupt ist. Damit werden Regierungen, die sich durch Patronage-Politik an der Macht halten, anfällig für Opposition. Regierungswechsel, selbst wenn sie im Namen von Demokratie und *Good Governance* stattfinden, führen allerdings selten zu besserer Regierungsführung. Dennoch ist es wahrscheinlich, dass politischer Wandel von Zeit zu Zeit neue Elitenkoalitionen an die Macht bringt, die ein Interesse an effektiver und nicht korrupter Regierung haben und in der Lage sind, Patronage-Politik zurückzudrängen.

Weder die aktuellen Ursachen noch der Ablauf und der Zeitpunkt solcher Transformationen sind voraussehbar. Wir befinden uns wieder im Bereich der Ungewissheit, von Kontingenz[1]. Da die Bedingungen nicht bekannt sind, welche verantwortungsbewusste Regierungen hervorbringen, wird der Druck durch die internationale Gemeinschaft nur zufällig erfolgreich sein. Er kann ebenso gut das Gegenteil bewirken, wie die Beispiele in Nordafrika dramatisch gezeigt haben.

7.2   Die Rolle der Entwicklungspolitik

Welche Einsichten zur Entwicklungspolitik hat das Buch zu vermitteln versucht? Produktivitäts- und Einkommensentwicklungen sind die Grundlagen jeder Art von Wohlfahrtssteigerungen. Wirtschaftliche Entwicklung ist fast immer eine Folge von wirtschaftlichen Rahmenbedingungen, welche Investitionen und Innovationen fördern; diese Rahmenbedingen setzen eine Regierung voraus, welche Entwicklungspolitik betreibt und über eine Verwaltung verfügt, die diese Politik implementiert; solche Regierungen entstehen aufgrund komplexer politischer, gesellschaftlicher und kultureller Gegebenheiten. Politischer Wandel, der solche Regierungen hervorbringt, ist kontingent und auch nicht annähernd genau steuerbar.

Diese Sichtweise steht im Gegensatz zu einer Reihe von heute weit verbreiteten Vorstellungen, welche die Politik von Entwicklungsorganisationen stark beeinflussen. Da ist zum einen die Überzeugung, dass die politische Entwicklung von Ländern der Dritten Welt gesteuert werden kann. Zum anderen besteht die Auffassung, dass sich Entwicklungspolitik auf Sozial- und Umweltpolitik konzentrieren soll, und Produktivitätssteigerungen sich als Folge sozialer Entwicklung von selbst ergeben würden.

Illustrieren lässt sich diese Orientierung mit der von der UNO verabschiedeten 2030 Agenda für nachhaltige Entwicklung[2] mit ihren 17 Entwicklungszielen und insgesamt 169 Unterpunkten. Die Agenda ist das Resultat eines langen Verhandlungsprozesses mit zehntausenden von Teilnehmern und besteht aus einem schwer zusammenfassbaren Sammelsurium von Aufgaben.

Die 17 Ziele beinhalten unter anderem: Beendung von Armut (1) und Hunger (2), Gewährleistung eines gesunden Lebens (3), hochwertige Bildung für alle (4), Gendergleichheit (5), universeller Zugang zu sauberem Wasser und sanitären Einrichtungen (6) und zu Energieversorgung (7), Förderung von inklusivem Wachstum und Vollbeschäftigung (8), Ausbau der Infrastruktur und Förderung von integrativer Industrialisierung und Innovationen (9), Verringerung der Ungleichheit zwischen den Ländern (10), Verbesserung der Lebensumstände in Städten (11), Gewährleistung von nachhaltigem Konsum und Produktionsstrukturen (12), Maßnahmen zum Klimaschutz (13), nachhaltige Nutzung der Meere (14) und der Ökosysteme zu Lande (15), Förderung friedlicher und integrativer Gesellschaften (16) und Stärkung globaler Partnerschaft für Entwicklung (17). Hinzu gesellen sich die vielen Unterziele, die zum Teil nur lose mit den Oberzielen verknüpft sind.[3]

Die Welt der Entwicklungszusammenarbeit, angetreten mit dem Ziel, durch Wirtschaftswachstum den Wohlstand der Entwicklungsländer zu fördern, hat sich heute weitgehend der Sozial- und Umweltpolitik verschrieben. Dabei spricht nichts gegen eine solche Re-Orientierung, sofern dabei das Bewusstsein erhalten bleibt, dass sich ohne Industrialisierung die soziale Lage der Bevölkerung nicht nachhaltig verbessern lässt. Erst das damit in den Entwicklungsländern erzeugte Produktivitätswachstum schafft die Ressourcen, um Sozial- und Umweltpolitik in größerem Umfang zu betreiben.

Zu diesem Bewusstsein gehört auch, dass das Wirtschaftswachstum der Industriellen Revolution durchgehend große soziale Fortschritte mit sich gebracht hat. Überall da, wo die Durchschnittseinkommen markant stiegen, sei es in Europa, Nordamerika, Japan, China, Indien oder Indonesien, hat sich die soziale Lage der Bevölkerung stark verbessert, und zwar einschließlich der unteren Einkommensgruppen.

Industrialisierung ist oft verbunden mit steigender Ungleichheit. Mehr Einkommensungleichheit lässt sich dann rechtfertigen, wenn sie als Begleiterscheinung von Wachstum auftritt, das die Lebensbedingungen der ärmsten Bevölkerungsteile stark verbessert.[4] Dadurch relativiert sich die Kritik an steigender Ungleichheit in Ländern wie China, wo gleichzeitig das Einkommen der unteren Einkommensschichten markant steigt.

Der Zusammenhang zwischen wirtschaftlicher und sozialer Entwicklung ist nicht zufällig. Mit steigenden Einkommen wird die Ernährung reichlicher, Wohnungen werden mit sanitären Anlagen und Elektrizität ausgestattet, Eltern können leichter auf Kinderarbeit verzichten und suchen die Lebenschancen ihrer Kinder durch Bildung zu erhöhen. Höheres Einkommen erlaubt besseren Zugang zu staatlicher und privater Gesundheitsversorgung. Steigendes Einkommen erhöht das Potenzial an Steuereinnahmen und damit die Möglichkeiten der Regierungen, die soziale und physische Infrastruktur auszubauen.

Vielleicht die wichtigsten Wohlfahrtsgewinne entstehen durch das wachsende Angebot an Arbeitsplätzen mit regelmäßiger Beschäftigung und einem Einkommen, das über den vorhandenen Alternativen liegt. Mit den neuen Erwerbsmöglichkeiten verbessert sich auch die Lage der Frauen. Der Zugang zu eigenen finanziellen Mitteln durch Erwerbsarbeit ist wahrscheinlich der erfolgversprechendste Weg zu mehr Gendergleichheit.

So ist es denn kein Zufall, dass markante Produktivitäts- und Einkommensgewinne durchwegs auch zu sozialer Entwicklung geführt und damit ihren Beitrag zur menschlichen

Wohlfahrt geleistet haben. Von sozialer Entwicklung hingegen führt kein direkter Weg zur Industrialisierung.

Zwar steigt mit besserer Ernährung, Gesundheit und Bildung die Leistungsfähigkeit der Menschen. Gendergleichheit hat die gleiche Auswirkung, weil dies Ernährung, Gesundheit und Bildung der Frauen fördert. Eine steigende Leistungsfähigkeit der Bevölkerung bedeutet jedoch nicht, dass wesentlich mehr investiert wird, dass Innovationen stark zunehmen und dass sich eine unternehmerische Dynamik entwickelt, die sich nicht in der Verbreitung von Kleinstbetrieben erschöpft. Eine größere potenzielle Leistungsfähigkeit der Bevölkerung wird sich dann nicht in merklich in mehr Wohlstand niederschlagen, wenn die wirtschaftlichen Rahmenbedingungen stark entwicklungshemmend sind.

Ob wesentliche Fortschritte bei der Agenda 2030 gemacht werden hängt im Wesentlichen vom Fortgang der Industrialisierung in den Entwicklungsländern ab, und die wiederum von der Qualität der Governance. Trotz der enormen Summen, welche in die armen Länder der Dritten Welt geflossen sind, hat Entwicklungshilfe diesen Entwicklungsprozess nicht wesentlich beschleunigt, und es ist sehr unwahrscheinlich, dass dies in der Zukunft geschehen wird.

Das wiederum rechtfertigt nicht die Abschaffung von Entwicklungshilfe. Es gibt viele sinnvolle Einsätze zur Verbesserung der sozialen Lage benachteiligter Gruppen in Entwicklungsländern. Nur sollte dies nicht zur Vorstellung verleiten, dass Entwicklungshilfe zu einer umfassenden und nachhaltigen Verbesserung der Wohlfahrt der Menschen in der Dritten Welt führt.

Endnoten

1. Theorien über den Übergang von Patrimonialismus zu einem institutionalisierten Staat sind kaum über Ansätze hinausgekommen (z. B. Fukuyama 2014, Teil IV; North, Wallis und Weingast 2013, Kapitel VI).
2. Sie wurde von der Generalversammlung der UNO im Oktober 2015 verabschiedet.
3. United Nations, 2015b (2030 Agenda).
4. Rawls 1975, S. 96. Nach Rawls Unterschiedsprinzip.

Literatur

African Development Bank. (2012). *Cape Verde. The road ahead.* http://www.afdb.org/fileadmin/uploads/afdb/Documents/Project-and-Operations/Cape%20Verde%20-%20The%20Road%20Ahead.pdf. Zugegriffen: 12. Nov. 2011.

Alesina, A., & Weder, B. (2002). Do corrupt governments receive less foreign aid? *American Economic Review, 92*(4), 1126–1137.

Algan, Y., & Cahuc, P. (2010). Inherited trust and growth. *American Economic Review, 100*(5), 2060–2092.

Allen, R. C. (2009). *The British industrial revolution in global perspective.* Cambridge: Cambridge University Press.

Amsden, A. (1989). *Asia's next giant: South Korea and late industrialization.* Oxford: Oxford University Press.

Bach, D. C., & Gazibo, M. (2012). *Neopatrimonialism in Africa and beyond.* London: Routledge.

Banfield, E. (1958). *The moral basis of backward society.* Glencoe: Free Press.

© Springer Fachmedien Wiesbaden GmbH 2017
O. Kurer, *Entwicklungspolitik heute,*
DOI 10.1007/978-3-658-12399-4

Bates, R., & Krüger, A. (1993). *Political and economic interactions in economic policy reform.* Oxford: Basil Blackwell.

Bauer, P. (1976). *Dissent on development.* London: Weidenfeld & Nicolson.

Baumol, W., Litan, R. E., & Schramm, C. J. (2007). *Good capitalism, bad capitalism, and the economics of growth and prosperity.* New Haven: Yale University Press.

Birdsall, N., Torre, A. de la, & Menezes, R. (2008). *Fair growth.* Washington: Center for Global Development.

Birdsall, N., Torre, A. de la, & Caiceda, F. V. (2010). *The Washington consensus: Assessing a damaged brand name.* Center for Global Development. http://www.cgdev.org/publication/washington-consensus-assessing-damaged-brand-working-paper-213. Zugegriffen: 26. März 2015.

Booth, D., & Cammack, D. (2013). *Governance for development in Africa: Solving collective action problems.* New York: Zed Books.

Boyce, J. K., & Ndikumana, L. (2012). *Capital flight from Sub-Saharan African countries: Updated estimates, 1970–2010.* Political Economy Research Institute. http://www.peri.umass.edu/236/hash/d76a3192e770678316c1ab39712994be/publication/532/. Zugegriffen: 24. Juni 2014.

Burgis, T. (2015). *The Looting machine: Warlords, tycoons, smugglers and the systematic theft of Africa's wealth.* London: William Collins.

Castley, R. (1997). *Korea's economic miracle.* London: Macmillan.

Clark, C. (1940). *The conditions of progress.* London: Macmillan.

Clark, G. (1996). The political foundations of modern economic growth: England, 1540–1800. *Journal of Interdisciplinary History, 26*(4), 563–588.

Clark, G. (2007). *A farewell to Alms: A brief economic history of the World.* Princeton: Princeton University Press.

Collier, P. (2007). *The bottom billion: Why the poorest countries are failing and what can be done about it.* Oxford: Oxford University Press.

Cremer, G. (2000). *Korruption begrenzen: Praxisfeld Entwicklungspolitik*. Freiburg: Lambertus.

De Gregorio, J. (2014). *How Latin America weathered the global financial crisis*. Washington: Petersen Institute.

De Soto, H. (1989). *The other path. The invisible revolution in the Third World*. London: Tauris.

De Soto, H. (2000). *The mystery of capital. Why capitalism triumphs in the West and fails everywhere else*. New York: Basic Books.

De Tocqueville, A. (1856). *The ancien régime and the French Revolution*. http://assets.cambridge.org/97805217/18912/frontmatter/ 9780521718912_frontmatter.pdf. Zugegriffen: 3. Aug. 2016.

De Vries, J. (2008). *The industrious revolution. consumer behavior and the household economy. 1650 to the present*. Cambridge: Cambridge University Press.

De Waal, F. (2006). *Primaten und Philosophen*. Princeton: Princeton University Press.

Deaton, A. (2013). *The great escape: Health, wealth, and the origins of inequality*. Princeton: Princeton University Press.

Detel, W. (2007). *Grundkurs Philosophie. Philosophie des Sozialen* (Bd. 5). Stuttgart: Reclam.

Devarajan, S., & Fengler, W. (2013). Africa's economic boom: Why the pessimists and the optimists are both right. *Foreign Affairs, 92*(3), S. 68–81.

Drèze, J., & Sen, A. (2013). *An uncertain glory. India and its contradictions*. London: Penguin.

Easterlin, R. A. (1974). Does economic growth improve the human lot? Some empirical evidence. In P. A. David & M. W. Reder (Hrsg.), *Nations and households in economic growth. Essays in honor of Moses Abramovitz* (S. 89–125). New York: Academic Press.

Easterlin, R. A., Switek, M., & Wang, F. (2012). *Proceedings of the national academy of sciences of the United States of America*. China's life satisfaction, 1990–2010. http://www.pnas.org/content/109/25/9775.full.pdf+html. Zugegriffen: 1. März 2014.

Economist. (5. Oktober 2013). *Railways in Buenos Aires. Not driving but sleeping.* http://www.economist.com/news/americas/21587217-government-decides-it-time-shake-things-up-not-driving-sleeping. Zugegriffen: 12. Okt. 2013.

Economist. (17. Mai 2014). *The PPP traffic jam. The need for a return of government as road-builder.* http://www.economist.com/news/americas/21602213-need-return-government-road-builder-ppp-traffic-jam. Zugegriffen: 25. Nov. 2015.

Economist. (14. Juni 2014). *Energy subsidies. Price squeeze.* http://www.economist.com/news/finance-and-economics/21604219-popular-and-harmful-energy-subsidies-are-hardbut-not-impossibleto-kill-price. Zugegriffen: 30. März 2015.

Economist. (9. August 2014). *Ghana and the IMF. Time for thrift.* http://www.economist.com/news/finance-and-economics/21611155-mounting-deficit-forces-ghana-ask-help-time-thrift. Zugegriffen: 12. März 2015.

Economist. (6. September 2014). *Nigeria's jihadists. The other caliphate.* http://www.economist.com/news/middle-east-and-africa/21615642-boko-haram-now-taking-territory-and-threatens-state-capital-other. Zugegriffen: 18. Febr. 2015.

Economist. (11. Oktober 2014). *Crony capitalism. Friends in high places.* http://www.economist.com/news/business/21623696-how-cronyism-undermines-growth-jobs-and-competition-friends-high-places. Zugegriffen: 21. Okt. 2014.

Economist. (1. November 2014). *Goon Squad.* Special Report Iran. http://www.economist.com/news/special-report/21628602-will-conservative-camp-sink-nuclear-deal-goon-squad. Zugegriffen: 11. Nov. 2014.

Economist. (14. März 2015). *Corruption in Latin America. Democracy to the rescue.* http://www.economist.com/news/americas/21646272-despite-epidemic-scandal-region-making-progress-against-plague-democracy?zid=309&ah=80dcf288b8561b012f603b9fd9577f0e. Zugegriffen: 14. März 2015.

Economist. (4. April 2015). *Special economics zones. Political priority, economic gamble.* http://www.economist.com/ news/finance-and-economics/21647630-free-trade-zones-are-more-popular-everwith-politicians-if-not?fsrc=rss. Zugegriffen: 26. Mai 2015.

Economist. (9. Mai 2015). *Pakistan's car industry.* http://www. economist.com/news/asia/21650570-absurdly-protected-industry-flop-gear?zid=306&ah=1b164dbd43b0cb27ba0d4 c3b12a5e227. Zugegriffen: 25. Mai 2015.

Economist. (7. November 2015). *Industrialisation in Africa.* http://www.economist.com/news/middle-east-and-africa/21677633-there-long-road-ahead-africa-emulate-east-asia-more-marathon. Zugegriffen: 21. Nov. 2015.

Economist. (16. Juli 2016). *Mozambique. Fishy finances. A donor darling stumbles towards bankruptcy.* http://www.economist. com/news/middle-east-and-africa/21702178-donor-darling-stumbles-towards-bankruptcy-fishy-finances. Zugegriffen: 20. Juli 2016.

Edmonds, E. V., & Pavcnik, N. (2005). Child labor in the global economy. *Journal of Economic Perspectives, 19*(1), 199–220.

Edwards, S. (2014). *Toxic aid.* Oxford: Oxford University Press.

Elster, J. (1856). *Introduction zu Alexis de Tocqueville: The ancien régime and the French Revolution.* http://assets.cambridge. org/97805217/18912/frontmatter/9780521718912_front-matter.pdf. Zugegriffen: 9. Febr. 2014.

Evans, P. (1995). *Embedded autonomy. States and industrial transformation.* Princeton: Princeton University Press.

Freedom House. (2015). *Freedom in the world.* https://freedom-house.org/report/freedom-world-2015/maps. Zugegriffen: 9. Jan. 2016.

Fukuyama, F. (2014). *Political order and decay: From the industrial revolution to the globalisation of democracy.* London: Profile Books.

Furnivall, J. S. (1948). *Colonial policy and practice. A comparative study of Burma and Netherland India.* New York: New York University Press.

Gerichtshof der Europäischen Union. (2003). *InfoCuria – Rechtsprechung des Gerichtshofs.* Schlussanträge des Generalstaatsanwalts Siegbert Alber. http://curia.europa.eu/juris/document/document.jsf?docid=48138&doclang=de&mode=&part=1. Zugegriffen: 10. Mai 2014.

Gerschenkron, A. (1962). *Economic backwardness in historical perspective.* New York: Belknap Press.

Geschiere, P. (1997). *The modernity of witchcraft: Politics and the occult in postcolonial Africa.* Charlottesville: University of Virginia Press.

Geschiere, P. (2013). *Witchcraft, intimacy and trust. Africa in comparison.* Chicago: University of Chicago Press.

Global Witness. (2016). *Hostile takeover. How Cambodia's ruling family are pulling the strings on the economy and amassing vast personal fortunes with extreme consequences for the population.*

Godwin, W. (1793). *Enquiry concerning political justice.* http://oll.libertyfund.org/titles/236. Zugegriffen: 13. Febr. 2015.

Grindle, M. (2007). Good enough governance revisited. *Development Policy Review, 25*(5), 553–574.

Grindle, M. S. (2002). *Good enough governance: Poverty reduction and reform in developing countries.* http://www.gsdrc.org/docs/open/hd32.pdf. Zugegriffen: 20. Febr. 2016.

Haefliger, M. M. (18. Juli 2015). Turbulenzen im Luftraum über Afrika. *NZZ Internationale Ausgabe,* 13.

Hancock, G. (1989). *The lords of poverty: The power, prestige, and corruption of the international aid business.* London: Macmillan.

Higgins, B. (1968). *Economic development: Problems, principles, and policies.* New York: Norton.

Hildebrand, K. (18. Oktober 2013). Wir verschwenden Potenzial. Ein Gespräch mit der Kulturanthropoligin Sabine Hess. *Süddeutsche Zeitung,* 12.

Hirschman, A. O. (1958). *The strategy of economic development.* New Haven: Yale University Press.

Hirschman, A. O. (1981). The rise and decline of development economics. In A. O. Hirschman (Hrsg.), *Essays in trespassing. Economics to politics and beyond.* Cambridge: Cambridge University Press.

Ibrahim Index of African Governance (IIAG). (2014). http://www.moibrahimfoundation.org/interact/. Zugegriffen: 24. Apr. 2015.

Inglehart, R. (1997). *Modernization and postmodernization: Cultural, economic, and political change in 43 societies.* Princeton: Princeton University Press.

International Labour Organization. (2013). *Making progress against child labour. Global estimates and trends. 2000–2013.* http://www.ilo.org/wcmsp5/groups/public/---ed_norm/---ipec/documents/publication/wcms_221513.pdf. Zugegriffen: 15. Apr. 2013.

International Labour Organization. (2014). *Developing with jobs.* http://www.ilo.org/wcmsp5/groups/public/---dgreports/---dcomm/documents/publication/wcms_243962.pdf. Zugegriffen: 16. Jan. 2015.

Jacob, M. C. (2011). *Review of Wrigley, E. A. Energy and the English Industrial Revolution.* Humanities and Social Sciences. http://www.h-net.org/reviews/showrev.php?id=31708. Zugegriffen: 30. Okt. 2013.

Jerven, M. (2013). *Poor numbers. How we are misled by African development statistics and what to do about it.* Ithaca: Cornell University Press.

Jerven, M., & Duncan, M. E. (2012). *Revising GDP estimates in sub-Saharan Africa: Lessons from Ghana.* The African Statistical Journal, Vol. 15. http://www.afdb.org/fileadmin/uploads/afdb/Documents/Publications/ASJ15%20Section1%20Eng.pdf. Zugegriffen: 30. Okt. 2014.

Jevons, S. (1865). *The coal question: An inquiry concerning the progress of the nation, and the probable exhaustion of our coal mines.* Library of economics and liberty. http://www.econlib.org/library/YPDBooks/Jevons/jvnCQ.html. Zugegriffen: 10. Apr. 2014.

Kapp, J.-P. (9. Oktober 2014). Äthiopiens ehrgeizige Infrastrukturprojekte. *Neue Zürcher Zeitung.* http://www.nzz.ch/wirtschaft/aethiopiens-ehrgeizige-infrastrukturprojekte-1.18400566. Zugegriffen: 10. Okt. 2014.

Kaufmann, D., Kraay, A., & Mastruzzi, M. (2010). *The worldwide governance indicators: Methodology and analytical issues.* SSRN. http://papers.ssrn.com/sol3/papers.cfm?abstract_id=1682130. Zugegriffen: 26. Juni 2015.

Killick, T. (1998). *Aid and the political economy of policy change.* London: Routledge.

Killick, T. (2010). *Development economics in action* (2nd ed.). New York: Routledge.

Knight, F. (1921). *Risk, uncertainty and profit.* Boston, MA: Houghton Mifflin.

Kohnert, D. (1996). Magic and witchcraft: Implications for democratization and poverty-alleviating aid in Africa. *World Development, 24*(8), 1347–1355.

Kohnert, D. (1997). *Zum Einfluss des Okkulten auf staatliche Legitimität und Demokratisierungshilfe in Afrika.* https://www.google.com/search?q=kohnert+hexerei&ie=utf-8&oe=utf-8. Zugegriffen: 26. Dez. 2014.

Kremb, J. (11. Juli 2016). Kambodschas gierige Elite. *Neue Zürcher Zeitung.* http://www.nzz.ch/wirtschaft/wirtschaftspolitik/kambodschas-gierige-elite-die-kleptomanen-von-phnom-penh-ld.105044. Zugegriffen: 20. Juli 2016.

Kuran, T. (2010). *The long divergence: How Islamic law held back the Middle East.* Princeton: Princeton University Press.

Kurer, O. (2005). Corruption: An alternative approach to its definition and measurement. *Political Studies, 53*(1), 222–239.

Lakner, C., & Milanovic, B. (2013). *Global income distribution. From the fall of the Berlin Wall to the great recession.* The World Bank. http://econ.worldbank.org/external/default/main?pageP K=64165259&theSitePK=469382&piPK=64165421&men uPK=64166093&entityID=000158349_20131211100152. Zugegriffen: 25. Juni 2014.

Lal, D. (1983). *The poverty of development economics.* London: Institute of National Affairs.

Layard, R. (2005). *Die glückliche Gesellschaft. Was wir aus der Glücksforschung lernen können.* Frankfurt: Campus.

Leftwich, A. (1995). Bringing politics back in: Towards a model of the developmental state. *Journal of Development Studies, 31*(3), 400–427.

Mächtige Familienclans im Reich Ben Alis. (27. April 2002). *Neue Zürcher Zeitung.* http://www.nzz.ch/article82UZX-1.388845. Zugegriffen: 15. Aug. 2014.

Maddison Project. (2013). *Database.* http://www.ggdc.net/maddison/maddison-project/data.htm. Zugegriffen: 16. Febr. 2015.

Mahmud, W., Asadullah, M. N., & Savoia, A. (2013). *Bangladesh's achievements in social development indicators: Explaining the puzzle.* ICG International Growth Centre. http://www.theigc.org/wp-content/uploads/2014/09/Asadullah-Et-Al-2013-Policy-Brief.pdf. Zugegriffen: 20. Sept. 2016.

McClelland, D. (1961). *The achieving society.* Princeton: Van Nostrand.

McCloskey, D. N. (2010). *Bourgeois dignity. Why economics can't explain the modern world.* Chicago: University of Chicago Press.

Meadows, D. H., Meadows, D. L., Randers, J., & Behrens III, W. W. (1972). *The limits to growth. A report for the Club of Rome's project on the predicament of mankind.* London: Pan Books.

Michels, R. (1925). *Zur Soziologie des Parteiwesens in der modernen Demokratie.* Stuttgart: Kröner.

Milanovic, B. (2005). *Worlds apart: Measuring international and global inequality*. Princeton: Princeton University Press.

Mokyr, J. (2005). The intellectual origins of modern economiy growth. *Journal of Economic History, 65*, 285–351.

Mokyr, J. (2010). Entrepreneurship and the industrial revolution in Britain. In J. Mokyr & W. J. Baumol (Hrsg.), *The invention of enterprise* (S. 183–210). Princeton: Princeton University Press.

Montesquieu, C. L. (1748). *Complete works: Bd. 1. The spirit of laws*. Online Library of Liberty. http://oll.libertyfund.org/titles/montesquieu-complete-works-vol-1-the-spirit-of-laws. Zugegriffen: 6. Mai 2014.

Morgan, K. (2001). *Slavery, Atlantic trade and the British economy*. Cambridge: Cambridge University Press.

Muller, J. Z. (2002). *The mind and the market. Capitalism in Western thought*. New York: Knopf.

Munk, N. (2013). *The idealist. Jeffrey Sachs and the quest to end poverty*. New York: Doubleday.

Myint, H. (1958). The „Classical Theory" of international trade and the underdeveloped countries. *The Economic Journal, 68*(270), 317–337.

Myrdal, G. (1968). *Asian drama. An inquiry into the povery of nations*. Harmondsworth: Penguin.

Nagarkar, K. (22. September 2014). Stammzellenforschung im „Mahabharata"? *Neue Zürcher Zeitung*. http://www.nzz.ch/feuilleton/stammzellenforschung-im-mahabharata-1.18388059. Zugegriffen: 25. Sept. 2014.

Ndikumana, L., & Boyce, J. K. (2001). Is Africa a net ceditor? New estimates of capital flight from severely indebted sub-Saharan African countries, 1970–1996. *Journal of Development Studies, 38*(2), 27–56.

Nee, V., & Opper, S. (2012). *Capitalism from below. Markets and institutional change in China*. Cambridge: Harvard University Press.

Neves, P. C., & Silva, S. M. (2014). Inequality and growth: Undovering the main conclusions from the empirics. *Journal of Development Studies, 50*(1), 1–21.

Noland, M. (2005). Religion and economic performance. *World Development, 33*(8), 1215–1232.

North, D. (1990). *Institutions, institutional change and economic performance*. Cambridge: Cambridge University Press.

North, D. C., & Weingast, B. R. (1989). Constitutions and commitment: The evolution of institutions governing public choice in seventeenth-century England. *Journal of Economic History, 49*(4), 803–832.

North, D. C., Wallis, J. J., & Weingast, B. R. (2013). *In the shadow of violence*. Cambridge: Cambridge University Press.

Nurkse, R. (1953). *Problems of capital formation in underdeveloped countries*. Oxford: Blackwell.

O'Brien, P. (2000). Mercantilism and imperialism in the rise and decline of the Dutch and British economies 1585–1815. *De Economist, 148*(4), 469–501.

OECD. (o. J.). *Total net ODA disbursements from all donors to developing countries*. http://stats.oecd.org/qwids/#?x=1&y=6&f=3:51,4:1,5:3,7:1,2:262&q=3:51+4:1+5:3+7:1+2:262+1:1,2,25,26+6:2004,2005,2006,2007,2008,2009,2010,2011,2012,2013. Zugegriffen: 21. Dez. 2014.

Olson, M. (1965). *The logic of collective action: Public goods and the theory of groups*. Cambridge: Harvard University Press.

Olson, M. (1982). *The rise and decline of nations*. New Haven: Yale University Press.

Pabst, V. (25. Februar 2015). Pakistan geht die Energie aus. *Neue Zürcher Zeitung, Internationale Ausgabe*, S. 14.

Phillips, D. A. (2013). *Development without aid*. London: Anthem Press.

Pisani, E. (2014). Indonesia in pieces. The downside of decentralization. *Foreign Affairs*. July/August. https://www.foreignaffairs.com/articles/southeast-asia/2014-05-29/indonesia-pieces. Zugegriffen: 10. Jan. 2016.

Pomeranz, K. (2000). *The great divergence: China, Europe, and the making of the modern world economy*. Princeton: Princeton University Press.

Porter, M. E. (1991). *Nationale Wettbewerbsvorteile. Erfolgreich konkurrieren auf dem Weltmarkt*. München: Droemer Knaur.

Powell, B. (2014). *Out of poverty: Sweatshops in the global economy*. Cambridge: Cambridge University Press.

Prebisch, R. (1950). *The econonomic development of Latin America and its principal problems. Economic commission for Latin America.* http://archivo.cepal.org/pdfs/cdPrebisch/002.pdf. Zugegriffen: 19. Mai 2015.

Pritchett, L. (2001). Where has all the education gone? *The World Bank Economic Review, 15*(3), 367–391.

Pritchett, L. (2013). *The rebirth of education: Schooling ain't learning*. Washington: Center for Global Development.

Pritchett, L., Woolcock, M., & Andrews, M. (2013). Looking like a state: Techniques of persistent failure in state capability for implementation. *Journal of Development Studies, 49*(1), 1–18.

Putnam, R. (1993). *Making democracy work: Civic traditions in modern Italy*. Princeton: Princeton University Press.

Rae, J. (1834). *Statement of some new principles on the subject of political economy*. London: Kelley Reprint.

Ravelo, J. (10. Juli 2012). *30 percent of aid lost to corruption – Ban Ki-moon.* Devex. https://www.devex.com/news/30-percent-of-aid-lost-to-corruption-ban-ki-moon-78643. Zugegriffen: 12. Sept. 2015.

Rawls, J. (1975). *Eine Theorie der Gerechtigkeit*. Berlin: Suhrkamp.

Rescher, N. (1998). *Predicting the future. Introduction to the theory of forecasting*. Albany: State University of New York Press.

Reusse, E. (2002). *The ills of aid. An analysis of third world development policies.* Chicago: University of Chicago Press.

Rodrick, D. (2006). Goodbye Washington consensus, hello Washington confusion? Review of the World Bank's "economic growth in the 1990s": Learning from a decade of reform. *Journal of Economic Literature, 44*(4), 973–987.

Rosenstein-Rodan, P. N. (1943). Problems of industrialisation of Eastern and South-Eastern Europe. *The Economic Journal, 53*(210/211), 202–211.

Ryan, A. (2013). *On Politics.* Penguin.

Sachs, J. (2005). *The end of poverty.* New York: Penguin.

Sahlins, M. (1972). *Stone Age economics.* New York: De Gruyter.

Sandbrook, R. (1985). *The politics of Africa's economic stagnation.* Cambridge: Cambridge University Press.

Schlötterer, W. (2013). *Wahn und Willkür. Strauß und seine Erben oder wie man ein Land in die Tasche steckt.* München: Heyne.

Sharpe, J. (2007). *Early modern England: A social history, 1550–1760.* London: Arnold.

Signer, D. (8. November 2014). Ein Kind opfern, um Minister zu werden. Ritualmorde in Gabon. *Neue Zürcher Zeitung.* http://www.nzz.ch/international/ein-kind-opfern-um-minister-zu-werden-1.18346521.

Signer, D. (19. Dezember 2015). Boko Haram wird unterschätzt. *Neue Zürcher Zeitung,* 19.

Singer, P. (1981). *The expansing circle. Ethics and soiobiology.* Oxford: Oxford University Press.

Sklar, R. L. (1983). Democracy in Africa. *African Studies Review, 26*(3/4), 11–24.

Smith, A. (1776). *An inquiry into the nature and causes of the wealth of nations.* http://www.econlib.org/library/Smith/smWN.html#. Zugegriffen: 20. Nov. 2013.

Social Progress Network. (2014). *Social Progress Index.* http://www.socialprogressimperative.org/data/spi/findings. Zugegriffen: 8. Juni 2016.

298 Literatur

Spolaore, E., & Wacziarg, R. (2013). How deep are the roots of economic development? *Journal of Economic Literature, 51*(2), 325–369.

Stiglitz, J. (o. J.). *The initiative for policy dialogue.* The Post Washington Consensus Consensus. http://policydialogue. org/files/events/Stiglitz_Post_Washington_Consensus_Paper. pdf. Zugegriffen: 11. März 2015.

Studwell, J. (2013). *How Asia works. Success and failure in the world's most dynamic region.* London: Profile Books.

Sunstein, C. R. (2007). *Gesetze der Angst: Jenseits des Vorsorgeprinzips.* Berlin: Suhrkamp.

Toye, J., & Toye, R. (2003). The origins and interpretation of the Prebisch-Singer thesis. *History of Political Economy, 35*(3), 437–467.

Transparency International. (2015). *Bribe Payers Index Report 2011.* http://www.transparency.org/bpi2011/results. Zugegriffen: 30. Juli 2015.

Triebe, B. (10. Februar 2014). Enttäuschende Amnestie für russische Geschäftsleute. Viele Chodorkowskis bleiben in Haft. *NZZ.* http://www.nzz.ch/wirtschaft/viele-chodorkowskis-bleiben-in-haft-1.18240272. Zugegriffen: 12. Juni 2015.

UNDP. (2014). *Human development report.* Human Development Index (HDI). http://hdr.undp.org/en/content/human-development-index-hdi. Zugegriffen: 2. Okt. 2015.

United Nations. (1992). *Rio-Erklärung über Umwelt und Entwicklung.* http://www.un.org/Depts/german/conf/agenda21/ rio.pdf. Zugegriffen: 18. Febr. 2015.

United Nations. (2013). *Millenium Development Goals Report.* http://www.un.org/millenniumgoals/pdf/report-2013/mdg-report-2013-english.pdf. Zugegriffen: 12. Apr. 2014.

United Nations. (2015a). *Millenium development goals.* http:// www.un.org/millenniumgoals/. Zugegriffen: 21. Jan. 2016.

United Nations. (2015b). *Transforming our world: The 2030 agenda for sustainable development.* https://sustainabledevelopment.

un.org/post2015/transformingourworld. Zugegriffen: 22. Nov. 2015.

Urech, F. (11. August 2015). Ernüchterung in Ghana. „Das Öl hat der Regierung den Kopf verdreht". *Neue Zürcher Zeitung.* http://www.nzz.ch/international/afrika/das-oel-hat-der-regierung-den-kopf-verdreht-1.18593317. Zugegriffen: 13. Aug. 2015.

Veblen, T. (1899). *The theory of leisure class.* http://www.gutenberg.org/files/833/833-h/833-h.htm. Zugegriffen: 27. Apr. 2014.

Weil, D. N. (2010). Endemic diseases and African economic growth: Challenges and policy responses. *Journal of African Economics.* http://www.ncbi.nlm.nih.gov/pmc/articles/PMC3831580/. Zugegriffen: 27. März 2014.

Williamson, J. (1991). *Development strategy for Latin America in the 1990s.* Washington: Inter American Development Bank.

World Bank. (1989). *Sub-Saharan Africa. From crisis to sustainable growth.* http://documents.worldbank.org/curated/en/1989/11/439705/crisis-sustainable-growth-sub-saharan-africa-long-term-perspective-study. Zugegriffen: 26. Juni 2016.

World Bank. (1992). *Governance and development.* http://www-wds.worldbank.org/external/default/WDSContentServer/WDSP/IB/1999/09/17/000178830_98101911081228/Rendered/PDF/multi_page.pdf. Zugegriffen: 26. Juni 2015.

World Bank. (2005). *Economic growth in the 1990s: Learning from a decade of reform.* Washington: World Bank.

World Bank. (2015). *Doing business 2015.* http://www.doingbusiness.org/rankings. Zugegriffen: 27. Mai 2015.

World Health Organization. (2014). *Levels and trends in child malnutrition.* Statistical tables. http://www.who.int/nutgrowthdb/statistical_tables.pdf. Zugegriffen: 12. Juli 2016.

Wrigley, E. (2010). *Energy and the English Industrial Revolution.* Cambridge: Cambridge University Press.

Zakaria, F. (2007). *The future of freedom: Illiberal democracy and home and abroad.* New York: Norton.

Stichwortverzeichnis

© Springer Fachmedien Wiesbaden GmbH 2017
O. Kurer, *Entwicklungspolitik heute*,
DOI 10.1007/978-3-658-12399-4

Printed in the United States
By Bookmasters